本书获得黑龙江省教育厅普通高校青年创新人才培养计划资助项目"新一轮东北振兴战略的新型城镇化财税政策创新研究"(UNPYSCT-2018126)、黑龙江省哲学社会科学项目"促进黑龙江省新型城镇化发展的财政政策研究"(16JYC09)、黑龙江省政府博士后面上项目"促进黑龙江省冰雪旅游与文化产业融合发展的财税政策体系与机制研究"(LBH-Z20162)资助。

The Research on Fiscal and Tax Incentive Policies for the Development of New

URBANIZATION
in Heilongjiang

黑龙江省新型城镇化发展的财税激励政策研究

张小锋 著

中国财经出版传媒集团
经济科学出版社
Economic Science Press

序

城镇化是衡量一国或地区社会经济发展程度的重要标志，新型城镇化是我国未来经济发展的重要动力，实施新型城镇化发展战略是实现国内大循环的重要动力。继党的十八大提出走中国特色新型城镇化发展道路后，党的十九大明确提出继续推动新型城镇化发展道路。2021年政府工作报告中指出，深入推进以人为核心的新型城镇化战略，加快农业转移人口市民化，"十四五"时期常住人口城镇化率提至65%。黑龙江省委、省政府高度重视新型城镇化的发展，明确提出积极稳妥推进新型城镇化，构建大中小城市和小城镇、城市群科学合理布局。哈尔滨市、齐齐哈尔市、牡丹江市、同江市、青冈县、伊春市、北安市、逊克县和绥棱县先后成为国家新型城镇化综合试点地区，成效显著。但因其经济基础薄弱、产业发展缓慢等原因，黑龙江省新型城镇化发展还存在一定的问题。财税激励政策作为政府重要的宏观调控手段之一，在黑龙江省新型城镇化发展上必将起到不可替代的重要作用。为探索新型城镇化发展的财税政策，一些专家学者进行了诸多研究，但以黑龙江省为例，运用财税激励政策推动新型城镇化发展的研究还较少。我欣喜地看到，由张小锋同志撰写的专著《黑龙江省新型城镇化发展的财税激励政策研究》即将出版，该书值得一读。

新型城镇化的核心是"以人为本"，这是区别于传统城镇化的关键所在，普适性新型城镇化与财税政策存在较强的关系机理，这就决定了不能用传统财税政策思维解决新型城镇化问题。该专著运用文献分析、调查分析、比较分析、案例分析和实证分析等研究方法，结合二元经济结构、空间地理区域、区域均衡发展、激励性规制和税收激励等相关理论，以新时代全面建设社会主义现代化国家为指导思想，以推动"以人为核心"的新型城镇化发展财税激励政策为研究对象，梳理了新型城镇化财税激励政策的基础理论，较为系统地分析了黑龙江省新型城镇化发展的经济基础、区位特性、基本路径、主要困境和现行财税激励政策的内容与缺陷；阐释了黑龙江省新型城镇化发展与财税激励政策的关系，以及国内外新型城镇化发展财税激励政策的经验与启示；描述了黑龙江省特大城市（哈尔滨）、大城市（齐齐哈尔、牡丹江、佳木斯、大庆）、中等城市（鸡西、双鸭山、七台河、鹤岗、伊春、绥化、肇东、加格达奇）、特色小镇、农垦森工系统等新型城镇化发展的空间布局，提出了国家和地方总体财税激励政策设想，以及优化新型城镇化布局、加快新型城镇化产业发展、提升农业人口市民化进程的财税激励政策等。

　　该专著在吸收国内外有关研究成果的基础上，以财税激励政策为视角提出新型城镇化和财税激励政策的科学内涵，以及新型城镇化财税政策机理，提出了不同的税收政策将会带来"同步城镇化""滞后城镇化""虚假城镇化""空虚城镇化"的理论创新；在扩充城镇化发展理论的研究范围和层次，运用科学发展观和财政观系统梳理、分析新型城镇化发展财税激励政策等方面具有一定的理论价值，以及对研究和促进新型城镇化发展战略的实施、推进新型城镇化发展财税改革的进程、研究和提供新型城镇化发展财税政策决策参考等方面具有积极的实践意义。

　　与此同时，该专著的一些观点和结论是值得肯定的，如新型城镇化与GDP、第三产业占比、财政收支和税收收入等要素具有长期协整的关系；产业结构是城镇化率与财政收入占GDP比重的共同支点；宏观税负、人均城市维护建设税、人均城镇土地使用税、人均GDP、财政支出占比、城乡收入差距等因素能较好地促进新型城镇化的发展，而人均增值税、人均企业所得税、人均契税、所有制就业结构、农业贷款率等因素会阻碍新型城镇化发展；新型城镇化对财税激励政策的需求源于其在发展中对各种资金的诉求，随着城镇问题的纵深化发展，各级政府需要进一步发挥财税激励政策的引领与扶持作用，促进新型城镇化的科学发展；新型城镇化发展的财税激励政策在区域之间处于不均衡状态，激励政策不足、资金短缺，需要中央对地方政府进一步加大财税激励政策力度；在黑龙江省农村人口市民化速度缓慢的现实下，更需要激励型的财税政策；构建新型城镇化发展财税激励政策体系，包括总体层面、城镇布局、产业发展和农业人口市民化等方面。可见，作者所提出的一些财政激励政策建议是必要的，也体现了其针对性和可操作性。

诚然，该专著也存在着一些不足或需要提高之处，如对国内外研究文献的归纳总结和评价、新型城镇化和财税激励政策的科学内涵、普适性新型城镇化财税政策机理等研究还不够充实；对黑龙江省新型城镇化发展现状、区域特殊性与路径的合理性，以及现行财税激励政策对新型城镇化发展的影响等方面的针对性研究还不够深入；新型城镇化与财政相关变量、城镇化与财政补贴、城镇化率与税收收入、税收支持新型城镇化发展等的实证分析结果还需要与财税激励政策建议相互融合；国内外典型城镇化发展财税政策的启示、黑龙江省新型城镇化的总体布局还需要进一步探讨。此外，财税激励政策的内容及可操作性，还需要实践的检验与修正，财税激励政策如何与其他政策相配合等问题，需要作者及同仁志士共同研究与研讨。

"十四五"规划明确提出了"完善新型城镇化战略，提升城镇化发展质量"的目标，这是一个伟大的系统工程，财税激励政策如何有效加快农业转移人口市民化、完善城镇化空间布局、全面提升城市品质等问题都需要去研究。希望作者今后再接再厉、精心专研、升华理论、精准施策，更期盼着广大同仁志士的深入研究，为积极推进以人为核心的新型城镇化战略贡献力量。

王曙光

2021 年 5 月

目 录
Contents

第一章 绪论 / 1
 第一节 研究背景、目的及意义 / 1
 第二节 国内外文献综述 / 5
 第三节 研究内容与方法 / 16
 第四节 研究思路与创新 / 20

第二章 新型城镇化财税激励政策的基础理论 / 23
 第一节 城镇化与新型城镇化的科学内涵 / 23
 第二节 财税激励政策的界定及科学内涵 / 31
 第三节 普适性新型城镇化财税政策机理 / 35
 第四节 新型城镇化财税政策的理论基础 / 39
 第五节 本章小结 / 46

第三章 黑龙江省新型城镇化发展的现状分析 / 48
 第一节 黑龙江省新型城镇化发展的经济基础 / 48
 第二节 黑龙江省新型城镇化发展的区位特性 / 52
 第三节 黑龙江省新型城镇化发展的主要路径 / 60
 第四节 黑龙江省新型城镇化发展的主要困境 / 67
 第五节 本章小结 / 71

第四章 黑龙江省新型城镇化发展财税激励政策的现状分析 / 73
 第一节 黑龙江省财政支持新型城镇化发展的基本状况 / 73
 第二节 黑龙江省新型城镇化发展现行的财税激励政策 / 82

第三节　黑龙江省新型城镇化财税激励政策存在的问题 / 94
第四节　黑龙江省新型城镇化财税激励政策问题的成因 / 103
第五节　本章小结 / 105

第五章　黑龙江省新型城镇化发展财政激励政策的实证分析 / 107
第一节　黑龙江省新型城镇化与财政相关变量实证分析 / 107
第二节　黑龙江省新型城镇化率与 GDP 财政收入率分析 / 120
第三节　新型城镇化的城市公共交通财政补贴实证分析 / 125
第四节　基于 PCA 方法的新型城镇化政府债务风险分析 / 135
第五节　本章小结 / 153

第六章　黑龙江省新型城镇化发展税收激励政策的实证分析 / 155
第一节　税收政策促进新型城镇化发展的运行机理分析 / 155
第二节　黑龙江省城镇化率与税收收入总量的实证分析 / 158
第三节　黑龙江省税收支持新型城镇化发展的实证分析 / 165
第四节　冰雪文化融合助力哈尔滨城镇化税收激励分析 / 174
第五节　本章小结 / 190

第七章　国内外新型城镇化发展财税激励政策的经验与启示 / 193
第一节　国外城镇化快速发展财税激励政策的经验 / 193
第二节　国内新型城镇化发展财税激励政策的经验 / 198
第三节　国内外新型城镇化发展财税激励政策比较 / 202
第四节　国内外新型城镇化发展财税激励政策启示 / 217
第五节　本章小结 / 224

第八章　黑龙江省新型城镇化发展总体布局与财税激励政策 / 226
第一节　黑龙江省新型城镇化布局的基础条件 / 226
第二节　黑龙江省新型城镇化发展的总体布局 / 231
第三节　加强新型城镇综合承载能力项目建设 / 240
第四节　优化新型城镇化布局的财税激励政策 / 245

第五节　本章小结 / 247

第九章　促进黑龙江省新型城镇化发展财税激励政策的建议 / 249
第一节　新型城镇化发展国家总体财税激励政策 / 249
第二节　新型城镇化发展地方总体财税激励政策 / 256
第三节　加快新型城镇化产业发展财税激励政策 / 258
第四节　提升农业人口市民化进程财税激励政策 / 263
第五节　本章小结 / 267

第十章　结论与展望 / 269
第一节　主要结论 / 269
第二节　研究展望 / 271

参考文献 / 273
后记 / 285

第一章

绪　论

第一节　研究背景、目的及意义

一、研究背景

新型城镇化是国家现代化的重要标志，是经济发展的重要抓手，对决胜全面建成小康社会具有重大意义。2012年11月党的十八大报告明确提出要推进新型城镇化，坚持走中国特色新型城镇化发展道路。2012年12月中央经济工作会议明确提出要积极稳妥推进新型城镇化，构建大中小城市和小城镇、城市群科学合理的城市布局。2013年12月新中国成立以来的第一次中央城镇化工作会议指出，新型城镇化是解决"三农"问题的重要途径，是促进区域协调发展的有力支撑，对加快社会主义现代化建设具有深远的历史意义和重大的现实意义，明确提出了推进新型城镇化的指导思想、主要目标、基本原则和重点任务。2014年2月国家发改委等11个部委联合公布了第一批国家新型城镇化综合试点地区，同年3月中共中央、国务院印发了《国家新型城镇化规划（2014—2020年）》，明确了未来新型城镇化的发展方向、主要目标、战略任务和实现路径，从宏观、战略和基础上指导全国城镇化健康发展。在借鉴第一批国家新型城镇化综合试点成功经验的基础上，2015年11月和2016年12月又分别公布了第二批和第三批试点地区，均取得显著成效。2017年10月党的十九大报告明确指出了继续推动新型城镇化发展，新型城镇化应与新型工业化、信息化、农业现代化同步发展。

截至2021年3月，李克强总理连续9年在政府工作报告中强调新型城镇化的重要性，指出深入推进以人为核心的新型城镇化战略，加快农业转移人口市民化，常住人口城镇化率提高到65%，发展壮大城市群和都市圈，推进以县城为重要载体的城镇化建设，实施城市更新行动，完善住房市场体系和住房保障体系，提升城镇化发展质量。2021年3月《中华人民共和国国民经济和社会发展第十四个五年规划和2035年远景目标纲要》明确指出要"完善新型城镇化战略 提升城镇化发展质量"，包括加快农业转移人口市民化、完善城镇化空间布局和全面提升城市品质。"十四五"时期是我国新时代全面建设现代化强国的关键阶段，中央为积极应对国内外复杂变局提出"形成以国内大循环为主体、国内国际双循环相互促进的新发展格局"，并重点支持"两新一重"建设，新型城镇化作为内需最大潜力所在，承载着更加艰巨的历史重任。

城镇化的发展水平也标志着一国或区域的经济社会发展程度。黑龙江省地处我国东北部，气候条件比较恶劣，地广人稀，城镇数量有限，经济发展水平落后。虽然黑龙江省紧跟全国新型城镇化发展步伐，从2014年发展到现在，取得了明显的成效，但是还存在诸多问题。2019年黑龙江省常住人口城镇化率为60.9%，略高于全国平均60.6%的水平，但是发展速度明显慢于全国平均水平；与其他省份相比，远远低于上海、北京、天津、广东、江苏等发达省份；与其他国家相比，远远低于82%的发达国家平均水平，也低于65%的发展中国家平均水平。

财税激励政策作为我国政府宏观调控的重要手段之一，在促进新型城镇化发展上起到不可替代的重要作用。黑龙江省新型城镇化发展不仅需要国家层面的财税激励政策，更需要地方区域层面的财税激励政策，目前这两个层面的财税激励政策较多，但是在促进黑龙江省新型城镇化发展上还存在一些问题，政策大多比较零散，没有形成政策支持体系，尤其是缺乏促进农业转移人口市民化和农民工进城后一系列社会保障的财税激励政策。因此，研究黑龙江省新型城镇化发展财税激励政策具有重要意义。

二、研究目的

从经济社会发展层面看，加快推进新型城镇化建设是我国实现两个百年目标以及"四化"的一个重要抓手；从财税政策层面看，健全和完善财税激励政策是建立现代财政制度的一个重要内容（王吉鹏，2018）。不断完善新型城镇化发展财税激励政策是提升新型城镇化质量水平、优化新型城镇化格局、完善体制机制、促进生活和谐宜人等方面的重要保障。

第一，系统梳理国内外关于城镇化或新型城镇化发展财税政策的相关研究成果，立足于新时代新型城镇可持续发展和乡村振兴战略的目标，研判新时代下黑龙江省新型城镇化的发展现状、规划目标和发展趋势，深入分析新型城镇化的财税激励政策需求和供给及其内在成因，并从关系机理和理论基础的角度构建新型城镇化财税激励政策的理论分析框架，对现在和未来推进新型城镇化建设在财税激励政策层面做出大致的判断。

第二，对现行国家层面和区域层面对黑龙江省新型城镇化发展的财税激励政策，特别是黑龙江省层面的财税激励政策促进新型城镇化发展的实践进行总结，在理论方面进行较为系统的分析，在实证方面从新型城镇化财政激励政策和税收激励政策两层面对激励政策支持效应展开论述，分解和探讨影响新型城镇化发展的财税政策成因，使政府财税激励支持新型城镇化发展的效果不断优化和提升。

第三，通过理论和文献综述，找寻财税激励政策支持新型城镇化发展的理论基石；通过对理论的拓展，构建财税激励政策支持新型城镇化发展的理论架构；通过调查发现、案例归纳及实证分析，提炼和总结当期黑龙江省财税激励政策支持新型城镇化发展的前瞻趋势、制度安排和影响因素等，为财税激励政策支持新型城镇化科学发展提供理论依据和决策参考，推动黑龙江省新型城镇化更好更快发展。

三、研究意义

（一）理论意义

新型城镇化是发展经济学重要的研究对象，而如何合理、科学、创新运用财税激励政策来促进新型城镇化发展问题则是财政学研究的重要内容。目前，新型城镇化发展问题已成为各级政府部门面临的一个重大课题，也是国内外理论界和政府有关部门共同关注的热点问题。中国学术理论界为探索解决二元经济结构、"三农"、产业结构调整等问题进行了诸多理论研究，但运用财税激励政策促进黑龙江省新型城镇化发展的研究还不多，其研究的系统性、有效性、规范性不足，尤其实证分析还较少，因而本书在吸收国内外有关理论研究成果的基础上，以新型城镇化发展为出发点，以财税激励政策为视角，研究财税政策作用于新型城镇化发展的机制，以及在财政政策层面推动新型城镇化进程的途径，具有重要的、积极的理论价值。

本书以"黑龙江省新型城镇化发展的财税激励政策"为研究对象，积极吸取了学术界研究城镇化发展理论的精华，扩充城镇化发展理论的研究范围和层次，运用科学的发展观和财政观，系统梳理、分析新型城镇化发展财税激励政策的基础理论，阐述分析财税政策内容与缺陷，可较好补充和丰富财税政策理论的内容，以增强城镇化理论的科学性与应用性。运用二元经济结构理论、空间地理区域理论、区域均衡发展理论、财税规则理论和税收激励理论，如何在财税政策中的应用及对财税政策决策影响的研究，可为更多运用财税政策手段促进新型城镇化发展的研究，提供积极、有益的参考。

（二）实践意义

财税政策是世界各国调控宏观经济的核心内容和重要手段，对经济发展和波动能起到调节和"熨平"作用。黑龙江省正处于经济发展方式转变、资源型城镇转型和产业结构转换的关键时期，因而推动其新型城镇化发展，是促进黑龙江省经济健康、快速发展，以及提高农民收入和城镇居民美好生活的客观要求。因此，国家、黑龙江省及各级政府积极制定了相应的支持经济发展的财税政策与措施，但现行财税政策与当前新型城镇化发展还存在着不适应之处，如财政资金不足、支出结构不合理、转移支付制度不规范和税收激励政策不显著等问题。本书旨在认真梳理、分析现行黑龙江省新型城镇化发展财税政策的缺陷，调整与完善不利于新型城镇化发展的财税政策，这对落实新一轮的新型城镇化发展战略，以及促进区域协调发展等方面，都有着重要的实践意义。

第一，有利于研究和促进新型城镇化发展战略的实施。二元经济结构、"三农"等问题已是困扰新型城镇化发展的关键问题，财税政策作为国家宏观调控新型城镇化发展的重要手段，从财税政策视角研究新型城镇化发展的问题显得尤为必要。

第二，有利于研究和推进新型城镇化发展财税改革的进程。为促进黑龙江省新型城镇化发展，就必须保证黑龙江省政府应有充足提供公共产品与服务的财力，财税改革应有利于培植黑龙江省地方税源和加强税收征管，增加财政对黑龙江省的转移支付力度。

第三，有利于研究和提供新型城镇化发展财税政策决策的参考。不断探索新型城镇化发展财税政策的创新实践，制定适合省情的新型城镇化发展财税政策的新模式。本书的研究是在分析现行黑龙江省新型城镇化财税政策的基础上，针对缺陷，提出促进黑龙江省新型城镇化发展的财税激励政策，具有一定的可操作性，可为其他地区乃至全国新型城镇化的财税政策决策提供有益的参考。

第二节　国内外文献综述

一、国外文献综述

目前，国外还没有新型城镇化这一概念，只有城镇化或城市化的概念。单从城镇化或财税政策来看,国外对此的研究较多,但是将两者结合起来的研究较少,尤其是利用财税政策工具来促进城镇化发展的更少。主要体现在以下几个方面。

(一) 关于城镇化发展财税政策理论的研究

美国弗农(Vernon,2006)基于城市层级的理论角度,研究了不同层级城市获取税收优惠力度也不尽相同,层级较高的城市,比较容易获得财税激励政策的优势。英国马西米利亚诺等(Massimiliano et al.,2009)注重研究行业之间和生产地区以及产业内部之间的相互依赖关系,并从理论角度分析税收负担的大小。诺贝尔奖获得者、美国著名经济学家斯蒂格利茨(2010)认为,美国的新技术革命和中国的城镇化是影响21世纪全球经济的两件大事。德国伯德(Bird,2011)从理论角度证实了税收收入与支出的相互平衡能够有效促进城镇化的进程,否则将阻碍其进程。葡萄牙阿尔梅达等(Almeida et al.,2013)以葡萄牙中部著名城市托马尔城镇化发展为例,并从理论视角提出了城市化建设的税收和土地利用管理问题,他们认为城市化税收是可以调整的。意大利波特(Porter,2014)界定了"产业集群"的概念,提出国家竞争优势的"钻石模型",产业政策和产业税负对产业集群的形成和发展具有重要影响。美国林等(Lin et al.,2015)认为,城镇化已经进入新经济自由主义时代,从理论上看,国家权力重组、土地开发和城市财政在城市化中起到至关重要的作用。

(二) 关于城镇化发展财税政策实证的研究

英国经济学家卡拉夫蒂斯和麦卡锡(Karlaftis & McCarthy,1998)通过实证分析财政补贴对城市公交影响,得出如果财政补贴的总额不增加,仅靠重新分配补贴的金额,则对公交系统的效率无效的结论。美国教授赵(Cho,2003)研究了城市化、土地使用管制和公共财政之间的相互作用,利用polychotomous选择模型衡量土地使用管制如何影响城市化的财政政策制定。美国经济学家以美国房地产和辛塔斯公司2008年第三季度报告为例,研究了收入、每股收益、净收入等指标的增加造成的税收负担问题,进而影响城镇化进程（Anonymous，2008）。美国斯基德莫尔和斯科松（Skidmore & Scorsone，2011）研究了密歇根州城市产业发展的财政压力，尤其是房地产业和金融业，详细分析了财政压力产生的原因及造成的后果。德国穆罕默德（Mohamad，2012）基于战略管理视角，研究了城镇化发展与工业化发展之间的互动关系，并分析产业税收对城镇化的消极与积极影响。法国夏洛等（Charlot et al.，2014）借鉴法国城市化的经验来评估分权国家财政合作对地方税收的影响，利用空间和面板计量技术，设定税收模型，发现控制人口规模，加强财政合作很可能减少税收竞争，并因此增加当地商业税率。土耳其卡纳兹等（Canaz et al.，2017）利用陆地卫星图像检测变化，分析土耳其伊斯坦布尔省城镇化的变化情况，以及与财产税价值之间的联系。

（三）关于城镇化发展财税政策建议的研究

波兰瓦西莱夫斯基等（Wasilewski et al.，2004）以波兰的华沙和奥尔什丁地区为例，研究了城郊宅基地转换税收政策的城市化问题，他们认为城郊宅基地转换应当给予较大幅度的税收优惠力度，以促进城市化进程。澳大利亚林等（Lin et al.，2011）研究了在城镇化过程中如何进行土地的有效资本化，以及土地如何开发，地方公共政策如何发挥调控作用，并提出相应的财税激励政策建议。日本金本良嗣（2014）认为，在城镇化发展过程中，对税收收入投入基础设施建设一定要建立良好的财政监督机制和激励机制，否则将造成难以估量的损失。美国巴里（Barry，2015）认为，城镇化的发展必须遵循收入与支出均衡规则，中央政府应当下放给地方政府更多财政支出权，以更好激励地方城镇化发展。美国科文和里昂（Koven & Lyon，2015）认为，财政资金支持和税收优惠政策对城镇化产业集群的快速发展具有正相关作用，美国各州政府应当加大对其的财政资金支持和税收优惠激励力度。英国赫伯（Hurb，2016）认为，税收收入更多地投入于基础设施建设，将会极大地推动城镇化的进程。澳大利亚亨塞尔（Hensel，2016）以城镇化国防产业为例，研究了财政约束与国家安全挑战的权衡问题，并提出具体的财税对策建议。

二、国内文献综述

在国内新型城镇化最早是由谢志强（2003）在《新型城镇化：中国城市化道路的新选择》一文中提出，之后诸多专家学者们相继对此进行了研究，我国独立学者张荣寰（2007）在《中国复兴的前提是什么？》一文中阐述了新型城镇化的具体定义和发展模式，认为中国转型需要新型城镇化这种动能发挥作用，此后新型城镇化得到政府与学术界的逐步重视，但是关于新型城镇化财税政策的研究较晚，直到2012年才逐渐对其研究，各自观点和结论也不尽相同。

（一）关于新型城镇化发展财税政策理论的研究

张景华（2013）认为，新型城镇化的核心是农民工市民化，应从理论上建立新型税收发展方式推动新型城镇化进程。贾康（2014）认为，新型城镇化的核心是"市民化"，不断增加财政支持，提高新型城镇化的质量必须构建"公共财政一元化"理论框架。童光辉和赵海利（2014）认为，新型城镇化中的基本公共服务应当包括城市非户籍人口，明确的财政支出责任和科学的成本分担机制在实现基本公共服务均等化上发挥重要作用。刘金科（2015）认为农村人口市民化应以"动态协调、差异化供给"为理念，建立基本公共服务保障制度以统筹城乡发展，匹配事权与支出责任等财税体制改革。郭长林（2016）从理论视角研究了财政政策扩张、中国产能利用率与纵向产业结构的关系，研究结果发现信贷因素与财政政策会共同造成我国产能过剩，应当不断激活下游产业活力，逐渐淘汰过剩上游产业。江飞涛、李晓萍和贺俊（2016）基于推进供给侧结构性改革理论视角研究产业政策与财政金融政策的协调配合，指出不断优化调整财政、金融、产业政策，建立多层次三大政策协调组织机制才能加快供给侧结构性改革。

彭旭辉和彭代彦（2017）从财政分权理论视角分析我国新型城镇化发展的变结构协整性，发现财政分权有利于土地城镇化而不利于人口城镇化，应对财税体制、户籍制度和土地制度等进行一揽子改革，真正实现新型城镇化。匡远配和周凌（2017）从理论上界定农民工市民化、农地流转与财政分权三者之间的关系，分析了农民工市民化的成本分摊受农地流转和财政分权的影响机理，提出保障农民工财产权益、完善公共财政体制等促进农民工市民化的创新对策。罗知等（2018）运用两个城镇化理论模型，研究了兼顾效率与公平条件下的中国城镇化问题。陈会玲和魏世勇（2018）从理论层面出发，运用公共经济学理论，研究了我国地方政府债务规模与城镇化水平的逻辑关系和作用机制。庞娟（2018）基于融合理论视角，架构了包容性的财政治理体系，包括治理能力现代化、公共服务均等化和成果共享化等。

郑强、杨果和苏燕（2020）从理论层面实证研究了新型城镇化与民生财政支出的内在关联性，剖析了两者之间互相影响的内在机理，发现内陆和沿边地区的民生财政支出对新型城镇化产生负效应，而沿海地区恰恰相反。李青、魏义方和何彦仪（2020）构建成本—收益分析框架，设计对财政成本与收益综合评估方法，以江苏省"十三五"新型城镇化为背景，评估迁入地财政受农业转移人口市民化的影响。徐成龙和庄贵阳（2021）定义了新型城镇化下城镇可持续发展的内涵，包括以人为本、社会治理、城乡融合、生态环境、公共服务、基础设施和经济转型等重点领域，并分析差异化特征，包括满意度、开发用地、基础设施和产业结构等。

（二）关于新型城镇化发展财税政策问题的研究

薛翠翠等（2013）认为，新型城镇化的发展不能依赖土地财政，改革现行财政体制和土地制度是解决新型城镇化资金需求的关键。陈亚军（2014）认为，要解决新型城镇化建设的资金问题需要建立多元化可持续的资金保障机制，尤其要注重培育地方主体税种，不断完善地方税体系，增强地方政府提供基本公共服务的能力。马海涛等（2014）认为，推进新型城镇化必须解决城市交通拥堵问题，提出开征交通拥堵税、完善公交供给税式支出、调整成品油消费税等治理交通拥堵的税收政策建议。东北财经大学中国公共政策协同创新中心课题组（2014）基于财政约束与体制约束视角研究了农业转移人口市民化问题，以及农村人口市民化面临的财政体制与能力的双重阻碍。黄瑞玲等（2014）认为，税收是新型城镇化"三位一体"的融资机制之一，开拓税源是解决新型城镇化融资难问题的有效措施。李勇刚等（2015）基于"中国悖论"的新视角，解释产业结构服务化水平，研究产业结构与土地财政服务化问题，结果表明产业结构服务化受土地财政的影响呈现显著的区域差异，土地财政较好地促进了东部等发达地区产业结构服务化，但是却阻碍了西北部等落后地区产业结构服务化。

朱柏铭等（2016）研究了农村人口市民化的财政负担问题，认为市民化面临的重大障碍是流入地政府的财政负担，应逐步形成"地方为主，中央与地方共同分担"的格局；农业转移人口市民化作为新型城镇化的核心，面临的重大障碍在于流入地政府的财政负担问题，"中央与地方共同分担，地方为主"财政准备是必然选择。夏华等（2017）认为，对给予农民工培训的企业税收优惠，能有效解决我国"半城镇化"问题，推动新型城镇化发展。郭芹等（2018）从资本、劳动力、土地和制度等多维视角出发，审视了我国农民工半城镇化问题，并认为土地的财政功能是地方政府过度依赖土地财政的根本原因。李斌等（2018）研究了公共服务受土地财政和新型城镇化的影响问题。宋生瑛等（2018）以福建省九地市为例，研究了财政契合性在新型城镇化建设中暴露的问题。杨志安等（2019）研究了新型城镇化与地方财政分权的关系及传导机制，发现地方财政分权与新型城镇化发展呈现倒"U"型关系，随着前者不断升高，后者先升后降。侯祥鹏等（2020）研究了人地城镇化与地方政府行为失衡问题，发现地方政府土地城镇化的过度竞争导致土地城镇化进程加速，而府际竞争和财政分权是加剧人地城镇化失衡的重要原因。

（三）关于新型城镇化发展财税政策实证的研究

毛军等（2014）研究了产业结构升级下的财税政策非线性效应，以技术进步、人力资本、固定资产投资、公共财政收支等指标作为解释变量，通过面板平滑转换回归（Panel Smooth Transmition Regression，PSTR）模型实证分析得出财税政策影响省域产业结构升级，并呈现出非均衡性特征。储德银等（2014）基于总量与结构效应双重视角对产业结构调整与财政政策进行了实证分析，认为税收政策能有效促进产业结构调整，但是财政支出政策却阻滞产业结构升级，流转税与产业结构调整关系不显著，而所得税与产业结构调整较为显著。徐盈之等（2015）利用13年的省级面板数据实证分析了公共服务供给、地方财政能力与新型城镇化之间的效应关系。柳光强等（2015）基于新能源、信息技术产业等面板数据，运用产业发展视角研究了财政补贴与税收优惠的产业激励效果，通过实证分析得出财政补贴、税收优惠对新能源、信息技术产业具有明显激励作用，并设计出财政补贴、税收优惠在激励新能源、信息技术产业发展的最优比例。李新光等（2015）基于PSTR模型实证分析了我国金融发展、土地财政对城镇化的支持效应，通过实证分析得出土地财政不能持续对城镇化发展产生贡献，金融市场融资可持续对其发展产生贡献，因此不断提高金融市场效率对城镇化发展十分重要。王曙光等（2015）阐述城镇化发展的税收政策运行机理，运用向量自回归（Vector Autoregressive，VAR）模型分析城镇化与税收的关系，并提出制定税收激励政策、优化税收制度结构、调整宏观税负结构等税收政策。严成樑等（2016）研究了产业结构变迁与财政支出的关系，通过实证计量分析得出福利性和生产性财政支出能够稳健地降低农业部门劳动力份额，要加快产业结构优化升级应当持续增加福利性和生产性财政支出。张宁（2016）通过实证分析得出公共财政支出在推动新型城镇化发展上起到重要作用，随着滞后期数的增加作用更加明显，同时在长期内公共财政支出能够有效缩小城乡收入差距，是实现城乡基本公共服务均等化的有效途径。张硕（2016）研究了农业人口市民化与财政转移支付挂钩机制，以河北省为例，实际测算了该省农村人口市民化的公共成本。

李英东等（2017）研究了农村人口市民化与地方财政激励机制重构，运用动态广义矩估计（Generalized Method of Moments，GMM）和静态普通最小二乘法（Ordinary Least Squares，OLS）实证分析了财政激励、农村人口市民化增长率和晋升激励指标构建，提出健全地方财力保障制度、调整中央与地方财权与事权关系等动力机制。冯发贵等（2017）研究了财政补贴与税收优惠在城镇化产业政策实施过程中的具体效应，通过实证分析得出财政补贴与税收优惠更多倾向于受到产业政策支持的企业等结论。储德银等（2017）分析了城镇战略性新兴产业专利产出与财政补贴、税收优惠的关系，得出财政补贴不能有效刺激其专利产出，而税收优惠政策效果显著的结论。付焕等（2017）认为，教育、医疗、社保、卫生和就业等新型城镇化公共服务支出对经济增长具有正效应，而基础设施和住房等具有负效应，深化财政与社会资本合作、探索供给侧改革与创新对新型城镇化发展具有重要意义。张凌华等（2017）基于流动人口市民化的空间分布视角，分地区研究了户籍制度改革的财政压力，结果显示户籍制度改革财政压力从小到大的地区依此为东北部、西部、中部和东部，且其空间分布差异最显著的是西部地区。张彰等（2018）以全国和云南省数据为例，分类评估及核算了农业人口市民化的财政成本，得出以下结论：公共管理、基础设施建设和保障性住房是财政面临的主要成本压力；财政成本可以较大程度依靠财政经济收益来弥补；农业人口市民化是财政持续投资项目。陈莹等（2018）基于省级面板数据，实证分析了土地财政与城镇化的耦合协调关系。李成刚等（2018）基于联立方程模型，运用面板数据实证分析了城镇化、土地财政与房地产发展的内在关系。杜书云等（2018）基于省级面板数据，空间计量了财政支出对实体经济的影响程度。郭稷桁等（2018）基于 VAR 模型，实证分析了土地城镇化与土地财政的双向关系。

张艺等（2019）以华东地区为例，构建流率基本入树仿真模型，运用系统动力学（System Dynamics，SD）仿真技术预测了财政金融支持新型城镇化的过程，得出财政支持新型城镇化发展的空间溢出效应显著等结论。李玲蔚等（2020）基于四川、重庆和广西等西南地区的调查数据，实证分析了新型城镇化进程中城镇化质量与财政投融资的关系，在金融机构年末存贷款总额、财政一般预算支出、全社会固定资产投资总额和社会消费品零售总额四个投融资指标中，除了第一个对城镇化质量的影响显著为负外，其他三个均为正。

（四）关于新型城镇化发展财税政策建议的研究

魏志甫（2012）认为，财政部门应当加大对新型城镇化发展的支持力度，以推动中心城市、小城镇和新型农村社区协调发展。黄璟莉（2013）认为，财政在推动新型城镇化进程中发挥重要作用，完善公共财政体制、加强财政绩效评价、加大财政支出和推进税制改革是促进新型城镇化发展的要求。王正明等（2013）认为，新型城镇化表现为产业与生态共生共荣，需要乡镇工业、民生工程和生态承载来推进，并从税收视角分别提出政策建议。苏明（2014）分析了财政政策如何促进我国城乡发展一体化发展，提出加大农村基础设施投资、完善农业财税扶持政策、构建创新型制度政策框架、创新城乡公共服务均等化等政策建议。杨得前等（2015）针对欠发达地区新型城镇化发展提出创新公共事业、改革产业发展、完善资金保障等财政政策创新建议。蒋长流等（2015）从理论阐释与现实对策角度分析了农村人口市民化的税收支持效应，构建了税收体制对农村人口市民化的传导机制，提出税收政策调整建议。王丽辉等（2015）从简化税收层级、健全税式支出制度、培育地方主体税种、完善地方税体系等方面提出新型城镇化发展的税制改革顶层设计。王春光等（2016）研究了财政政策如何助力农村人口市民化，提出应进一步改革农村产权制度、全国户籍制度和国家财政体制，建构适合中国新型城镇化发展要求的国家治理体系。陈隆近等（2016）借鉴美国工作搬迁的税收政策，提出跨区域劳动力配置的税收激励政策可以推动新型城镇化进程。陈育俭等（2016）认为，房产税具有抑制投资需求、调节收入分配、重塑地方税制体系和增加地方财政收入等重要作用，房产税改革能够助力新型城镇化快速发展。

崔惠玉等（2017）基于新型城镇化背景，对城市房地产税准确定位，并提出房地产税制度设计的对策建议。汪剑等（2017）研究了贵州省农村人口市民化财政政策，提出建立"人地钱"三挂钩机制，增加财政对人口流入地的转移支付，让城镇基本公共服务逐步实现覆盖常住人口。宋凌云等（2017）认为财政手段、信息、竞争等对城镇化产业政策推动产业增长起到重要的调节作用。财政手段可以通过资源重置和补充机制来改变产业内和产业间的资源配置，从而推动重点产业增长，产业竞争越激烈，财政手段的资源配置效果越明显。李子联等（2018）研究区域协调发展与新型城镇化关系，提出增加公共福利、改革土地制度、升级产业结构等激励政策建议。张致宁等（2018）认为，应当加大财政转移支付力度，支持农业转移人口市民化。张宗军等（2018）认为，优化投融资渠道、规范地方政府债券是解决新型城镇化资金缺口的关键所在。

孙志毅等（2020）基于新型城镇化背景，研究了差异性城乡税收制度改革的路径，提出进一步优化增值税税率、规范个人所得税征收标准、改革资源税的征收管理、加速房产税改革进程等税种改革建议，以及调节差异性的城乡税制结构、加大财政对农业生产补贴的力度、提升直接税比重等税制改革建议，促进我国新型城镇化全面发展。丁菊红（2020）从公共服务供给的视角，研究了新型城镇化与财政分权的关系，提出构建政府考核体系、加快土地制度改革、推动户籍制度改革、不断提升基本公共服务供给水平和加快财政分权体制改革等一系列政策建议，使新型城镇化成为真实可能。郑良海（2020）认为，新型城镇化的建设离不开财税政策的作用发挥，但目前还存在诸多亟待完善的问题，提出建立地方税收体系、优化财政转移支付制度、提高财政支出效率和扩大税收优惠政策支持等多方面政策建议。

三、国内外文献评述

在上述城镇化或新型城镇化发展财税激励政策的研究中可以看出，当前无论是国内还是国外相关研究，都是侧重于某一个理论基础，或是从主流财税理论研究，或是基于一定数据的实证分析角度研究，或是不系统、不深入、未成体系的财税政策建议研究，许多分歧和问题还有待进一步深入研究。

由于目前国外还没有新型城镇化这一概念，因此对新型城镇化及其财税激励政策的研究依然是一个空白。因此本书仅对国外城镇化（城市化）发展财税激励政策的研究进行了综述，分理论、实证和建议三部分阐述，但是相关的研究文献不多且不够深入，尤其是专门对城镇化财税政策存在的问题方面几乎没有涉及，其原因可能在于财政学在西方学科当中并未独立，而是属于大的经济学范畴。通过现有有限的研究可以发现，国外有关经济学、财政学等专家学者都强调城镇化的内涵及积极作用，即对具有优势的地区而言，刺激城镇化发展，就能起到良好的积极效果。同时，国外有关专家学者对城镇化发展等理论、政策建议的研究较为重视，但对城镇化发展与财税激励政策之间的关系研究较少，尤其是较为具体、系统的财税激励政策就更为少见。另外，从上述研究内容看，国内虽有对新型城镇化税收政策的研究，但研究国外发达国家典型城市税收政策，并与我国典型城市进行比较以及提出对策建议的极少。

我国自从 2013 年开始重视新型城镇化发展以来，对新型城镇化的研究非常丰富，对新型城镇化发展的财税激励政策的相关研究也在逐步增多，尤其是 2016~2019 年的文献较多，研究的视角也较广，特别是对土地财政与新型城镇化发展关系的研究较多。本书对国内相关文献的综述分为理论、问题、实证和建议四部分，其内容和观点基本能够代表国内研究的主流，我国的一些专家学者对促进新型城镇化发展财税激励政策的理论与实践研究，较多地阐述和分析了当前存在的问题，研究并逐渐形成了有效和有针对性解决新型城镇化发展的财税政策或对策（措施），也建立了与实际结合的相关财税政策模型，但缺乏促进某个地区新型城镇化发展较为具体的、系统的财税政策规范研究和实证分析，以及可操作性的、具有实践指导意义的财税激励政策体系。

综上所述，国内外关于城镇化或新型城镇化发展财税激励政策的研究还存在一些不足或还有待研究的空间，主要表现在以下三个方面。

第一，缺乏对某一地区（或省份）客观、科学、系统的研究。尤其是结合各地的发展实际（或区位特征），提出适合当地新型城镇化发展的财税激励政策，这必将对当地可持续发展产生重大、积极意义。

第二，缺乏对"激励型"财税政策的研究。财税政策与"激励型"财税政策是有区别的，现有的研究基本上是财税政策的研究，从中可以挑出一些"激励型"的财税政策，但是内容还是较少，研究不具体、不透彻。

第三，没有形成一套较为完整的新型城镇化发展财税激励政策体系。新型城镇化是我国未来相当一段时间需要解决的问题，财税激励政策作为政府最重要的宏观调控手段之一，在加快推进新型城镇化步伐具有不可替代的重要作用，尽快建立一套完整有效的财税激励政策体系尤为重要。

基于此，本书结合黑龙江省的发展实际和区位特征，对其"激励型"财税政策进行深入和全面的研究，并试图建立一套较为完善的财税激励政策体系，弥补一些研究不足，以利于深化财税激励政策理论研究及为制定黑龙江省新型城镇化发展财税激励政策提供有益的参考。

第三节 研究内容与方法

一、研究内容

第一章绪论。阐述研究背景,提出研究主题,论证研究目的与意义,分别从(新型)城镇化发展财税政策理论、(新型)城镇化发展财税政策实证、(新型)城镇化发展财税政策问题、(新型)城镇化发展财税政策建议等方面分析国内外研究现状,并对其评述,提出本书研究的重点和独特视角,并概括主要研究内容、研究方法、研究思路和创新点。

第二章新型城镇化财税激励政策的基础理论。系统阐述和界定城镇化与新型城镇化的科学内涵,分析新型城镇化以人为本的核心以及产城融合、城乡统筹、集约高效、绿色低碳的特征,阐述新型城镇化与传统城镇化的主要区别,同时界定财税政策与财税激励政策的科学内涵,理顺普适性新型城镇化与财税政策的内在机理,分析普适性城镇化发展的外部效应,财税政策能够促进新型城镇化的持续发展。甄别阐述和研究二元经济结构、空间地理区域、区域均衡发展、财政体制分权、激励性规制、税收激励等理论基础。

第三章黑龙江省新型城镇化发展的现状分析。分析黑龙江省新型城镇化发展具备经济基础稳定、城镇化的历史渊源颇深、地域较辽阔且民族众多、资源型城镇化发展显著、严寒地带冰雪资源丰富等区位特性,描述黑龙江省特大城市、大城市、中城市、小城市、特色小镇、农垦森工系统等新型城镇化发展的空间布局,提出产业支撑型、城市辐射型、复兴改造型、道路节点型、乡村振兴型等新型城镇化发展的主要类型,同时发现黑龙江省新型城镇化发展存在城镇化率增长较为缓慢、农民进城原因及条件、社会保障衔接及就业、基础设施及城乡布局等主要困境。

第四章黑龙江省新型城镇化发展财税激励政策的现状分析。分析和阐述黑龙江省财政支持新型城镇化发展的基本状况。包括地方财政收入总体状况、各级地方财政收入状况、分地区财政收入状况、地方财政投入总体状况、各级地方财政支出状况和分地区财政支出状况等。从国家层面和地方区域分别阐述黑龙江省新型城镇化发展现行的财税激励政策，包括加快农村人口市民化、全面提升大城市功能、加快培育中小城镇化、辐射带动新农村建设、城镇化重点产业发展、新型城镇化专项补贴等的财税激励政策，发现其存在新型城镇化发展的财政投入不足、预算支出结构不合理、转移支付制度不规范、税收激励政策不显著等主要问题，并分析财税激励政策的分配不均衡、运行不通畅、执行不到位、监督不完善等主要成因。

第五章黑龙江省新型城镇化发展财政激励政策的实证分析。对黑龙江省城镇化率、GDP、第三产业占比和财政收支进行实证分析，得出黑龙江省城镇化水平较低、城镇化率与GDP、第三产业占比、公共财政收入和支出存在长期的协整关系、公共财政支出对城镇化发展的效果较公共财政收入明显、新型城镇化发展与财政政策存在密切关系等结论；分析城镇化率与财政收入占GDP比重的关系，得出城镇化率在某种程度对财政收入占GDP比重起决定作用，该比重也较大地影响城镇化发展水平等结论；以哈尔滨市为例，建立城镇化公共交通财政补贴的计量模型，对哈尔滨市公共交通进行测算，发现财政补贴明显不足、缺口较大，远不能满足城市公交发展的需要，提出拓展财政补贴资金的来源渠道、强化财政补贴资金的监管措施等对策建议；以哈尔滨市为例，分析哈尔滨市地方政府债务的规模和结构等总体状况，构建哈尔滨市地方政府债务风险预警指标体系，得出地方政府债务风险偏高、财政直接项目债务较多、担保债务因素的不确定等结论，提出降低债务风险、减轻偿债压力等基本防范措施和减少地方特定债务规模、提升地方财政收入能力、规范地方政府债务管理等具体对策。

第六章黑龙江省新型城镇化发展税收激励政策的实证分析。分析税收政策促进新型城镇化发展的运行机理，税收政策的变动可能带来"同步城镇化""滞后城镇化""虚假城镇化""空虚城镇化"等现象；对黑龙江省城镇化率与税收收入总量进行实证分析，得出税收收入与城镇化率之间存在着长期的协整关系、城镇化的发展离不开税收政策的支持等结论；通过对黑龙江省税收支持新型城镇化发展的实证分析，发现宏观税负、人均城建税、人均城镇土地使用税、人均土地增值税和人均地区生产总值、财政支出占比、城乡收入差距、进出口数额能够促进新型城镇化的发展，而人均增值税、人均企业所得税、人均契税和所有制就业结构、农业贷款率是阻碍新型城镇化发展的因素；分析哈尔滨市冰雪旅游与文化产业融合，梳理现行财税政策，构建耦合协调度实证分析模型，得出耦合协调度较低、文化产业发展滞后等结论，提出加强国际合作、挖掘文化亮点、做好产品布局、树立文明形象等税收激励政策。

第七章国内外新型城镇化发展财税激励政策的经验与启示。阐述法国、英国、德国、韩国等国家城镇化发展财政激励政策的经验，美国"纽洛芝休"、日本"东大名福"、加拿大"渥多蒙温"、新加坡等城市城镇化税收激励政策的经验，国内广东、浙江、辽宁等省份和"北上广深""天重成杭"等典型城市新型城镇化财税激励政策的经验，得出增加城镇公共基础设施投入、提高城镇基本公共服务效率、重视城镇化财政补贴的功能、完善城镇化转移支付制度和加快城镇化相关税制改革等启示，其中税制改革的启示包括发展并完善主体税种、所得税制和税收立法等，新型城镇化财税激励政策着力点的启示包括社保制度改革的政策着力点、乡村发展的政策着力点、小城镇发展的政策着力点等。

第八章黑龙江省新型城镇化发展总体布局与财税激励政策。阐述黑龙江省新型城镇化布局的基础条件，黑龙江省新型城镇化发展呈现出新型城镇规划不断清晰、新型城镇功能不断齐全和基础服务设施不断完善等基本状态，农业转移人口市民化的趋势不断加强，目前试点的市县在新型城镇化发展上具有先行先试、带头模范作用；分析和论述黑龙江省新型城镇化发展的总体布局，包括特大城市（哈尔滨），大城市（齐齐哈尔、牡丹江、佳木斯、大庆），中等城市（鸡西、双鸭山、七台河、鹤岗、伊春、绥化、肇东、加格达奇），小城市、县、镇和农垦、森工系统五大部分；归纳和分析加强新型城镇综合承载能力项目建设，构建新型城镇现代化综合交通运输体系，包括铁路、公路、民航、水运和综合交通枢纽等；论述和分析优化新型城镇化布局的财税激励政策，包括深化户籍制度改革的财税激励政策、加强社保制度衔接的财税激励政策、建立多元融资机制的财税政策和推动土地集约利用的财税政策等。

第九章促进黑龙江省新型城镇化发展财税激励政策的建议。提出国家总体财政激励政策包括完善全口径预决算体系、合理划分财政支出责任和深化转移支付制度改革等；税收激励政策包括继续深化税收制度改革、合理调整宏观税负结构、不断优化税收制度结构和加快构建地方税收体系等；地方总体财税激励政策包括拓宽财政资金融资渠道、优化公共财政支出结构、建立多元化投融资体制和建立基础设施投入机制等；加快城镇化产业发展的财税激励政策包括促进农业优特产业发展、推动工业"产城融合"和加快第三产业持续发展等；提升农业人口市民化的财税激励政策包括推进对农业人口市民化、支持进城落户农民权益、提升城市功能和承载力、完善财政转移支付机制等。

第十章结论与展望。总览全书，总结主要结论、研究不足和未来展望。

二、研究方法

（一）文献分析法

通过阅读大量的国内外关于新型城镇化发展的财政政策、税收政策以及产业发展财税政策、农村人口市民化财税政策等相关文献，梳理研究的范围、深度和不足之处，在总结前人研究成果的基础上，对本书进行结构化分析和理论定位，提出本书的研究主题、研究思路和写作框架。

（二）调查分析法

本书大量数据资料，主要来自对哈尔滨市、齐齐哈尔市、大庆市、牡丹江市以及安达市、北安市等地区的调研，获取一手资料，此外本书中的原始数据主要来源于《中国统计年鉴（2020）》《黑龙江统计年鉴（2020）》，以及黑龙江省及各地区财政厅、统计局等网站以及有关部门咨询与调研报告，并由笔者对搜集的数据进行加工计算整理。

（三）比较分析法

将黑龙江省城镇化率与全国和其他省份相比较，黑龙江省各地区城镇化率、经济发展、产业、交通、资源等相对比，国内外典型国家城镇化发展财政政策、国外典型城市税收政策与税制结构以及国内典型省份新型城镇化发展财税政策相比较等，分析差距所在，揭示黑龙江省财税激励政策存在的主要问题及国内外经验启示，以此作为进一步研究财税激励政策改革思路的重要依据。

(四) 案例分析法

以美国"纽洛芝休"、加拿大"渥多蒙温"、日本"东大名福"和新加坡等典型城市为例，并与我国典型省份城镇化发展进行比较分析，发现其税收制度和结构存在很大差距，并得出结论。以特大城市（哈尔滨）、大城市（齐齐哈尔、牡丹江、佳木斯、大庆）、中等城市（鸡西、双鸭山、七台河、鹤岗、伊春、绥化、肇东、加格达奇）、小城市（县、镇）、农垦森工系统等为例，对黑龙江省新型城镇化发展进行总体布局，并提出总体布局的财税激励政策。

(五) 实证分析法

构建数理模型，对黑龙江省财政支持新型城镇化发展、黑龙江省城镇化率与地方财政收支、城镇化率与财政收入占GDP比重关系、城镇化发展与财政补贴相关性、黑龙江省税收支持新型城镇化发展、城镇化率与税收收入相关性等进行实证分析，得出一系列相关结论，为黑龙江省新型城镇化财税激励政策的提出打下基础。

第四节 研究思路与创新

一、研究思路

从新型城镇化发展财税激励政策的基础理论出发，分析黑龙江省新型城镇化发展的区位特性、空间布局、主要类型、存在困境和现行财税激励政策的现状、存在问题及成因，分析黑龙江省财政支持新型城镇化发展的基本状况，对城镇化率与财政收支、城镇化率与财政收入占GDP比重、城镇化率与税收收入、税收支持新型城镇化发展等进行实证分析，借鉴国内外典型国家、省份和典型城市城镇化发展财税激励政策的有益经验，从总体发展、城镇布局、产业发展、人口市民化等方面分别提出促进黑龙江省新型城镇化发展的财税激励政策建议。本书具体的研究路线如图1-1所示。

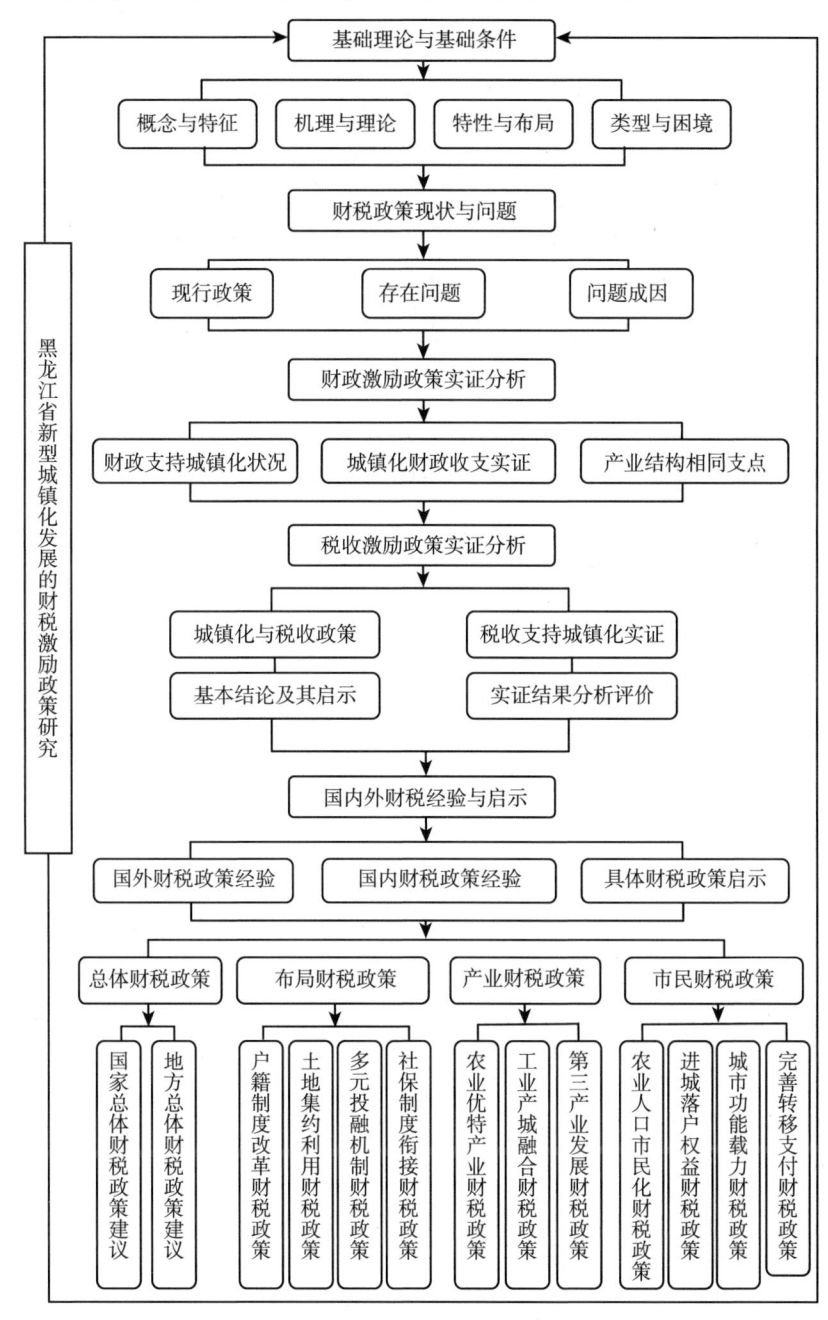

```
黑龙江省新型城镇化发展的财税激励政策研究
  │
  ├─ 基础理论与基础条件
  │    ├─ 概念与特征
  │    ├─ 机理与理论
  │    ├─ 特性与布局
  │    └─ 类型与困境
  │
  ├─ 财税政策现状与问题
  │    ├─ 现行政策
  │    ├─ 存在问题
  │    └─ 问题成因
  │
  ├─ 财政激励政策实证分析
  │    ├─ 财政支持城镇化状况
  │    ├─ 城镇化财政收支实证
  │    └─ 产业结构相同支点
  │
  ├─ 税收激励政策实证分析
  │    ├─ 城镇化与税收政策
  │    ├─ 基本结论及其启示
  │    ├─ 税收支持城镇化实证
  │    └─ 实证结果分析评价
  │
  ├─ 国内外财税经验与启示
  │    ├─ 国外财税政策经验
  │    ├─ 国内财税政策经验
  │    └─ 具体财税政策启示
  │
  └─ 总体财税政策 / 布局财税政策 / 产业财税政策 / 市民财税政策
       ├─ 国家总体财税政策建议
       ├─ 地方总体财税政策建议
       ├─ 户籍制度改革财税政策
       ├─ 土地集约利用财税政策
       ├─ 多元投融机制财税政策
       ├─ 社保制度衔接财税政策
       ├─ 农业优特产业财税政策
       ├─ 工业产城融合财税政策
       ├─ 第三产业发展财税政策
       ├─ 农业人口市民化财税政策
       ├─ 进城落户权益财税政策
       ├─ 城市功能载力财税政策
       └─ 完善转移支付财税政策
```

图1-1　本书研究路线

二、创新点

第一,以空间经济学和财税激励理论为主要分析工具,综合运用比较分析、理论分析、实证分析等研究方法,系统分析了黑龙江省新型城镇化发展财税政策激励的正负效应与存在的问题。

第二,针对黑龙江省新型城镇化发展面临的实际困难,以及财税激励政策的有效性不足,结合笔者的调研,对黑龙江省新型城镇化发展财税激励政策效应进行理论分析和实证研究,给出了具有应用价值的财税激励政策体系。

第三,运用现代主流经济学研究分析范式,深入考察财税激励政策在黑龙江省新型城镇化建设过程中的功能与实效,运用大量数据分析问题,用数据分析"政",分析问题深入、具体,以实现财税激励政策统一性与特殊性的有效衔接。

第二章

新型城镇化财税激励政策的基础理论

第一节 城镇化与新型城镇化的科学内涵

城镇化与新型城镇化虽然只差"新型"两字，但是两者概念差异很大，后者旨在突出"新型"一词，科学界定两者的内涵对于研究具有重要意义。

一、城镇化的科学内涵

城市化一词在 1867 年由塞尔达最先在《城镇化基本理论》一书中提出。国外常把"urbanization"翻译为城市化，是指乡村转化成为城市的整个过程。我国学者在引进翻译这个词语时有所争议，有的学者认为应该翻译为"城市化"，有的学者则认为应该翻译为"城镇化"。我国发展经济学创始人张培刚教授 1957 年最先提出"城镇化"一词（张培刚等，1957）；辜胜阻（1991）在其发表的《非农化和农村工业化探讨》一文中详细阐述了城镇化的含义，逐渐获得主流学者的认同，对之后城镇化的论述具有深远影响。

不过"城镇化"还是一个发展中的概念，不同的学派对它有不同的认识，还需要做进一步的探讨。具体的七种观点如下：第一种观点认为城镇化是指随着我国经济的不断发展，农民不断向条件更为优越的城镇地区集中（张军涛等，2018）；第二种观点认为城镇化是因为人们生活水平逐步提高，生活方式发生的自然而然的变化（史胜安等，2018）；第三种观点认为城镇化是从传统的农耕社会向现代社会的转变（赵楠等，2018）；第四种观点认为是由于我国经济不断发展导致越来越多农民向城镇涌入，使城镇人口的数量和规模都在不断扩大（安体富等，2011）；第五种观点认为是工业化不断从城镇向农村深入，传统的农村文明逐渐被现代城市文明所取代的过程（杨林等，2018）；第六种观点认为城镇化是集约型社会的需要，人们为了节省资源和空间，把生活和生产方式都向集约化发展，与此同时，随着第二产业和第三产业从业人数的增加也使得城镇化进程加快（李斌等，2018）；第七种观点认为是随着社会分工越来越细化，对劳动力的需求日益增加，所以农村人口开始向城镇聚集（贾婷月，2018）。

城镇化的概念在不同的学科也有不同的含义：一是经济学领域，认为经济的不断发展、社会的不断进步使农村人口开始大批向城镇转移，从事第二产业和第三产业的过程（Millington，2016）；二是地理学领域，认为农村人口向城镇的聚集是农村劳动力的转移，在这个过程中不仅会使原有的城镇规模变大，还会促进新城镇的形成，使得城镇的地理形态发生一定的转变（Moule et al.，2016）；三是人口学领域，认为城镇化是农村人口不断向城镇聚集的过程，一方面原有的城镇人口会越来越多，另一方面城镇的数量也会不断增加（Shastri et al.，2015）；四是社会学领域，认为城镇化其实是城市生活方式向农村的传播的过程，城市生活比较优越，无论是在物质方面还是精神方面都是乡村生活所不能比拟的，所以越来越多农村人口被城市生活方式所吸引（Brown et al.，2015）。虽然在不同领域、不同学科专家眼中的城镇化有所差异，但是城镇化的概念还应是博采众长，做到质和量的统一：从质的方面来看，因为城市生活条件更加优越，生产力更为先进，城市越来越发达，慢慢使乡村也能享受到城市发展的红利，不断被城市同化；从量的方面来看，随着越来越多的农村人口向城镇涌入，城镇数量和规模将不断增加（Lewis et al.，2015）。

综上所述，城镇化的概念应该包含以下四个方面：一是人口的城镇化，其实就是人口经济行为的城镇化，这也是城镇化的核心内容；二是土地的城镇化，随着城镇化愈演愈烈，城镇的规模和数量都有所增加，这是农村人口迁移城镇的载体；三是经济的城镇化，农村传统经济模式的转变和进步，第一产业比重开始不断下降，而第二、第三产业比重不断上升，这才是城镇化的动力；四是社会的城镇化，随着人口、经济以及土地的城镇化，无论是城镇居民还是农村的生活方式都发生了变化，城市精神文明的不断发展和蔓延是城镇化的目的。

二、新型城镇化的科学内涵

（一）新型城镇化的概念界定

谢志强等（2003）最早提出新型城镇化的概念。张荣寰（2007）阐述了新型城镇化的具体定义和发展模式。新型城镇化与城镇化的主要区别在于"新"以及"型"上："新"的含义是指技术革新、观点创新、文化更新，"新"才是城镇化要走的道路，也是必经的过程；"型"的含义是指转型，包含多个方面，例如城市规划、产业升级、环境治理、教育（医疗、养老）配套服务、基础设施等，凡是与城市建设有关的方面都要转型，使新型城镇化在规划初期就是科学的、完善的（马万里等，2018）。要将新型城镇化打造成环保、智慧、便捷的城镇化，适合人类居住和工作，招商、引商，多挖掘有潜力的产业，从多个方面促进经济发展，从而使城乡发展趋于均衡，做到城乡统筹、共同发展。新型城镇化的主要特征有城乡统筹、集约发展、生态居住、和谐共进，无论是乡村还是城镇，无论是大城市还小城镇都要和谐发展，共同进步，只有这样才能加速城镇化的发展。新型城镇化的核心是不破坏农村环境、不侵占耕地、不影响农村生态，致力于"三农"发展，尽快实现城乡基础设施建设一体化，让农民过上小康生活（杨晶等，2018）。

鉴于学界对城镇化的不同认识、王曙光等（2015）对"新"的定义及下文的研究，本书认为，"新"是指网络信息化、现代化、市民化和一元化，黑龙江省新型城镇化的"新"主要体现在以下十大方面：城镇优先发展、基础设施完善、城镇质量提升、土地财政改善、环境污染治理、资源城市转型、智慧城市发展、特色小镇繁华、城镇布局合理、农民收入提高，以及这十大方面的改革与创新。因此，本书界定的新型城镇化概念是指大中小城市、小城镇、新型乡村协调发展的城镇化，其核心是以人为本，本质是科学发展观，动力是新型工业化，原则是统筹兼顾，特征是产城融合、城乡统筹、集约高效、绿色低碳。

（二）新型城镇化的核心

新型城镇化的核心是以人为本。城镇化的过程不仅仅是简单地将原有的农村人口变为城镇人口，还要确保迁移后的原农业人口能享有其他城镇人口的待遇，同样有权利享有城镇的基础设施、公共服务，保证迁移人口在教育、医疗、社会保障、就业、养老等方面享有同等的待遇，改变以往那种只是人口从乡村向城镇转移而其他待遇大打折扣的现象，真正做到以人为本。

在城镇化发展的初期阶段主要是通过第二产业来实现非农化。新中国成立后，我国工业较为落后，随着国家大力发展工业，我国的工业水平发展迅速，大中小型工厂如雨后春笋般成立，需要大量的劳动力，这就为转移农村剩余劳动力提供了平台。这一时期有大量剩余劳动力从农村转移到城镇，从事与农业相比效率更高的工业，促进了我国生产率的发展。我国现在正处于城镇化发展中期，所以侧重点已经从量转移到质，重视城镇化实际的发展质量（庞涓，2018）。现在我国户籍人口城镇化率和常住人口城镇化率这两个数据的差距比较大，这种现象影响了我国城镇化率的发展，也使得城镇内部有了一些矛盾。农村迁移人口的工资水平较低，一般都是体力劳动，工作强度较大，但所享受到的社会保障和社会福利较低，这就导致农村迁移人口的消费能力不足，影响城镇拉动消费扩大内需，不利于城市经济发展和建设（袁方成等，2018）。提高农村迁移人口的待遇，真正实现迁移人口市民化，使其享受到社会福利待遇，提高其薪资水平，从而拉动其消费能力，促进经济发展，更好地建设新型城镇化。

所以，新型城镇化一定要以人为本，关注人的需求，解决人的问题，提高农村转移人口的生活质量。新型城镇化要为农村转移人口提供和市民一样的社会保障和福利待遇，在公共服务上享有同等的权利，解决好他们就业、教育、医疗、住房等实际问题，只有解决了这些后顾之忧才能更好地提高他们的劳动积极性，激励他们为建设新型城镇化贡献自己的力量。就业应该是要关注的重点，这是他们安家立命的根本，因此要为他们提供更多的就业岗位，提高就业待遇。

(三) 新型城镇化的基本特征

新型城镇化的基本特征主要表现在以下四个方面。

第一，产城融合。"产城融合"的含义是产业和城市相互结合发展，把城市作为载体，为产业发展提供更多的有利条件，把产业作为依靠，促进城市公共服务和公共基础设施建设，提升城市实力，并以此来提高城市土地价值，最终实现人、城市、产业间的融合发展。产城融合是基于我国产业转型升级情况提出的新思路，它提出要"以产促城，以城兴产，产城融合"，重视产业和城市在发展中相互融合、相互促进（郭世芹等，2018）。一个城市的发展如果没有产业作为依靠只能是一座"空城"，如果产业没有城市作为依托那也不能长久发展，所以想加速新型城镇化发展就一定要将产业和城市融合在一起，提高它们的匹配度，让二者协同发展。

产城融合的表现形式主要有以下几个方面：一是产城融合不能盲目，要做好科学规划。想让产业和城市协同发展就要根据新型城镇化的发展需求提前做好合理的、科学的规划，不能好大喜功，盲目发展，要根据城市优势和实际情况来对产业进行定位，实现二者相互促进，和谐发展。二是了解产业发展趋势，实现产业转型升级。近年来，我国一直强调淘汰产能低下、污染较重的产业，对产业进行升级转型，这也是新型城镇化发展所需要的，在开发过程中一定要合理使用城市的各项资源。例如，土地资源、能源资源等，只有科学发展产业才能促进城市的可持续发展。三是考虑世界经济发展趋势，增强我国市场竞争力。随着我国经济的不断发展，企业在世界市场中地位越来越高，为了进一步提升我国在世界市场中的竞争力，需要大力发展民族产业，借助产业升级的契机将新型产业做大做强，这样不仅能提高我国经济的国际影响力，还能提高我国城市的综合实力（阎波等，2018）。

第二，城乡统筹。新型城镇化就是要统筹城乡发展，实现这一目标需要"四化"的配合。我国目前正处于现代化建设的重要时期，还是要以工业化为核心动力；信息化可以为我国发展提供科技力量，助力国家实现大踏步发展；城镇化是信息化以及工业化得以发展的有效载体，三者相互促进和共同发展，最后带动农业现代化，实现第一、第二、第三产业协同发展（罗林等，2018）。因此在发展新型城镇化的过程中，应与"四化"建设紧密联系、紧密配合。

新型城镇化使农村人口不断向城市转移，越来越多农村人口转变为城镇人口，但这并不会拉大城乡差距，恰恰相反，新型城镇化的终极目标就是要消除现有的城乡二元机制，让城市和农村人口都享受到同样的社会福利。新型城镇化就是要公平、合理地配置社会资源，农村人口同样能享受到医疗、教育、社会保障、就业、养老等多方面的福利，所以新型城镇化在布局规划、基础设施建设、公共服务等多个方面都要考虑农村转移人口的需求，做到资源共享。现在的发展是城镇带动农村，实现二者并轨发展，渐进消除二者的区别，缩小城乡差距，对农民的生产、生活给予更多的关注（孙焱林等，2018）。因为我国人口众多，不可能在短时间内将全部农村人口转移到城镇，所以要在此过程中对那些因为城镇化而失去土地的农民提供有力的保障，绝不能损害失地农民的利益。

第三，集约高效。新型城镇化要打造的是智慧型城市，所谓智慧型城市最主要的特点就是宜居、环保、集约、便捷。传统城镇化只是盲目扩张，没有考虑到城镇发展程度需要和资源承载力的关系，一旦打破了这种平衡就会对城镇环境和资源造成影响，阻碍城镇经济发展，使城镇化无法可持续发展。新型城镇化则更注重整体布局，可以规划相近的城镇发展城镇群，按照每个城镇的优势和资源来进行科学布局（张梅等，2018）。优化配置城镇资源，在尊重环境、保护环境的前提下利用行政手段来促使新城镇经济发展，其效果一定会事半功倍。增强城镇间的互动性，根据大、中、小不同规模城镇的发展需求来进行公共基础设施配套服务，可以让大城市带动中小城镇，以点带面，形成优势互补，推进城市群的发展。城市群的发展模式更有利于大、中、小城市协同发展，共同进步，增强区域经济的能力和作用，进一步发挥城市聚集的优势。

传统城镇化发展到后期弊端较多，盲目的城镇扩张使得土地城镇化过度，极大地浪费了耕地资源，破坏当地经济可持续发展，给我国城镇化建设带来了一系列的问题。新型城镇化建设一定要严防出现这一问题，更加注重人口城镇化，在建设城镇时要科学布局、严谨规划，节省土地资源，还要考虑当地的资源环境情况，切不能以环境换发展，要建设可持续发展的新型城镇，合理利用国家的土地资源。

第四，绿色低碳。传统城镇化为了快速发展，往往忽略了环保问题，结果就出现了先发展再治理的错误行为，给环境带来了污染和破坏，得不偿失。所以，新型城镇化建设一定要守好环保这条底线，发展绿色环保、低碳集约型的城镇。城镇化建设是百年大业，不能只图眼前的利益，一定要注重环境保护，实现可持续发展，绝不能用环境换发展。现在人们对环境的认识越来越高，尤其是受到雾霾天气的影响，人们渴望蓝天、青山、绿水。新型城镇化建设要充分考虑百姓对环保的需求，合理使用资源、节约资源、爱护环境，走低碳环保的新发展道路（王国刚，2010）。

新型城镇化建设要求产业升级，转变低效率的经济发展方式。以往传统的城镇化发展模式是利用农村劳动力低廉的情况，发展粗放型的产业模式，并没有真正改善农村人口的生活条件，反而令其沦为城镇低廉的劳动力。随着我国经济的不断发展，劳动力的供求关系开始发生变化，现在很多行业都出现"用工荒"，尤其是在过年过节时，更是"一工难求"，人力成本的上涨是传统城镇化要面临的较大难题。所以，新型城镇化要重视劳动力的价值，对农村转移人口进行专业技术培训，提高人口素质，鼓励其创业，形成产业升级与劳动力素质提升的协同发展。对农村劳动力进行专业技术培训，可以提高其素质，进而有利于第三产业的发展，提高服务业在国民经济中的比重，形成我国经济发展优势，同时也实现新型城镇化高效发展的目的。

三、新型城镇化与传统城镇化的异同

城镇化是一种社会不断进步的现象，是在历史长河中自我成长和完善的过程，如果要将不同时期的城镇化作一个区分，可以将城镇化分为传统城镇化和新型城镇化。新型城镇化是传统城镇化的升级和进步，它代表着政府和社会有能力为居民提供更完善的公共服务。新型城镇化从体制、理念、科技、服务等方面均有创新，产业有所升级，人们的工作更加精细化，城市建设更加科学和合理，能够为人们提供更为全面便捷的服务，对环保的要求也提高，污染大、产能低的项目将不再被引进，教育、医疗、卫生、养老、城市交通等方面都将得到不同程度的提升。具体来说，新型城镇化与传统城镇化的主要区别包括以下六个方面。

（一）时代背景不同

计划经济体制时期是传统城镇化的舞台，后来随着改革开放后市场经济体制的需要，传统城镇化已经不适合新时代，新型城镇化的概念开始被提出，用创新、转型的观念来建设我国和谐社会。

（二）发展方式不同

传统城镇化盲目追求规模和数量，急于城市的扩展，这种发展方式会带来只追求量而不追求质的弊端，有些盲目和激进。而新型城镇化则注重优化和升级，在意"质量"而不是"数量"，以优化城镇的功能为主，并将智慧城市概念和科技城市概念融入其中，把优秀的生活文化渗透到乡村中去。新型城镇化就是要用环保、集约的理念促进城镇的发展（赵彤，2018）。

（三）发展目的不同

以往传统城镇化比较注重大中城市的发展，一些资源和政策都会有所倾斜，这就影响了小微城镇的发展。而新型城镇化就是要全面兼顾、协同发展，让小微城镇也有发展的机会和空间。

（四）推动主体不同

在计划经济时期，传统城镇化是由政府推动的，是"自上而下"的。而新型城镇化的发展是"自下而上"，各主体更有动力和积极性。

（五）衡量指标不同

传统城镇化的衡量指标主要以城镇化率为主，只是单纯注重数据的高低，结果做了很多的表面文章，不仅对城镇化没有任何益处，还造成了大量资源和精力的浪费，使环境遭到了破坏。新型城镇化的考核标准是以城镇化水平的高低为准，用科学的、集约的理念去规划城市，使智慧生活开始流行（黎家远，2018）。

（六）发展推力不同

传统城镇化的发展动力主要在于传统工业化，企图通过发展传统工业化来发展城镇化，进而推动经济的高速增长。而新型城镇化的发展推力主要在于具有可持续性的现代工业化和信息化，以此促进城乡协调发展，进而达到全面提高人们生活水平的目的（程岚等，2018）。

第二节　财税激励政策的界定及科学内涵

财税政策与财税激励政策只差"激励"两字，但是两者概念并不完全相同，后者旨在突出"激励"一词，本书认为新型城镇化不仅需要一般的财税政策，更需要激励型的财税政策，而首先需要界定两者的科学内涵。

一、财税政策的科学内涵

目前国内外专家学者对财税政策的认识不一，国外学者一般侧重于稳定经济作用和财税政策手段等视角的解释，国内学者则注重财税本质、内容、作用和手段等方面的解释。本书主要借鉴王曙光（2015）对财税政策的解释，将其定义为：财税政策是宏观经济政策的有机组成部分，是国家为实现一定时期社会经济目标而调整财政收入、财政支出、税收政策，从而调控经济良性运行所采取的策略及其措施。其主要政策目标包括资源优化配置、经济适度增长、收入公平分配、就业充分有效、物价相对稳定和国际收支平衡。财税政策贯穿于财税工作的全过程，体现在财政收支、债务管理、税收制度、预算平衡等方面，完整的财税政策体系包括财政收支政策、税收政策、预算政策、国债政策和收费政策等多方面。财税政策的运用状况直接决定着社会经济的发展状况。

单就财政政策而言，按调节经济周期作用不同为标准，分为自动稳定的财政政策和相机抉择的财政政策；按调节经济总量功能不同为标准，可分为扩张财政政策、中性财政政策和紧缩财政政策。其中扩张财政政策是指通过财政分配活动来增加和刺激社会总需求，主要作用于总供给大于总需求时，其手段主要包括增加财政支出和减少税收，但是持续扩张的财政政策一般会导致财政赤字，经济可能通胀，因此也可称为赤字财政政策；中性财政政策是指财政分配活动对社会总需求的影响保持中性，中性财政政策不等同于西方的均衡财政政策，而是略带积极效应的财政政策；紧缩财政政策是指通过财政分配活动来减少和拟制社会总需求，主要作用于总供给小于总需求时，其手段主要包括减少财政支出和增加税收，但是持续紧缩的财政政策一般会导致财政盈余，经济可能萧条，因此也可称为盈余财政政策。

二、财税激励政策的科学内涵

（一）财税激励政策的概念界定

从字面看，激励包括激发和鼓励两层含义，即依据事务需要持续激发其动机的操作过程，是政府管理不可或缺的活动。美国著名的管理学家斯坦尼尔（Steiner）和贝雷尔森（Berelson）认为，一切内心要争取的愿望、希望、条件和动力都构成了对人的激励。管理心理学的激励是调动人的积极性与主观能动性，激励心理过程使"目标、动机、需要"互为因果、相辅相成的连锁反应，也可将人的行为看成是需要（刺激）—动机（欲望）—目标（满足）的"化学反应式"（Park et al.，2017）。政策的行为目标离不开需要，当政策的某种需要未得到满足，将形成寻求满足某种需要的动机，在一定的条件下动机就转变为行为，即需要引发动机转变行为（Zipper et al.，2017）。

对于财税激励政策,国内外学者并未有一个清晰的解释。本书根据激励理论并结合新型城镇化发展的实践,借鉴王曙光教授的解释,比照财政政策、税收政策、激励等的含义及特征,认为财税激励政策即激励性的财税政策,它对应于限制性的财税政策,即指对国家(或地区)制定旨在提高效率水平、激发改造潜力和刺激经济增长,以实现经济更快更好发展为目标的一系列财税行为准则。

(二) 财税激励政策的特征

作为新型城镇化发展的财税激励政策主要具备以下三大特征:一是区域适用性。中央制定的财税政策一般是对整个国家而言的,未能充分考虑各省份(地区)经济发展的实际情况,也不能在省份之间分别实施不同的财税政策,因而这种高度统一的财税政策往往不能取得良好的效果。因此,激励性的财税政策就是针对那些缺乏改造动力和潜力的省份而提出,使其具有良好的地区适用性。二是能动作用性。激励性财税政策有别于传统的扩张财政政策,在推动经济发展的同时,注重除去那些阻碍经济发展的根本因素,用激励的方式引导个体事务自身的能动作用,以形成全社会的能动效应,挖掘真正能带动新型城镇化发展的深层动力。三是社会效应性。激励性财税政策可兼顾国家、企业、个人利益,以形成多方协力发展经济的良性循环局面,不仅会带动新型城镇化发展,也符合建设以人为本的和谐社会的发展方向。激励性财税政策发挥作用的基础是社会的互动效应,其效果又将促进政策的推广实施,也必将积极推动整个国家经济改革与发展。

(三) 财税激励政策的内容

财税激励政策在促进新型城镇化发展的过程中具有极为重要的作用。如通过财政转移支付支持,可增强该地区的资金筹措与发展潜力,运用特定优惠政策可吸引投资者的兴趣和信心,加快产业发展。本书财税激励政策的主要内容可概括为四个方面。

1. 政府投资的激励

政府投资相对于企业和个人投资,在经济中具有不可替代的作用。主要表现在:一是公益性项目投资主体非政府莫属,如科研、教育、文化、社保、卫生等；二是城镇的环境污染治理、基础设施建设等投资主要靠政府；三是政府投资对优化社会投资结构、促进资源配置的有效性具有决定性作用，对社会投资产生一定的带动和示范效应；四是通过改变投资规模刺激社会总需求，有利于实现经济增长和充分就业目标；五是通过政府直接投资提供市场不能有效配置的公共物品，从而创造良好的投资环境，降低私人投资的成本，促进社会投资的快速增长。

2. 财政补贴的激励

财政补贴作为财税政策工具，对供给、需求、资源和劳动力配置都有着重要的影响，政府财政部门根据国家政策的需要，在一定时期内向某些特定的地区的特定事项进行无偿补助。从激励效应上看，财政补贴规模越大，对接受者就越有利，表明效用和福利水平也就越高。增加补贴的省份、事项、消费的供给与需求水平，可提高资源有效配置能力。实物补贴消费具有针对性和专门性，可增加补贴产品的生产、消费的供给与需求，是旨在帮助弱者的财政补贴，可增强其生存与生活的能力。

3. 转移支付的激励

转移支付对地区新型城镇化发展的激励效应较为明显：一是积极调控分配。如生活物价补贴、煤炭补贴以及供应日用品亏损补贴等，在增加居民福利的同时起着缩小收入差距的作用（United Nations，1995）。二是优化产业结构。合理转移性支出可使国家的重点建设、基础设施、教育、卫生等"瓶颈"项目资金得到保障，还可给予受自然条件影响大、盈利低或风险程度高的产业专项补贴。三是增强财力能力。通过中央财政对地方的税收返还和专项支付，可对经济落后省份基础设施建设给予较多的政策与资金倾斜，积极扶持经济落后省份的新型城镇化建设。

4. 税收优惠的激励

税收优惠是指税法规定的对某些纳税行为给予照顾或鼓励的特殊性规定，可分为税额式优惠、税率式优惠和税基式优惠，核心是减免税。税收优惠的激励效应对地区经济发展具有积极的促进作用，合理运用税收优惠方式，减轻地区、行业、企业和个人的税收负担，可以避免政府过度干预经济而导致扭曲、被动的局面，从而激励个人工作和企业的生产经营行为，以及地区、行业等发展的积极性，促进地区经济和新型城镇化的快速发展。

第三节　普适性新型城镇化财税政策机理

一、普适性城镇化发展外部效应分析

从公共经济学角度分析，外部效应是指在实际经济活动中，生产者或消费者的活动对其他生产者或消费者带来的非市场性影响，其影响可能产生正外部效应或者负外部效应。城镇化从经济角度分析也具有外部效应，即在城镇化发展过程中所出现的所有行为影响城市经济、农村经济和其他经济，却没能获得应有的报酬或不需付出应有的成本费用的现象。城镇化的发展也伴随着正外部效应和负外部效应的双重结果，因此，其健康顺利发展需要政府管理部门介入，及时制定有效的相关政策法规，充分利用城镇化所带来的正外部效应，及时矫正所产生的负外部效应，而财税激励政策的介入将起到至关重要的作用（张小锋，2018a）。

（一）传统城镇化发展的负外部效应分析

城镇化虽然能带来很多正外部效应，但是也会产生一些负外部效应。城镇化的负外部效应将会给城市和居民带来额外的损害和问题。如何矫正和治理这些问题，关键在于找出其中的原因，如图 2-1 所示。

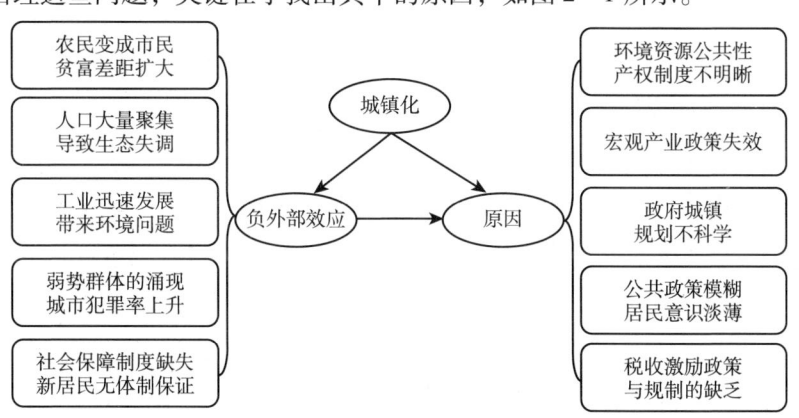

图 2-1　城镇化发展的负外部效应及其原因分析

从图 2-1 中可以看出，由于在城镇化发展过程中环境资源的公共性而导致产权不明晰是导致其产生负外部效应的根本原因，而政府部门的各方面政策失效则是其产生负外部效应的直接原因。城镇化发展所带来的负外部效应主要表现在城市生态环境的失调、贫富差距的拉大、城市犯罪率的上升、社会保障的缺失等，进而也将带来文化、教育、资源、交通和住房等一系列问题。

（二）新型城镇化发展的正外部效应分析

新型城镇化发展所带来的正外部效应涉及方方面面，主要表现在对农村的积极影响和对城市发展的正面刺激，如图 2-2 所示。

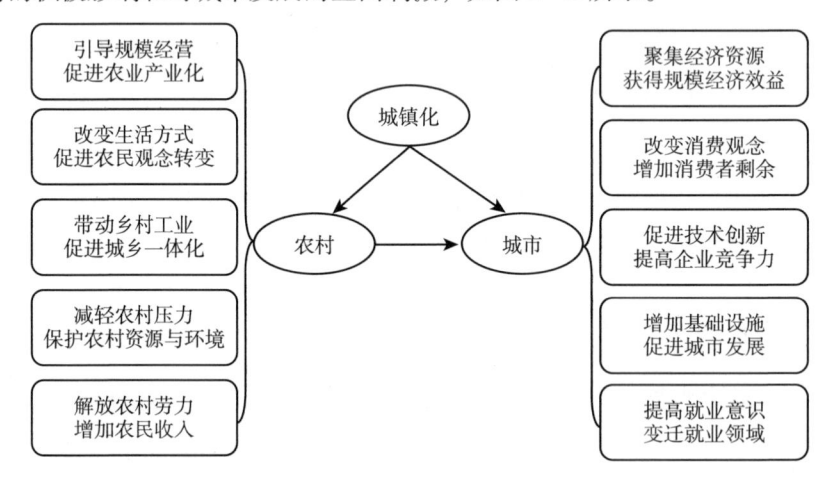

图 2-2　城镇化发展的正外部效应分析

从图 2-2 中可以看出，城镇化的发展所带来的正外部效应是巨大的，一方面促进城市地区的全面发展，可以产生聚集经济资源、改变消费观念、促进技术创新、增加基础设施、增强就业意识等正外部效应；另一方面，也促进了农村地区的繁荣发展，对当前面临的"三农"问题的解决具有重要的积极作用。国家计划经济委员会规划司在 2001 年 1 月发布的《中国城镇化进程的建议》中指出：从 2001 年到 2015 年，中国的城镇化速度每年提高 1 个百分点（不包括市镇人口自然增加的 4000 万人），将使 2.5 亿左右的农村人口转为城镇居民。实践表明，从 2011 年到 2020 年的 10 年间，黑龙江省大规模的农民转变为市民，使广大进城人员的生存、生活方式和文化娱乐的选择发生了巨大转变，促使了黑龙江省经济格局发生较大的变化。

从以上分析可知，普适性城镇化发展存在很多正外部效应与负外部效应，这也为财税激励政策的制定和实施提供了空间。财税激励政策可以给予正的外部效应补贴，可以及时矫正负的外部效应，最终使得城镇化水平达到理想状态。

二、新型城镇化财税政策的运行机理

（一）财税政策促进新型城镇化的持续发展

财税政策主要通过公共财政收入和公共财政支出两个工具双向促进新型城镇化持续发展。如图2-3所示，我国1978~2019年城镇化率与公共

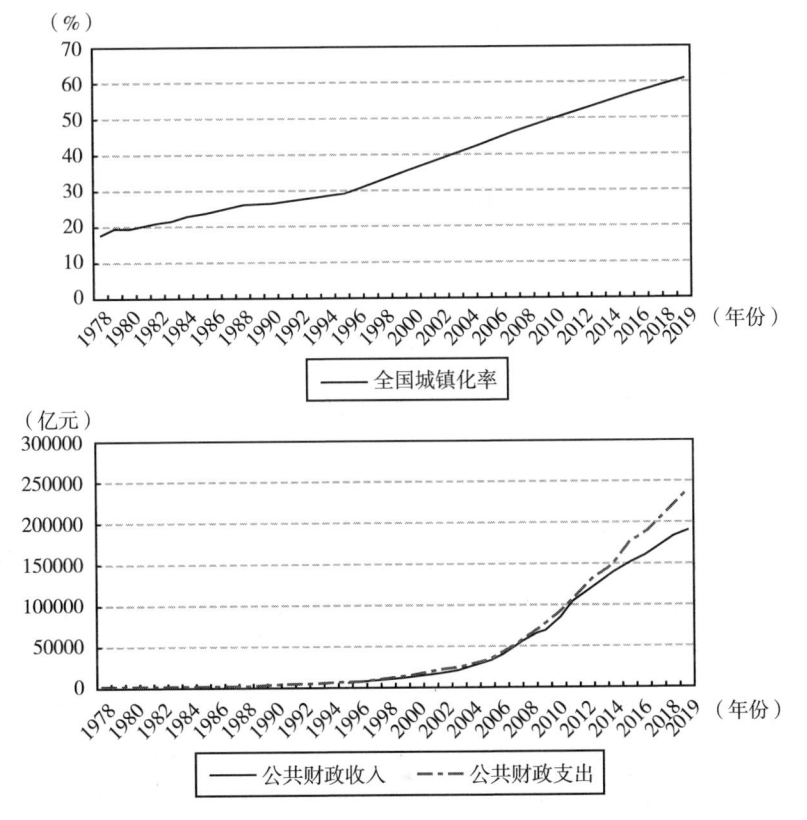

图2-3 1978~2019年城镇化率与公共财政收支情况

财政收入和支出存在不容忽视的密切关系,其走势基本一致,均表现为不断上升,城镇化率的不断提高与财税政策的积极效应是分不开的。财税政策为新型城镇化的持续发展提供良好的宏观政策环境,新型城镇化的发展也对财税政策提出了新的要求,财税政策应当也必须为新型城镇化的发展提供政策支持和保障。一是分税制财税体制和转移支付制度保证地方充足财力,完善地方公共服务体系;二是健全的公共财政支出体系加快新型城镇化公共基础设施的建设,营造良好的新型城镇氛围;三是户籍制度的深化改革加速人口的新型城镇化,扫清新型城镇化的制度障碍;四是税收优惠力度不断加大营造良好的新型城镇化投资环境。以上财税政策为新型城镇化发展提供强大后盾。

(二) 财税政策促进新型城镇化的内在机理

财税政策与新型城镇化发展存在密切关系,新型城镇化的发展需要财税政策的动力机制作用,其内在作用机理如图2-4所示。

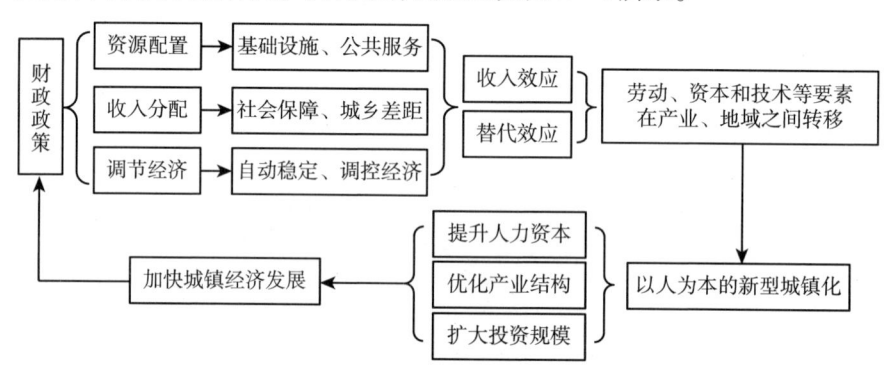

图2-4 财税政策促进新型城镇化发展的内在机理

新型城镇化所需要的各种基础设施、公共服务供给、人口转移政策等均属于公共产品,其非排他性和非竞争性决定了市场很难提供,而应该由公共财政来提供。公共财政的资源配置、收入分配和调节经济等重大职能能够为新型城镇化提供所需,其中,资源配置职能能够有效提高基础设施水平,不断完善公共服务供给;收入分配职能能够有效提高社会保障水平,缩小城乡居民收入差距;调节经济职能能够有效发挥"自动稳定器"作用,不断调节宏观经济运行。财税政策的这些职能作用能够带给新型城镇化收入效应和替代效应，不断使劳动力、资本和技术等主要要素，尤其是劳动力要素从第一产业转向第二、第三产业，从农村转向乡镇、城镇，从而不断促进以人为本的新型城镇化，进而又反作用于经济要素，提升了人力资本、优化了产业结构、扩大了投资规模等，进一步加快新型城镇经济发展，又对财税政策提出了新的要求。

第四节　新型城镇化财税政策的理论基础

一、二元经济结构理论

二元经济结构理论由英国经济学家刘易斯（1954）首先提出，他的观点是发展中国家经济与发达国家经济差别较大，其市场的成熟程度和经济结构都不尽相同，发展中国家经济由传统和现代两个部门组成。传统部门的生产模式大多较为简单，主要是农业和规模很小的商业，基本上都是由家庭成员完成不同分工，靠销售产品的利润来实现自足，这样的家庭作坊模式工作效率比较低，几乎靠手工完成，没有什么大机器参与，也不会雇用其他劳动力，生产效率和产值很低。但现代部门则完全不同，它是城市工业部门，机器化利用率高，劳动力基本都是外雇人员，存在竞争机制，生产效率自然就提高了，产值也比较可观（Zipper et al.，2017）。

刘易斯的二元经济模型经过发展由费景汉和拉尼斯（1964）进行了完善，这两位学者认为劳动力在传统和现代两个部门中的转移主要有三个阶段：第一个阶段是在传统农业生产中的剩余劳动力的转移，因为农业劳动力已经饱和，所以这部门剩余劳动的转移对农业生产活动不会有任何影响；第二个阶段是传统农业部门将那些生产效率比较低下的，尤其是低于平均生产效率的劳动力进行转移，虽然这部分劳动力的劳动效率低下，但其边际生产率大于零，所以如果把他们全部转移将会影响农业的总产量，农产品对现代部门供给就会减少，使现代部门购买农产品的价格上涨，有利于农民增加收入，也促使现代部门要提高劳动力的工资来维持生活；第三个阶段是农业生产开始现代化，两个部门的薪资都由自己部门的劳动力边际生产率决定（Zeuthen，2018）。

而美国经济学家哈里斯和托达罗（1970）则不这么认为，他们的看法是虽然发展中国家经济比较落后，但在农村不存在劳动力过剩的问题，农村劳动力向城市转移会造成城市事业人员增加的问题，同时又减少了农村劳动力，使农业生产受到一定影响。所以哈里斯和托达罗认为应该控制农村人口向城市迁移。卢卡斯（2002）在研究城市化时把人力资本因素加入其中，他认为人力资本是影响经济发展的重要因素，所以劳动力才从传统部门向现代部门流动，这就构成了城乡二元经济模型。

二元经济结构理论的启示对黑龙江省新型城镇化的发展影响较大。二元经济结构的发展模式会使得城乡差距越来越大，既不利于农村经济的发展也不利于城乡一体化发展。以前黑龙江省经济发展主要靠农业，生产率低下，经济也落后，后来黑龙江省开始注重工业的发展，开始了农业和工业并存的二元经济结构（Jiang et al.，2017）。重工业的兴起为黑龙江省经济发展注入了活力，使黑龙江省经济快速发展，提高了城市居民的生活水平，但也使农村和城市经济发展不平衡，城市与农村的差距越来越大。农民为了改善自己生活，越来越多的人开始到城市打工，这就导致"城市病"越来越严重，城市拥挤、资源紧张、污染严重、城市人口失业率增加，同时对农业生产也产生了一定的影响，所以这种情况急需解决。

二、空间地理区域理论

本书界定的空间地理区域理论包括新经济地理理论和空间经济学理论，两者一脉相承，不可分割。新经济地理理论又可称之为"NEG 理论"，最早是由美国经济学家保罗·克鲁格曼等于 20 世纪 90 年代提出。新经济地理理论创新点之一在于将运输成本纳入理论分析框架，克鲁格曼认为，规模经济、外部性和聚集经济等问题的产生关键在于运输成本的减少，将这些要素充分融入区域经济增长、城镇化发展等问题，不同于传统区域经济理论的最新经济理论前沿问题将随着产生（Martins et al.，2017）。1991年克鲁格曼在其发表的著名文章《收益递增与经济地理》一文中指出，随着"不完全竞争"和"规模经济"等分析工具的发展，空间地理区域理论将逐步被纳入主流经济学研究范畴。

克鲁格曼的新经济地理理论主要研究地理与市场之间的相互关系，即"报酬递增规律"如何影响城镇化发展和产业空间集聚。克鲁格曼认为"报酬递增"将会使得产业空间分布不均匀，只有将工厂设在大城市，其规模报酬才会递增，原因是大城市能够满足工厂的原料供应、生产工艺、基础设施等的新标准和要求，伴随着城镇化的发展和工厂不断扩张，劳动生产率逐步提高，企业利润也随之提高，"报酬递增"得以逐步实现。

南开大学经济研究所安虎森教授是我国研究空间经济学最具代表性的人物之一，其2005年的著作《空间经济学原理》影响深远，空间经济学理论在其中得到较好的阐述，其主要目的在于介绍空间经济学的基本规律、基本模型和核心思想，以及如何应用于经济政策的分析中，使相关学者可以利用新的解释工具来解释区域经济增长、新型城镇化发展等新的现象。安虎森教授指出，空间经济学的研究对象主要在于：挖掘经济活动的空间分布规律，分析空间集聚现象的形成机制及其原因，从而研究某一国家（或某一地区）经济发展过程（包括城镇化发展）。

黑龙江省作为我国东北边疆重要区域之一，大力发展其新型城镇化，加快乡村振兴，促进经济快速发展具有重要的战略意义。黑龙江省地域辽阔，大中小城镇众多，必须充分运用空间地理区域理论，将所有城镇在空间上加以相连，划分城市圈、特大城市、大城市、中等城市、小城市、县、特色小镇、农垦（森工）系统等各具发展特色和要求的版块，辅佐于不同的财税激励政策，促进新型城镇化健康快速发展，成为拉动经济发展、促进区域协调的重要引擎。

三、区域均衡发展理论

区域均衡发展理论也被称为平衡增长理论，它是一种研究发展中国家经济发展的理论。这个理论中的平衡增长是指国家在经济发展的过程中，为了促使国民经济能够快速发展会对不同的经济部门进行投资，这些经济部门受到国家的政策刺激后会有不同程度的增长，从而盘活国民经济，增加产值，使人民的收入情况和生活条件得到提高（Jedwab et al.，2015）。

20世纪40年代，罗森斯坦·罗丹发表了《东欧和东南欧国家工业化问题》一文，他在文章中提出发展中国家想要发展经济、摆脱贫困只能靠走工业化道路。一个国家在走工业化道路时要对所有工业部门进行大量的拨款，扶持工业部门稳健发展，才能在工业化道路上取得好成绩。值得注意的是，国家大力发展工业化时要对各个工业部门的投资比例大致相同，否则就会出现某些得到资源多的工业部门成长过快，导致产能过剩、畸形发展，同等的投资比例能尽可能保证不同工业部门协调发展、产能均衡（Liddle et al.，2014）。

20世纪50年代，纳克斯提出了贫困恶性循环理论。纳克斯认为，发展中国家的经济发展分为供给和需求两个方面。供给方面，人们的收入水平低下，没有足够的储蓄，导致经济发展资本不足，造成企业生产率低下，这又将导致工人收入水平低下，由此形成一条恶性循环链；需求方面，低收入导致人们无能力购买，需求不足，导致企业投资意愿不足，进而导致企业生产率低下，这又将导致工人收入低下，由此形成另一个恶性循环链。相互影响、相互交织的两条恶性循环链严重影响发展中国家的经济健康发展。唯有通过扩大各生产部门的投资规模，并由需求收入弹性和价格弹性的大小来决定各个生产部门的投资比例，这样才能有效摆脱这两条恶性循环链。1956年，美国学者纳尔森以马尔萨斯理论为基础，提出了"低水平均衡陷阱理论"，该理论主要适用于不发达国家，阐释了人均收入、产出增长、人口增长、人均资本等要素之间的相互促进关系，用以解释不发达国家不能持续增长、人均低收入不断反复的现象。他进一步指出不发达国家的人口过快增长是导致该现象的主要原因，储蓄和投资受到人均低收入水平的影响难以增长，但是仅通过增大人均收入来增加储蓄和投资数量，又可能会使人口进一步增长，人均收入始终无法提高，最终产生低水平均衡陷阱且难以走出。因此，必须控制人口增长速度，使其不高于投资与产出的增长速度，逐渐提高人均收入，才能走出该陷阱（Song et al.，2016）。

黑龙江省不仅经济发展比较落后，而且区域之间的经济发展水平也很不均衡，主要表现为哈尔滨市、大庆市等大城市经济发展水平较高，而很多县、乡、村（屯）、林区、农垦等地区经济发展比较落后，人民生活水平较低。黑龙江省的区域经济发展不均衡给新型城镇化的发展带来较大挑战，运用区域均衡发展理论指导其新型城镇化建设具有重大意义。

四、财政体制分权理论

世界上绝大多数国家采取的都是分级的政府体系，中央政府通过分配不同的权力来协调地区经济发展，财政体制分权理论由此产生。财政分权是指中央政府赋予地方政府一定的事权和财权，并准许地方政府根据地区发展实际自主决定政府预算收支的结构和规模。地方政府拥有一定的自主权是财政分权的本质所在，地方政府充分利用手中的自主决策权，积极参与本地区的社会事务管理，不断提高公共产品和服务的水平和质量。目前，财政分权理论遍布全世界，其原因主要包括以下四个方面：一是有利于各级地方政府之间的竞争；二是有利于信息交流成本的降低；三是有利于收入分配的公平；四是最终有利于资源合理优化配置。

财政分权理论大致分为以下三个发展阶段：一是传统的财政分权理论，代表人物为蒂布特、布坎南、施蒂格勒等。1956年，蒂布特在其《地方支出的纯粹理论》著作中提出了著名的"以脚投票"理论，该理论构建了一个地方政府模型，以此开启了传统财政分权理论的篇章。二是新一代财政分权理论，代表人物为温格斯特、罗兰、钱颖一等。该阶段的财政分权理论认为分权可以有效提高政府行政管理的效率，进而不断推进现代社会制度的发展。三是发展的财政分权理论，代表人物为罗森、奥茨等。罗森和奥茨均为实验联邦主义者，观点十分鲜明，认为对于中央政府而言，地方政府可以更好地结合当地实际情况，进行不同的政策实验，适应不同的地区环境，使得制度设计具有创新性和政策实施具有灵活性。

1994年的财政体制改革，实行分税制的财政体系将税种按照分权、分管和分税实现"三分"，为我国社会经济的高速发展做出积极贡献。我国分税制改革的本质在于合理分配中央政府和地方政府之间的事权和财权关系。划分"税权"，依据税收收入归属和权责不同将税种划分为中央税、中央地方共享税和地方税大类。分税制改革能够不断明确政府间职责，从而调动地方政府的积极性，推动了地方经济持续、快速发展。随着我国社会经济的快速发展和财税改革的不断深入，财政分权体制逐渐暴露出许多问题，如资金不透明、缺乏行政效率、事权财权不匹配等。加上近几年我国全面"营改增"、结构性减税等政策颁布实施，地方政府没有稳定的税源，严重影响其财政收入增长，地方政府的财权并没有与事权相匹配，加之地方政府不能公开发行债务，只能依靠土地财政来暂时缓解财政资金上的匮乏。

实践经验表明，过度的集权和过度的分权都可能造成公平、效率等方面的诸多问题。黑龙江省新型城镇化的发展需要大量的资金支持，由于黑龙江省经济发展落后，财力不足，因此需要中央政府的大力扶持和支持。中央与黑龙江省地方财政应优先考虑如何分权、多大程度上分权等问题，而黑龙江省政府要提高公共产品和服务的水平和质量，以更好促进新型城镇化发展，就必须具备一定的自主权，保证黑龙江省城镇快速发展。因此我国中央政府与地方政府的财政分权体制，应该明确划分财权和事权的范围，以更好地匹配财权与事权，从根本上解决黑龙江省等地方政府过度依赖土地财政问题。

五、激励性规制理论

当资本主义经济发展到一定程度后，出现大规模经济危机，政府开始对工商业实行经济性管制，政府规制理论应运而生。该理论是政府矫正市场失灵、调节经济运行的最重要、最常用的手段。由于西方资本主义国家起初放任经济自由发展，政府几乎没有进行干预和规制，从而导致市场出现失灵（Zeuthen，2015）。政府规制理论就是为了弥补市场失灵，保持经济快速、健康发展，财税激励机制作为政府规制手段的重要内容，在弥补市场失灵方面起到不可替代的重要作用。激励性规制理论是从财政、税收等政策安排来引导、规范市场经济运行，其出发点是以公共利益为先导，目的是维护社会经济稳定和市场秩序规范，核心是资源的优化配置，内容是弥补市场失灵下发生的分配不公平性和资源无效率配置性（Luo et al.，2016）。

著名经济学家斯蒂格勒1971年在其著作《经济规制论》中明确提出了政府规制经济的真正动机在于谋求自身利益,在他看来,激励性规制的公共利益出发点的动机只是某种理想化的观念,激励性规制的真正目的在于产业部门的"需求"规制和政治家门的"供给"规制相结合,以达到谋求各自利益的目的(Ebeke et al.,2017)。斯蒂格勒的激励性规制理论在规制经济学中占有重要地位。王曙光和蔡德发(2006)阐述了政府规制的重要性,他们认为政府应当认清自身角色,对经济失灵要采取"规制"手段,而不是"管制",要充分发挥行业协会在规范市场行为中的巨大作用。另外,还认为要解决我国二元经济结构、"三农"等问题必须大力发展城镇化,合理调整农村产业结构,不断提高农民收入是区域协调发展的关键。

黑龙江省新型城镇化发展的过程必将出现各种各样的"市场失灵"现象,例如,新型城镇化发展速度过快,可能造成"虚假城镇化"问题,所谓的"空城"现象可能出现,这就需要激励性规制的创新理论指导,各级政府机关需要制定并落实一系列干预市场资源配置的规制和规范。作为公众利益的代表,政府应当对新型城镇化发展过程中存在的"市场失灵"状况制定财税规制手段,不断提高资源配置效率,增进社会福利。

六、税收激励理论

税收优惠是《税法学》当中的重要内容之一,也是一个国家(地区)重要的调控手段之一,绝大多数国家(地区)均采用税收优惠政策来减轻社会、企业和个人的负担,提高社会总收入,刺激生产、消费和经济的快速发展,并逐步形成了税收优惠激励理论。税收优惠理论是指政府充分利用税收制度,不断配合一定时期内国家(地区)经济、政治和社会发展总目标的实现(Ebeke et al.,2017)。政府利用税收优惠政策,依据预定目的,在税收方面相应采取的照顾和激励措施,以减轻一部分纳税人应履行的纳税义务,进而补贴纳税人的某些有利于社会经济发展的行为。税收只是政府获取财政收入的手段之一,但是随着社会经济的快速发展和人们生活水平的不断提高,税收优惠逐步成为政府界和学术界关注的热点问题,对税收优惠理论的研究也更加深入。专家学者们逐步用税式支出来对税收优惠进行限制和管理，税式支出因税收优惠是政府通过税收体系进行的支出而得名，因此普遍认为税式支出就是财政支出，均由政府财政进行支出，只是支出形式不同。税式支出在某种程度上比财政支出更及时有效，税式支出是直接不征收社会税额，以税收优惠的形式给予纳税人，而财政支出是直接给相关单位、个人拨款的行为（杨志勇，2011）。

进入21世纪后，我国税收理论界非常重视税式支出，并达成了某种共识，认为与财政支出一样，税收优惠也应尽快纳入预算管理，编制出中国的税式支出目录。尽管我国始终严格按照税收法律的规定来执行税收优惠，不断清理税收优惠条款，但是并没有编制出《税式支出目录》。在我国税收法律法规当中，实体法中的各个税种均有税收优惠的相关内容，程序法中也有对税收优惠相关的管理规定（王曙光等，2018）。如我国税收优惠主要用于支持农业大产业的发展，鼓励交通、邮电、能源等基础产业的发展，促进科教文卫等第三产业的发展，鼓励自然资源和环境保护的综合利用，鼓励企业出口，吸引外商投资，搞好经济特区等。中国制定了一系列差别的税收优惠政策，以促进不同地区经济发展。

税收作为政府财政重要的宏观调控手段之一，是财政政策的重要工具，而税收优惠又是税收当中的最重要内容之一，在促进新型城镇化发展方面可以发挥巨大作用。黑龙江省新型城镇化的产业发展、农村人口市民化、农村增收、资源城镇转型、智慧城市建设、城镇总体布局等一系列问题均需要税收优惠的大力支持。

第五节　本章小结

本章是对新型城镇化财税激励政策相关理论的研究，主要包括城镇化与新型城镇化的科学内涵、财政激励政策的界定及科学内涵、普适性新型城镇化财税政策机理和新型城镇化财税政策的理论基础。具体包括以下几个方面。

第一，系统阐述和界定了城镇化与新型城镇化的科学内涵。城镇化与新型城镇化虽然只差"新型"两字，但概念却有很大差别。城镇化侧重于人口、土地、经济和社会的传统城镇化，而新型城镇化的核心是以人为本，关注人的需求，解决人的问题，提高农村转移人口的生活质量，具有产城融合、城乡统筹、集约高效和绿色低碳等特征。新型城镇化与传统城镇化的异同主要表现为时代背景、发展方式、发展目的、推动主体、衡量指标和发展推力等多方面。

第二，全面阐述和分析了财政激励政策的界定及科学内涵。财税政策与财税激励政策的区别。财税政策是国家为实现一定时期社会经济目标而调整财政收入、财政支出、税收政策，从而调控经济良性运行所采取的策略及其措施。财税激励政策指对国家（或地区）制定的旨在提高效率水平、激发改造潜力和刺激经济增长，以实现经济更快更好发展为目标的一系列财税行为准则。财税激励政策具有区域适用性、能动作用性、社会效应性等特征，其内容包括政府投资激励、财政补贴激励、转移支付激励和税收优惠激励等。

第三，较为规范地研究了普适性新型城镇化财税政策机理。通过分析普适性城镇化发展的外部效应，发现传统城镇化发展的负外部效应较为明显，而新型城镇化发展的正外部效应较为明显，这也为财税激励政策的制定和实施提供了空间。财税激励政策可以给予正的外部效应补贴，及时矫正负的外部效应，最终使得城镇化水平达到理想状态。财税政策与新型城镇化发展存在密切关系，财税政策主要通过公共财政收入和公共财政支出两个工具双向促进新型城镇化持续发展，进一步加快新型城镇经济发展，这对财税政策提出了新的要求。

第四，甄别阐述和研究了新型城镇化财税政策的理论基础。本书以二元经济结构理论、空间地理区域理论、区域均衡发展理论、财政体制分权理论、激励性规制理论和税收激励理论，作为新型城镇化财税政策理论基础。这些理论对我国财税理论与政策的研究，以及本书对黑龙江省新型城镇化发展的政策策略、财政政策类型的科学选择、完善财政激励机制和税收激励政策的建议等研究，都具有积极的参考与借鉴意义。

第三章

黑龙江省新型城镇化发展的现状分析

第一节 黑龙江省新型城镇化发展的经济基础

新型城镇化的发展需要强大的经济基础作为后盾,经济越发达,新型城镇化的发展速度将会越快。虽然黑龙江省的经济基础比较稳定,但是与其他省份相比,属于经济落后地区,并且差距较大。

一、地区生产总值及增长状况

(一) 地区总体生产总值及增长状况

2007~2019年黑龙江省地区生产总值和增长速度情况如图3-1所示。地区生产总值由2007年的6126.3亿元增长至2019年的13612.7亿元,13年间增长约2.22倍。从经济增长速度上来看,2007~2012年增长较快,除了2007年增长9.8%外,其他年份均保持10%以上的增长,但是自2011年起受我国结构性减税及"营改增"等政策的影响,2013~2019年增长缓慢,2019年达到最低点4.2%。2020年由于受新冠肺炎疫情的影响,经初步核算,地区生产总值13698.5亿元,按可比价格计算,增长1.0%,超预期完成全年经济转正目标。①

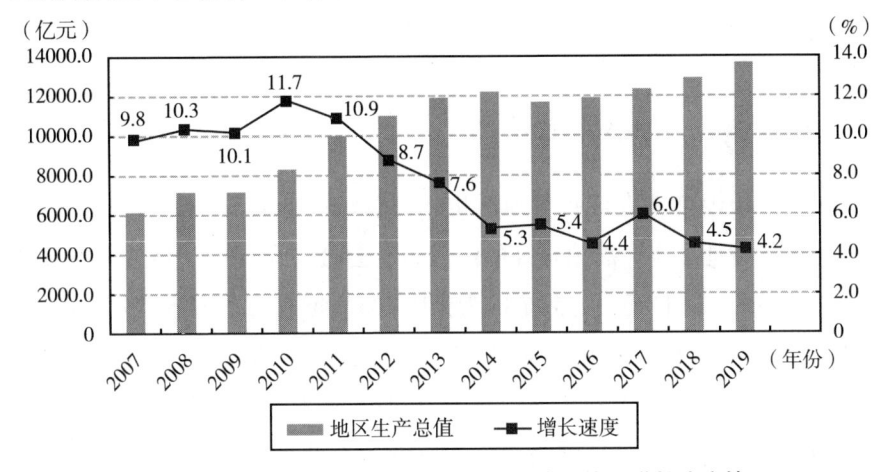

图 3-1　2007~2019 年黑龙江省地区生产总值和增长速度情况

资料来源：根据《黑龙江省统计年鉴（2020）》整理。其中 GDP 核算是根据国家统计局以第四次经济普查修订后的核算数据为基数进行统一核算的结果。

（二）人均地区生产总值及增长状况

2007~2019 年黑龙江省人均地区生产总值和较上年增长情况如图 3-2 所示。人均地区生产总值由 2007 年的 16023 元增长至 2019 年的 36183 元，13 年间增长约 2.26 倍。从较上年增长来看，波动比较大，2007~2008 年、2010~2011 年这四年增长较快，均高于 14%，其他年份均比较低。

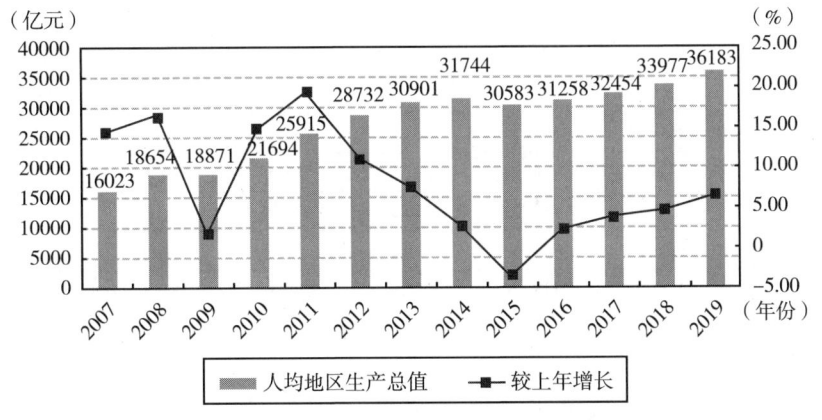

图 3-2　2007~2019 年黑龙江省人均地区生产总值和较上年增长情况

资料来源：根据《黑龙江省统计年鉴（2020）》整理。

---

① 根据《黑龙江统计年鉴（2020）》、黑龙江统计局及黑龙江省人民政府新闻办公室数据整理。

二、各分地区生产总值及人均状况

（一）各地区生产总值状况

2015～2019年黑龙江省各地区生产总值情况如表3－1所示。从表中可知黑龙江省地区生产总值最高的地区为省会哈尔滨，其2015～2019年平均产值为4683.32亿元，之后依次为大庆2337.46亿元、齐齐哈尔1048.94亿元、绥化1029.98亿元、牡丹江772.7亿元、佳木斯692.34亿元、鸡西517.44亿元、黑河510.84亿元、双鸭山420.32亿元、鹤岗306.60亿元、伊春261.72、七台河208.96亿元，地区生产总值最低的为大兴安岭地区，仅121.74亿元。

表3－1　　　　2015～2019年黑龙江省各地区生产总值　　　　单位：亿元

地区	2015年	2016年	2017年	2018年	2019年	年平均值
哈尔滨	4065.3	4374.6	4717.2	5010.1	5249.4	4683.32
齐齐哈尔	981.6	1038.2	1043.8	1052.2	1128.9	1048.94
鸡西	501	504.6	508.6	521.0	552.0	517.44
鹤岗	285.2	285.6	308.2	317.2	336.4	306.60
双鸭山	385.4	385.2	407.8	446.8	476.4	420.32
大庆	2301.8	2080.5	2234.1	2502.6	2568.3	2337.46
伊春	233.7	238.3	261.8	276	298.8	261.72
佳木斯	619.4	640.5	714.8	724.1	762.9	692.34
七台河	190.1	193.5	204.4	225.5	231.3	208.96
牡丹江	718.5	746.1	790.0	783.9	825.0	772.70
黑河	457	482.3	504.2	531.8	578.9	510.84
绥化	987.5	1014.4	1016.2	1030.7	1101.1	1029.98
大兴安岭	106.2	112.4	122.5	129.0	138.6	121.74

资料来源：根据《黑龙江省统计年鉴（2020）》整理所得。

（二）各地区人均生产总值状况

2019年黑龙江省各地区人均地区生产总值如图3－3所示。从图中可知黑龙江省人均地区生产总值最高的地区为大庆，高达94289元，之后依次为哈尔滨 55175 元、黑河 36478 元、鹤岗 33981 元、双鸭山 33844 元、牡丹江 32811 元、佳木斯 32788 元、大兴安岭 32744 元、鸡西 32278 元、七台河 29913 元、伊春 26384 元、齐齐哈尔 22667 元，最低为绥化，仅 21045 元。

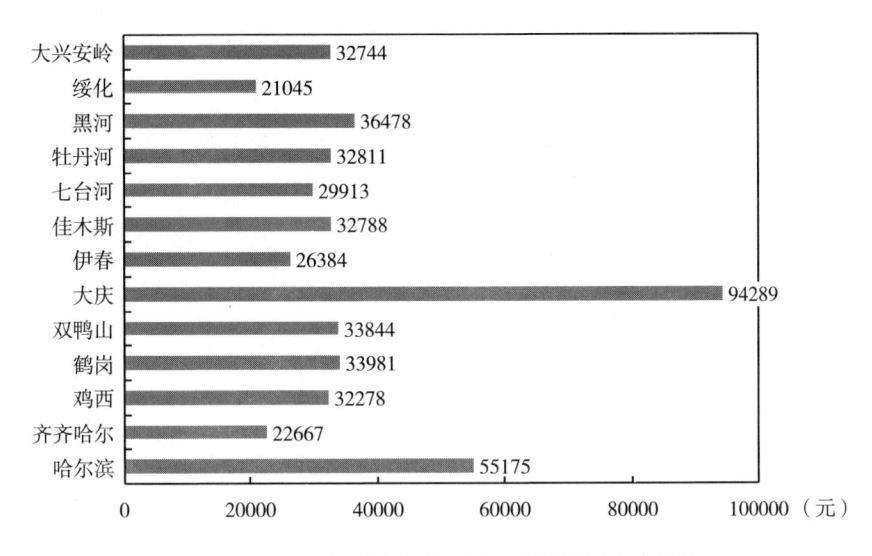

图 3-3 2019 年黑龙江省各地区人均地区生产总值

资料来源：根据《黑龙江省统计年鉴（2020）》整理。

三、较全国及其他省份差距大

以 2019 年度数据为例，全国 GDP 总量高达 990865.1 亿元，增长速度为 6.1%，而黑龙江省总量仅为 13612.68 亿元，占全国总量比重仅为 1.37%，增长速度仅 4.2%，远低于全国平均水平。将黑龙江省 2019 年 GDP 总量及增长率与其他省份比较可知，黑龙江省在 31 个省份排名中倒数第二。从增长速度看，仅高于吉林（3.0%），远远低于贵州（8.3%）、云南（8.1%）、西藏（8.1%）、江西（8.0%）、福建（7.6%）和安徽（7.5%）等。[1] 虽然黑龙江省经济总量增长较为稳定，但是与全国及其他省份相比经济实力明显较弱，差距还比较大。

---

[1] 根据《全国统计年鉴（2020）》及各地区统计局数据整理。

第二节　黑龙江省新型城镇化发展的区位特性

一、城镇化的历史渊源颇深

黑龙江省地域辽阔、历史悠久，早在旧石器时期就有人类文明在这里出现。在先秦时期黑龙江省内生活着肃慎、秽貊和东胡的祖先。在历史长河中，黑龙江省的先民们也随着朝代更迭发展着，他们在魏晋时期被称为勿吉，在隋唐时期被称为靺鞨，在金代被女真统治。在这片黑土地上扶余国是最早建立的政权，而后又经历了贞观之治、永宣盛世、康乾盛世，达到了封建社会的鼎盛时期，直到19世纪中后期，清朝政府腐败没落，沙俄侵略并逼迫清政府签署不平等条约，割去了黑龙江以北的100多万平方公里土地，可谓丧权辱国。1897年8月中东铁路正式施工，1901年11月黑龙江省滨州线建成通车，以中东铁路为依托，30多个外国的领事馆和银行在沿线城市设立，大量资本注入，带动商贸迅速发展，哈尔滨、富拉尔基、扎兰屯、满洲里等沿线城市或地区由此发展起来，哈尔滨成为当时亚洲第二大城市，中东铁路成就了黑龙江省城镇化发展的第一个发展时期。20世纪30年代，日本发动了"九一八"事变，沦为日本占领地的黑龙江省受到了重创。在我国近现代史上，黑龙江省受尽了磨难，这里的人民靠智慧和意志击退了敌人，才获得了和平和安宁。

现在的黑龙江省是多地区合并后成立的，在抗日战争胜利后，起初先设立了黑龙江省、牡丹江省、嫩江省、合江省、松江省这5个省，但在不久后就合并为黑龙江省和松江省，当时黑龙江省的省会城市是齐齐哈尔，松江省的省会城市是哈尔滨。一直到1954年，我国政府考虑到政治、经济发展的需要才将松江省撤销掉，统一合并成新的黑龙江省，哈尔滨为新黑龙江省的省会城市。至此，黑龙江省的行政区域才最终被确定下来，一直延续到今天。这种行政区域的合并有利于国家对黑龙江省的管辖，也有利于黑龙江省经济快速发展。1958年10万转业官兵大力开发"北大荒"，在这古老的荒原逐步建立起了全国最大的国营农场群，形成了鲜明特色的黑龙江省农垦城镇化，成就了黑龙江省城镇化发展的第二个发展时期。

黑龙江省是中国共产党第一个领导的完整省份，省会哈尔滨市是新中国第一个被解放的大城市。黑龙江省地域辽阔、土地肥沃、资源丰富，一直以来都是我国的粮食主产区，石油、煤矿、森林资源非常丰富，军工以及重工业也十分发达，矿区、林区、军工等资源型产业和重工业成就了黑龙江省城镇化发展的第三个发展时期。黑龙江省在国家的特殊时期为祖国贡献了不少的人才和资源，默默地作出了奉献。改革开放以后，黑龙江省经济也开始快速发展，尤其与俄罗斯、韩国、日本都有大规模的贸易往来，为黑龙江经济发展注入了活力，为国家对外贸易贡献了力量。

二、地域较辽阔且民族众多

（一）边疆民族特点

黑龙江省地处我国东北部的最北端，辖区面积47.3万平方公里，2020年末常住人口总数3185.01万人，较上年减少21.8万人[①]，人均占用土地面积0.0121平方公里，属于地广人稀省份，其北部和东部分别以黑龙江和乌苏里江为界河与俄罗斯为邻，边界长约3045公里。黑龙江省共有25个口岸，其中沿边对俄口岸多达15个，分别位于饶河、虎林、密山、东宁、绥芬河、抚远、同江、萝北、嘉荫、漠河、呼玛、黑河、逊克、孙吴等地。黑龙江省应当充分利用边疆省份优势，大力发展与俄罗斯、朝鲜、韩国、日本等国家的对外贸易，敞开大门吸收外来先进文化，加大产业对接，加快口岸城镇化发展，大力发展口岸小镇和海关小镇。另外，黑龙江省地处边疆，应当注重军民融合和国防安全，发展军工产业，吸纳农民工就业，推动新型城镇化发展。

黑龙江省是一个多民族聚居的省份，少数民族比较多，这主要和黑龙江历史发展有关。从古至今黑龙江省主要有满族、柯尔克孜族、达斡尔

---

① 根据《2019年黑龙江省国民经济和社会发展统计公报》整理。

族、鄂温克族、回族、赫哲族、蒙古族、鄂伦春族、朝鲜族、锡伯族，随着经济社会的发展，多民族融合、聚集、互相影响、互相促进，为建设黑龙江省做出了贡献。黑龙江省民族众多、边境较长，有利于发展特色小镇、旅游小镇、民族村小镇和地标小镇，如亚布力、横道河子镇、海林雪乡、漠河北极村等。

（二）具体行政区划

2019年黑龙江省行政区划情况如表3-2所示。从总体来看，黑龙江省共辖13个地区，按照黑龙江省统计局排序分别为哈尔滨、齐齐哈尔、鸡西、鹤岗、双鸭山、大庆、伊春、佳木斯、七台河、牡丹江、黑河、绥化、大兴安岭，其中哈尔滨市为黑龙江省省会；大兴安岭为地区，通常称大兴安岭地区（为方便研究，后文统称为地级市），其他11个市为地级市。全省行政区划具体分布如下：市、地辖区58个，县级市21个，县、自治县46个，镇546个，民族镇11个，乡293个，民族乡52个，城市街道办事处338个，村民委员会8967个，社区居委会2582个。

表3-2　2019年黑龙江省行政区划情况　　　　单位：个

地区	市、地辖区	县级市	县、自治县	镇	民族镇	乡	民族乡	城市街道办事处	村民委员会	社区居委会
哈尔滨	9	2	7	109	3	45	11	136	1886	911
齐齐哈尔	7	1	8	68	3	46	6	38	1260	214
鸡西	6	2	1	25		19	4	29	459	97
鹤岗	6		2	11		8	2	32	211	83
双鸭山	4		4	21		19	2	24	415	115
大庆	5		4	31		24	3		482	288
伊春	4	1	5	24		8		13	205	133
佳木斯	4	3	3	46		25	4	20	959	170
七台河	3		1	9		6	2		220	70
牡丹江	4	5	1	46	2	3	4	23	885	167
黑河	1	3	2	29		29	7	11	566	91
绥化	1	3	6	101	3	52	4	6	1339	191
大兴安岭	4	1	2	26		9	2	6	80	52
合计	58	21	46	546	11	293	52	338	8967	2582

资料来源：根据《黑龙江省统计年鉴（2020）》整理所得。其中，村民委员会和社区居委会由于2020年统计年鉴中未做统计，因此数据来源于《黑龙江省统计年鉴（2019）》。

2019年黑龙江省各区、县级市、县行政区划如表3-3所示。黑龙江拥有哈尔滨一座副省级城市、齐齐哈尔一座国务院批准的较大城市、哈尔滨和齐齐哈尔两座具有独立立法权城市，哈尔滨、齐齐哈尔、牡丹江和佳木斯为区域性中心综合型城市，而大庆、鸡西、双鸭山、鹤岗、七台河、伊春和大兴安岭为资源型城市（地区），绥化为农业城市，黑河和绥芬河为边贸城市，另外还拥有绥芬河和抚远两个省直辖县级行政单位。

表3-3　　　　2019年黑龙江省各区、县级市、县行政区划情况

地区	区	县级市	县
哈尔滨	道里区、南岗区、道外区、松北区、香坊区、平房区、呼兰区、阿城区、双城区	尚志市、五常市	宾县、方正县、依兰县、巴彦县、木兰县、通河县、延寿县
齐齐哈尔	龙沙区、建华区、铁锋区、昂昂溪区、富拉尔基区、碾子山区、梅里斯达斡尔族区	讷河市	龙江县、依安县、泰来县、甘南县、富裕县、克山县、克东县、拜泉县
鸡西	鸡冠区、恒山区、城子河区、滴道区、梨树区、麻山区	密山市、虎林市	鸡东县
鹤岗	向阳区、工农区、南山区、兴安区、东山区、兴山区		萝北县、绥滨县
双鸭山	尖山区、岭东区、宝山区、四方台区		集贤县、友谊县、宝清县、饶河县
大庆	萨尔图区、龙凤区、让胡路区、红岗区、大同区		林甸县、肇源县、肇州县、杜尔伯特蒙古族自治县
伊春	伊春区、乌翠区、友好区、金林区	铁力市	嘉荫县、汤旺县、丰林县、大箐山县、南岔县
佳木斯	向阳区、前进区、东风区、郊区	同江市、富锦市、抚远市	桦南县、桦川县、汤原县
七台河	新兴区、桃山区、茄子河区		勃利县
牡丹江	东安区、阳明区、爱民区、西安区	绥芬河市、海林市、宁安市、穆棱市、东宁市	林口县
黑河	爱辉区	北安市、五大连池市、嫩江市	逊克县、孙吴县

续表

地区	区	县级市	县
绥化	北林区	安达市、肇东市、海伦市	望奎县、兰西县、青冈县、庆安县、明水县、绥棱县
大兴安岭	新林区、呼中区、松岭区、加格达奇区	漠河市	呼玛县、塔河县

资料来源：根据《黑龙江省统计年鉴（2020）》整理所得。

在2017年全国百强县市排行榜中，安达市位列全国综合实力百强县市第73位，但是在2020年全国百强县市排行榜中，安达市已被挤出百强。安达市、宁安市、嫩江县和林甸县分别位列2017年全国投资潜力百强县市第17、第85、第97和第100位，但是在2020年全国排行榜中，已全部被挤出百强。南岗区位列2017年全国综合实力百强区第39位，但是到了2020年排名中，下滑到第59位。南岗区、道里区位列2017年全国投资潜力百强区第15和29位，但是到了2020年排名中，只有南岗区上榜。肇东市位列2017年全国新型城镇化质量百强县市第63位，但是在2020年全国排行榜中，已全部被挤出百强。在2019年度全国新型城镇化质量百强区名单中，南岗区排名第42位。

三、资源型城镇化发展显著

黑龙江省自然资源尤为丰富，本书主要分析土地、河流、水域、矿产和森工等资源，依托这些资源，发展成了一批资源型城市。

2019年黑龙江省土地和主要河流基本情况如表3-4所示。土地状况中，总面积4525.3万公顷，其中占比最大为林地，面积2181.9万公顷，占比48.2%，丰富的森林资源形成了伊春和大兴安岭两座以森工为依托的资源型城市；其次为耕地面积1584.4万公顷，占比35.0%，形成了以农业为重点的绥化城市；此后依次为水域及水利设施用地（4.8%）、草地（4.5%）、城镇村及工矿用地（2.7%）、交通运输用地（1.3%）。黑龙江省主要河流包括呼玛河、逊毕拉河、穆棱河、挠力河、呼兰河、蚂蚁河、汤旺河等，流域面积高达150095平方公里，河流总长度3606公里，其中呼兰河流域面积最大,为 31424 平方公里,穆棱河流经长度最长,高达 834 公里。

表 3-4　　2019 年黑龙江省土地和主要河流基本情况

土地	面积（万公顷）	占比（%）	河流	流域面积（平方公里）	河长（公里）
耕地	1584.4	35.0	呼玛河	31197	524
园地	4.4	0.1	逊毕拉河	15739	279
林地	2181.9	48.2	穆棱河	18136	834
草地	201.8	4.5	挠力河	22495	596
城镇村及工矿用地	123.7	2.7	呼兰河	31424	523
交通运输用地	59.4	1.3	蚂蚁河	10547	341
水域及水利设施用地	217.1	4.8	汤旺河	20557	509
其他用地	152.6	3.4			
合计	4525.3	100.0	合计	150095	3606

资料来源:根据《黑龙江省统计年鉴(2020)》整理所得。

2019 年黑龙江省各地区土地和水资源情况如表 3-5 所示。在 13 个地级市(地区)当中,黑河的总面积最大,为 668.6 万公顷,其次为大兴安岭的 647.7 万公顷,面积最小的为七台河,仅 61.9 万公顷;在水资源总量中,最大为哈尔滨的 254.9 亿立方米,最小为七台河的 23.3 亿立方米;在地下水资源与地表水资源不重复量中,最大为佳木斯的 33.6 亿立方米,最小为七台河的 1.2 亿立方米;在地表水资源量中,最大为哈尔滨的 225.8 亿立方米,最小为大庆的 8.2 亿立方米。

表 3-5　　2019 年黑龙江省各地区土地和水资源情况

地区	土地面积（万公顷）	水资源总量（亿立方米）	地下水资源与地表水资源不重复量（亿立方米）	地表水资源量（亿立方米）
哈尔滨	530.8	254.9	29.1	225.8
齐齐哈尔	422.6	98.0	31.7	66.3
鸡西	224.9	94.0	14.8	79.2
鹤岗	146.7	83.1	11.8	71.3
双鸭山	220.5	89.5	12.9	76.6
大庆	212.0	23.9	15.7	8.2

续表

地区	土地面积（万公顷）	水资源总量（亿立方米）	地下水资源与地表水资源不重复量（亿立方米）	地表水资源量（亿立方米）
伊春	328.0	183.0	4.6	178.4
佳木斯	324.6	109.6	33.6	76.0
七台河	61.9	23.3	1.2	22.1
牡丹江	388.3	137.9	4.3	133.7
黑河	668.6	218.1	19.5	198.6
绥化	348.7	96.2	22.0	74.3
大兴安岭	647.7	100.0	4.8	95.2

资料来源：根据《黑龙江省统计年鉴（2020）》整理所得。

2019年黑龙江省主要矿产资源储备量情况如表3-6所示。主要矿产品包括煤炭、水泥用大理岩、铁矿、长石、膨润土、石墨、沸石、铸石用玄武岩、化肥蛇纹岩、岩棉用玄武岩、饰面花岗岩、火山灰和熔剂用灰岩等，其储备量分别高达1982000万吨、182000万吨、36500万吨、17558万吨、14594万吨、28604.6万吨、11908万吨、11110万吨、7880.3万吨、7274万吨、5265万立方米、4948万吨和4051.9万吨。黑龙江省丰富的土地、河流、水、矿产等资源为新型城镇化发展提供了重要的物质资料保障，逐步形成鸡西、鹤岗、双鸭山、七台河四大煤城和大庆石油城市。

表3-6　　　　2019年黑龙江省主要矿产资源储备量情况　　　　单位：万吨

名称	储备量	名称	储备量	名称	储备量	名称	储备量
煤炭	1982000	矽线石	757.3	长石	17558	玻璃用脉石英	799.5
铁矿	36500	熔剂用灰岩	4051.9	陶瓷土	2021	玻璃用大理岩	2820
铜矿	317.8	冶金白云岩	3653	玻璃砂	1591	水泥配料黏土	11210.9
铅矿	57.4	铸型用砂	1039.9	火山灰	4948	水泥用大理岩	182000
锌矿	190.2	耐火黏土	1533.7	石墨	28604.6	铸石用玄武岩	11110
镁矿	891.3	硫铁矿	251.4	沸石	11908	岩棉用玄武岩	7274
镍矿	2.2	化肥蛇纹岩	7880.3	颜料黄土	192	珍珠岩	3298
泥炭	2877.3	磷矿石	4255	膨润土	14594	饰面大理岩（万立方米）	668
钨矿（WO_3）	15.40	金矿（岩金）	0.02	饰面花岗岩（万立方米）	5265		

资料来源：根据《黑龙江省统计年鉴（2020）》整理所得。

四、严寒地带冰雪资源丰富

黑龙江省地处我国最寒冷的地带,具有天然的冰雪资源,具备发展冰雪旅游产业的显著区位优势。黑龙江省大部分地区年均平均气温在0℃以下长达4个多月,尤其是在大兴安岭地区平均气温在零下30℃长达6个多月,最低气温可达零下50℃以上,冰厚在1米左右,江河冰封100余天,特别适合建设运动场地并发展冰雪旅游产业。由表3-7可见我国相关省份区域的冬季气温、冰雪来源和雪期状况,从中可以看出,越是靠近北端的省份气温越低,降雪量和时间也就越大,说明黑龙江省是建立冰雪产业最适合的地区。

表3-7　　　　2011~2019年东北地区及北京市冰雪旅游资源的比较

地区	冬季气温	冰雪来源	雪期状况
黑龙江省	-30℃~-18℃	天然	90天左右
吉林省	-20℃~-14℃	天然	80天左右
辽宁省	-18℃~-5℃	天然为主、人工为辅	40天左右
北京市	-7℃~-4℃	人工为主	30天左右

资料来源:根据《中国气象灾害年鉴(2012—2020)》等资料整理。

黑龙江省作为我国首个发展冰雪旅游的省份,凭借其特有的地理区位优势,大力建设冰雪旅游设施、发展冰雪旅游项目、培养冰雪管理人才,通过举办冰灯游园会、冰雪节和承办大冬会、亚冬会、冬运会等国内外重要赛事,树立了"国际滑雪旅游胜地"的品牌地位。目前黑龙江省的冰雪旅游已颇具规模,并成为其旅游支柱产业。黑龙江省冰雪旅游资源主要分布在大兴安岭、哈尔滨、佳木斯、牡丹江等地区,随着哈尔滨市2009年"第24届世界大学生冬季运动会"和各届"哈尔滨国际冰雕比赛"(2020年举办第34届)的成功举办,特别是央视鸡年春晚哈尔滨分会场的直播,以冬季冰雪为核心的旅游春节黄金周火爆哈尔滨(累计接待游客91.1万人次,收入21.6亿元),促进了冰雪旅游产业的快速增长,从而带动了地方GDP的提升(王曙光等,2018)。从黑龙江省旅游产业看,接待国内外旅游人次及旅游收入曲折发展,2011~2013年持续增长,2014~2015年下降明显,2016年又显著回暖。① 从总体上看,随着个体消费能力的不断上升以及冰雪运动和冰雪旅游的大力推广,冰雪旅游产业的发展必将成为推动新型城镇化建设的重要力量。

第三节 黑龙江省新型城镇化发展的主要路径

一、产业支撑型发展路径

2007~2019年黑龙江省三次产业构成如表3-8所示。因黑龙江省是农业大省,第一产业略有提升,产值和占比分别由2007年的892.4亿元和14.57%增长至2019年的3182.5亿元和23.38%;第二产业产值先上升后下降,总体增加,但是占比不断下降,由2007年的55.22%下降至2019年的26.56%;第三产业发展较快,产值和占比分别由2007年的1850.9亿元和30.21%增长至2019年的6815.0亿元和50.06%。从以上分析可以看出,黑龙江省的三次产业构成逐步趋于合理,产业结构不断优化,有利于促进黑龙江省的新型城镇化发展。

表3-8 2007~2019年黑龙江省三次产业构成

年份	地区生产总值（亿元）	第一产业		第二产业		第三产业	
		产值（亿元）	占比（%）	产值（亿元）	占比（%）	产值（亿元）	占比（%）
2007	6126.3	892.4	14.57	3383.0	55.22	1850.9	30.21
2008	7134.2	1073.8	15.05	3935.0	55.16	2125.4	29.79
2009	7218.9	1141.9	15.82	3668.1	50.81	2408.9	33.37
2010	8308.3	1291.8	15.55	4146.1	49.90	2870.4	34.55
2011	9935.0	1695.5	17.07	4916.3	49.48	3323.2	33.45
2012	11015.8	2119.6	19.24	5099.8	46.30	3796.4	34.46
2013	11849.1	2539.6	21.43	5202.7	43.91	4106.8	34.66

---

① 根据2017年《黑龙江省统计年鉴》整理。

续表

年份	地区生产总值（亿元）	第一产业		第二产业		第三产业	
		产值（亿元）	占比（%）	产值（亿元）	占比（%）	产值（亿元）	占比（%）
2014	12170.8	2691.0	22.11	4872.4	40.03	4607.4	37.86
2015	11690.0	2712.2	23.20	3926.9	33.59	5050.9	43.21
2016	11895.0	2751.2	23.13	3689.7	31.02	5454.1	45.85
2017	12313.0	2965.3	24.08	3519.5	28.58	5828.2	47.33
2018	12846.5	3001.2	23.36	3536.0	27.53	6309.3	49.11
2019	13612.7	3182.5	23.38	3615.2	26.56	6815.0	50.06

资料来源：根据《黑龙江省统计年鉴（2020）》整理所得。

2019年黑龙江省各地区三次产业增加值如表3–9所示。在第一产业占比中，最高为佳木斯的47.0%，最低为大庆的8.6%；在第二产业占比中，最高为大庆的52.6%，最低为绥化和大兴安岭地区的11.4%；在第三产业占比中，最高为哈尔滨的67.7%，最低为双鸭山的36.8%。从以上分析可以发现，由于黑龙江省各地区的经济发展基础和产业优势不同，三次产业的构成均不相同，这种不同的产业构成也在一定程度上使各地区新型城镇化发展不尽相同，即应根据各地区的产业特色发展各自新型城镇化道路。

表3–9　　　　2019年黑龙江省各地区三次产业增加值

年份	地区生产总值（亿元）	第一产业		第二产业		第三产业	
		产值（亿元）	占比（%）	产值（亿元）	占比（%）	产值（亿元）	占比（%）
哈尔滨	5249.4	569.5	10.8	1127.3	21.5	3552.6	67.7
齐齐哈尔	1128.9	338.1	30.0	244.9	21.7	545.8	48.3
鸡西	552.0	205.3	37.2	122.2	22.2	224.4	40.6
鹤岗	336.4	97.2	28.9	98.5	29.3	140.6	41.8
双鸭山	476.4	192.0	40.3	109.2	22.9	175.2	36.8
大庆	2568.3	219.9	8.6	1351.3	52.6	997.0	38.8
伊春	298.8	110.5	37.0	59.2	19.8	129.1	43.2
佳木斯	762.9	358.2	47.0	89.3	11.7	315.4	41.3
七台河	231.3	33.1	14.3	95.5	41.3	102.7	44.4

续表

年份	地区生产总值（亿元）	第一产业		第二产业		第三产业	
		产值（亿元）	占比（%）	产值（亿元）	占比（%）	产值（亿元）	占比（%）
牡丹江	825.0	179.1	21.7	176.4	21.4	469.5	56.9
黑河	578.9	246.1	42.5	69.9	12.1	262.9	45.4
绥化	1101.1	511.0	46.4	125.4	11.4	464.7	42.2
大兴安岭	138.6	53.6	38.7	15.7	11.4	69.3	49.9

资料来源：根据《黑龙江省统计年鉴（2020）》整理所得。

二、城市辐射型发展路径

城市辐射型主要是指发展大城市圈路径，大中城市带动卫星城市发展。黑龙江省"十三五"规划纲要指出，黑龙江省将建成以哈尔滨为核心的两大城市圈，即"哈大齐北绥"西环城市圈和"哈牡鸡七双佳"东环城市圈，以该两大城市圈为支撑，辐射带动黑河、大兴安岭、鹤岗和伊春区域，促进区域新型城镇化协调发展。

（1）西环城市圈：规划建设和已建连接哈尔滨、大庆、齐齐哈尔、北安、绥化的高速公路和快速铁路围合区域，具体包括哈尔滨、大庆、齐齐哈尔和绥化市辖区，北安、富裕、依安、克山、克东、拜泉、林甸、杜蒙、肇东、安达、兰西、青冈、明水、望奎、海伦和绥棱等县市。辐射带动伊春、黑河和大兴安岭区域协调发展。

（2）东环城市圈：规划建设和已建连接哈尔滨、牡丹江、鸡西、七台河、双鸭山、佳木斯的高速公路和快速铁路围合区域，包括哈尔滨、牡丹江、鸡西、七台河、双鸭山和佳木斯市辖区，宾县、尚志、延寿、方正、依兰、海林、林口、勃利、集贤、桦南和桦川等县市。辐射带动鹤岗区域协调发展。

三、复兴改造型发展路径

复兴改造型包括老旧城镇复兴改造和矿山、森工等城区复兴改造，从而带动新型城镇化发展。齐齐哈尔、牡丹江、佳木斯都是黑龙江省内规模较大、人口较多的综合型城市，为黑龙江经济发展贡献了自己的力量，所以，在城镇化过程中，这些城市还要发扬老工业基地的精神，发挥自身优势，丰富城市精神文化特征，保持生态系统发展，进一步增加城市承载力。大庆市是黑龙江省的能源城市，应深化发展，扩大非油产业，凭借温泉、草原旅游项目，发展绿色旅游业。

对于"鸡双七鹤"等煤炭城市要加紧煤炭产业转型，寻找替代产业，尽快升级成现代化的煤化工基地。尽快适应煤炭城市产业转型升级的要求，以鸡西市的城子河区、恒山区、鸡冠区、滴道区，鹤岗市的兴安区、东山区、向阳区、南山区、工农区，双鸭山市的尖山区、七台河市的茄子河区、桃山区、新兴区等主要城区为重点，凭借工业区从主城区迁移、矿山环境改造、生态城市创建等契机，对城区进行科学、合理布局，加快城市公共基础设施建设，提升城市公共服务，增强中心城区的服务功能，把原来的工况城区转变为现代化城市，寻找新的经济增长点。加强这些城市老城区改建和新城区的建设工作，提升产业聚集能力，实现多个煤炭转型城市同步发展。

对于"伊绥肇加"等森工城市应从伐木向护林转变，充分利用生态优势，把城市打造为树林繁茂的生态城市，以森林景观、森林特产发展旅游业的重心，建设生态旅游名城。伊春做好林区转型及老城区改造工作，促进伊春区、友好区、乌马河区及翠峦区协同发展，发展森林旅游业，合理规划城市布局。周围城区要在主城区的带动下，进行产业转型，改善公共基础设施环境，提高城市承载力，接纳更多林区转移人口。绥化市、肇东市、加格达奇市建立新型产业园区，积极促进传统林业产业转型，建造新城区。

四、道路节点型发展路径

2019年黑龙江省交通运输基本情况如表3-10所示。从交通运输业基本情况看，2019年黑龙江省运输线路总长度1070877公里、客运量总人数32261万人、旅客每公里周转量874.9亿人、货运量58043万吨、货物每公里周转量 1951.5 亿吨、民用汽车拥有量 977.5 万辆、民用运输船舶拥有量 1403 艘、私人运输船舶拥有量 927 艘。从运输线路长度看，2019 年黑龙江省铁路营业里程 6668 公里，其中铁路正线延展里程 9732 公里、公路线路里程 168710 公里、内河通航里程 5495 公里、定期航班航线里程 879421 公里、管道输油（气）里程 851 公里。从公路里程看，2019 年黑龙江省公路里程总计 168710 公里，其中等级公路 144966 公里，等外公路 23744 公里。在等级公路中高速公路 4512 公里、一级公路 3038 公里、二级公路 12361 公里、三级公路 34028 公里、四级公路 91027 公里。

表 3-10　　　　　2019 年黑龙江省交通运输基本情况

运输线路长度（公里）	铁路营业里程	6668	货运量（万吨）	铁路	12073
	铁路正线延展里程	9732		公路	37624
	公路线路里程	168710		水运	780
	内河通航里程	5495		民航	14.1
	定期航班航线里程	879421		管道	7552
	管道输油(气)里程	851	货物每公里周转量（亿吨）	铁路	814.4
客运量（万人）	铁路	11223		公路	795.1
	公路	18212		水运	5.6
	水运	317		民航	2.9
	民航	2509		管道	333.5
旅客每公里周转量（亿人）	铁路	289.4	民用汽车拥有量（万辆）	载客汽车	444.8
	公路	139.3		载货汽车	68.4
	水运	0.4		私人汽车	464.3
	民航	445.8	私人运输船舶拥有量（艘）	机动船	784
民用运输船舶拥有量（艘）	机动船	1119			
	驳船	284		驳船	143

资料来源：根据《黑龙江省统计年鉴（2020）》整理所得。

2019 年黑龙江省各地区交通运输基本情况如表 3-11 所示。在 13 个地级市（地区）当中，哈尔滨的公路里程、等级公路、高速公路、一级公路均位居首位，分别为 25762.5 公里、23725.7 公里、877.2 公里和 437.8 公里，二级公路指标齐齐哈尔最高，为 1449.7 公里，等外公路指标佳木斯最高，为4771.5公里。七台河的公路里程、等级公路、一级公路和二级公路指标均最低，分别为2576.1公里、2117.7公里、64.5公里和228.1公里，在高速公路和等外公路指标中鹤岗和大兴安岭最低，分别为10.3公里和28.2公里。在公路里程总数中，齐齐哈尔（24614.9公里）、绥化（22939.2公里）、黑河（16038.4公里）、佳木斯（15919.2公里）等地区排名靠前；在高速公路指标中，佳木斯（605.4公里）、齐齐哈尔（600.4公里）、黑河（526.4公里）、牡丹江（447.9公里）等地区排名靠前。黑龙江省比较完善的交通网为新型城镇化发展提供重要的后勤运输保障。

表3-11　　2019年黑龙江省各地区交通运输基本情况　　单位：公里

地区	公路里程	等级公路	高速公路	一级公路	二级公路	等外公路
哈尔滨	25762.5	23725.7	877.2	437.8	1339.3	2036.8
齐齐哈尔	24614.9	22362.9	600.4	317.7	1449.7	2252.0
鸡西	9400.4	7740.2	361.7	126.9	638.8	1660.2
鹤岗	6089.0	4385.1	10.3	218.6	300.8	1703.9
双鸭山	9103.9	6176.7	163.7	117.2	857.4	2927.2
大庆	8950.9	7401.4	249.6	300.1	687.6	1549.5
伊春	7314.4	7035.6	132.8	182.0	938.6	278.7
佳木斯	15919.2	11147.7	605.4	198.2	1157.3	4771.5
七台河	2576.1	2117.7	98.7	64.5	228.1	458.4
牡丹江	12694.6	11805.5	447.9	312.0	1102.5	889.1
黑河	16038.4	12848.4	526.4	118.3	1100.9	3190.0
绥化	22939.2	20940.9	437.6	367.8	1160.8	1998.4
大兴安岭	7306.7	7278.4	*	277.1	1398.9	28.2

资料来源：根据《黑龙江省统计年鉴（2020）》整理所得，*表示未做统计。

道路节点型是指重要交通节点集聚区城镇化，"一带一路"、中欧班列与北极航海线路节点布局城镇化，重点发展港口、口岸、码头、特色小镇等。重视重要节点城市的发展，依托对俄经贸口岸建设以及火车站、机场等交通枢纽的建设加快对公共基础设施的修建，把相同的产业聚集在产业园区。黑河市、同江市、绥芬河市、东宁县、抚远县要借助公共基础设施建设，加快扩展城市空间，为边境城市带来新的经济增长点。绥芬河、加格达奇等这些以林业为主的城市要肩负起吸收林场转移人口的重担，缓解林场城镇化的压力。北安市、富锦市、穆棱市以及尚志市要注重提升城市规模并逐步完善城市功能。虎林市、建三江、漠河县、宝清县要借助建造机场的契机，增加城镇功能，成为新的支撑节点。

五、乡村振兴型发展路径

党的十九大报告中明确提出实施乡村振兴战略，2021年《关于全面推进乡村振兴加快农业农村现代化的意见》提出"全面推进乡村振兴加快农业农村现代化"。新型城镇化的一个显著特征即城乡统筹，新型城镇化发展与乡村振兴应当协同推进、两翼齐飞，这样才能实现城乡融合发展。黑龙江作为农业大省，乡村振兴更是为新型城镇化的发展提供强大推动力。结合黑龙江省实际，走乡村振兴的新型城镇化发展路径应当包括以下主要任务：一是规划美丽乡村，包括建设标准的制定和规划编制建设；二是建设乡村基础设施，包括农村住房改造、硬化村庄道路和确保饮水安全；三是整治村容环境，包括河道整治、污水治理、垃圾处理、灶厕圈改造和美化村庄绿化等；四是完善公共服务，包括文化、卫生、体育、通信和网络等设施的建设和完善；五是发展农业产业，包括推进建设农业产业、培育新型农业经营主体、发展乡村旅游业等；六是创建精神文明，包括乡风文明提升、社会管理强化等。

具体来看，黑龙江省的乡村振兴包括以下三方面内容：一是大农业、大食品产业振兴。应优先发展农业农村，坚持走现代化的大农业和大食品发展方向，不断推动农村产业振兴，尤其是绿色食品加工产品，走产业振兴乡村、乡村振兴带动新型城镇化发展的路径，提高粮食综合生产能力、农产品供给质量、三次产业融合水平是关键。二是生态宜居新家园振兴。坚持绿色发展理念，加大乡村环境保护，加快建设美丽乡村和发展生态产业。三是乡村发展新动能振兴。以富裕农民为目标，推进农民创业就业、创建新型农业经营主体、改进农产品营销策略等，不断增加农民收入。

第四节 黑龙江省新型城镇化发展的主要困境

一、城镇化率增长较缓慢困境

（一）与全国平均水平比较

1978~2019年黑龙江省城镇化率与全国比较及黑龙江省城镇人口情况如表3-12所示。从图中可以看出黑龙江省城镇化率始终高于全国平均水平，但是高出的数额越来越小，即黑龙江省城镇化率较全国平均水平增长慢。

表3-12　　1978~2019年全国及黑龙江省的城镇化率和城镇人口情况

年份	全国城镇化率（%）	黑龙江省城镇化率（%）	黑龙江省城镇人口（万人）	年份	全国城镇化率（%）	黑龙江省城镇化率（%）	黑龙江省城镇人口（万人）
1978	17.92	35.9	1122.9	1999	34.78	54.2	2055.3
1979	18.96	37.3	1181.4	2000	36.22	51.9	1977.4
1980	19.39	38.5	1232.7	2001	37.66	52.4	1996.2
1981	20.16	39.4	1275.3	2002	39.09	52.6	2004.5
1982	21.13	39.9	1309.4	2003	40.53	52.6	2006.3
1983	21.62	41.0	1356.8	2004	41.76	52.8	2014.5
1984	23.01	42.0	1398.0	2005	42.99	53.1	2028.4
1985	23.71	42.9	1440.5	2006	44.34	53.5	2045.3
1986	24.52	43.9	1485.3	2007	45.89	53.9	2061.1
1987	25.32	44.9	1536.0	2008	46.99	55.4	2119.0
1988	25.81	45.9	1589.9	2009	48.34	55.5	2123.4
1989	26.21	46.9	1646.5	2010	49.95	55.7	2133.7
1990	26.41	48.0	1699.2	2011	51.27	56.5	2166.2
1991	26.94	49.0	1753.2	2012	52.57	56.9	2181.5
1992	27.46	50.1	1809.1	2013	53.73	57.4	2201.3
1993	27.99	51.3	1866.2	2014	54.77	58.0	2223.5
1994	28.51	52.4	1924.9	2015	56.1	58.8	2241.5
1995	29.04	53.7	1985.9	2016	57.35	59.2	2249.1
1996	30.48	53.8	2007.5	2017	58.52	59.4	2250.5
1997	31.91	53.9	2021.8	2018	59.58	60.1	2267.6
1998	33.35	54.0	2037.4	2019	60.6	60.9	2284.5

资料来源：根据《中国统计年鉴（2020）》和《黑龙江省统计年鉴（2020）》计算整理。

1978年黑龙江省城镇化率为35.9%，高出全国平均水平（17.92%）17.98个百分点，到了2019年黑龙江省城镇化率为60.9%，仅高出全国平均水平（60.6%）0.3个百分点，预计不到两年的时间黑龙江省的城镇化率可能被全国平均水平赶超。① 1978~1995年期间，黑龙江省城镇化率基本快于全国平均水平增长，但是1996年至今，黑龙江省城镇化率增长缓慢，甚至还有负增长的情况，而全国平均水平始终保持较快增长。从黑龙江省城镇人口增长上看，也比较慢，尤其是2000年以后增长更慢。

（二）与其他省份水平比较

2019年黑龙江省城镇化率与其他省份的比较如图3-4所示。单从2019年度数据看，黑龙江省的城镇化率排名比较靠前，位列第13名（与2016年相比下降2位），但是远远低于上海（88.3%）、北京（86.6%）、天津（83.48%）等发达直辖市，也低于广东（71.4%）、江苏（70.61%）、浙江（70%）、辽宁（68.11%）等发达省份。另外，由于黑龙江省城镇化率增长速度比较慢，2019年60.9%的水平与排名靠后的宁夏（59.86%）、山西（59.55%）、陕西（59.43%）等地区相差较小，仅比排名第21名的湖南（57.22%）高出3.68个百分点（2016年高出6.45个百分点）。

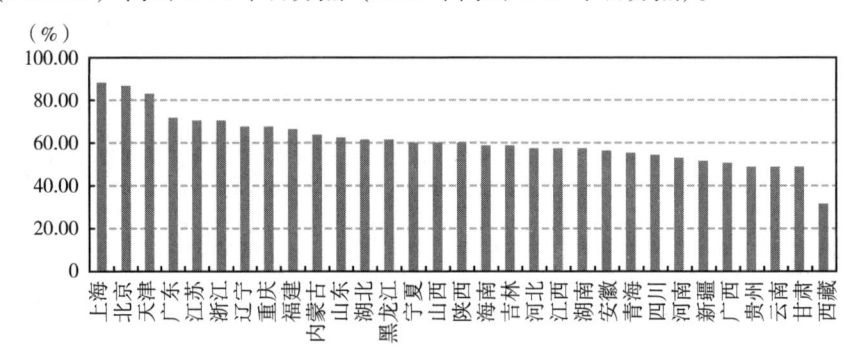

图3-4 2019年黑龙江省城镇化率与其他省份比较

（三）各区域城镇化率比较

黑龙江省2019年各地区城镇化率情况如图3-5所示。从图中可知，

---

① 根据《全国统计年鉴（2020）》和《黑龙江省统计年鉴（2020）》整理。

黑龙江省城镇化率最高的为大兴安岭地区,高达89.4%,之后依次为伊春81.7%、鹤岗81.4%、鸡西66.4%、双鸭山65.4%、七台河61.9%、牡丹江60.3%、黑河58.8%、大庆52.8%、佳木斯52.2%、哈尔滨49.8%、齐齐哈尔38.6%、绥化25.0%。

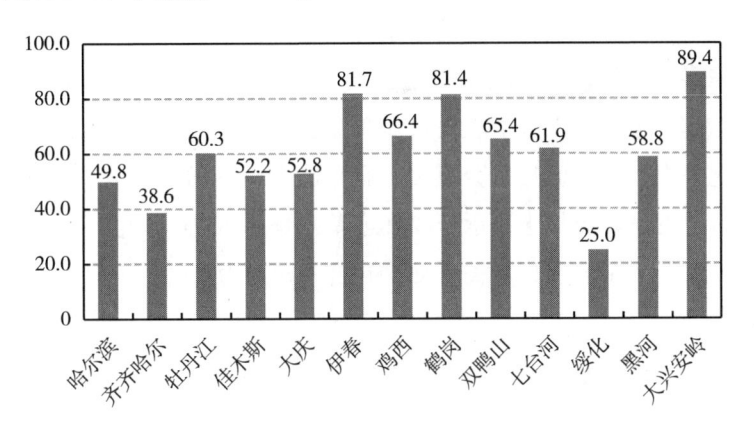

图3-5 2019年黑龙江省各地区城镇化率情况
资料来源:根据各地区统计局数据计算所得。

通过以上分析可知,在黑龙江省,地区生产总值高的地区其人均地区生产总值不一定较高,如哈尔滨、齐齐哈尔、伊春等;地区生产总值和人均地区生产总值高的地区其城镇化水平也不一定较高,如哈尔滨、大庆、齐齐哈尔等,应综合考虑人口、资源、环境、地域等诸多条件。

二、农民进城原因及条件困境

从政策层面看,我国政府颁布了一系列有利于农民进城的相关文件,例如2014年7月国务院颁布《关于进一步推进户籍制度改革的意见》和2016年9月国务院办公厅颁布的《关于印发推动1亿非户籍人口在城市落户方案的通知》等,响应文件号召,全国涌现出一股农民进城的浪潮。但从黑龙江省2013~2019年的数据角度分析,乡村人口占总人口的比重由2013年的42.6%下降至2019年的39.1%,7年间仅下降了3.5个百分点,这说明黑龙江省的农民进城速度非常缓慢,尤其是2018~2019年,农民进城速度更慢,比重分别仅下降0.7%和0.8%。从以上分析可知,黑龙江省农民进城的动力和期望严重不足,其原因和困境表现为多方面。

结合黑龙江省目前的情况来看,农村人口向城市转移主要受三方面因素影响:一是随着农业科学技术的进步,农业机械化程度不断加深,工具代替了人力使大量的农村人口从农业生产中解放出来,并且黑龙江的重点林区已经禁止商业砍伐,大批的富余劳动力无法妥善安置,他们急需转移到城市来寻求工作;二是城市里的公共基础设施和公共服务都比较完善,优越的工作和生活条件吸引农民进城务工;三是在城市工作收入高,工作强度也比务农要低,而且机会很多,有可能会留在城市。农村人口在向城市转移时要解决好农村土地承包权和宅基地使用权等,切实保护农民的合法权益,农转非不能以让农民自动放弃这些权益为条件。

三、社会保障衔接及就业困境

黑龙江省在新型城镇化改革的过程中一定要解决好农民社会保障及福利问题,从户籍、住房、教育、医疗、养老等多个方面入手,结合农民的实际问题和需求,解决好新型城镇化中"人"的问题,体现以人为本的观念。省政府应该放宽对农村转移人口的户籍制度,简化居住证办理手续,方便转移人口办理落户。完善养老和医疗政策,增强其灵活性,例如允许在城市打工的农民参加城镇居民养老保险,鼓励农民参加新农合医疗,为农民提供基本的社会保障。

除了社会保障问题,黑龙江省急需为农民解决的还有就业问题,在转移前这些农民绝大多数都是从事种植和养殖,没有其他的特长和专业技能,所以不仅要增加岗位,还要为他们提供培训服务,让他们能适应更多的工作岗位。当然,黑龙江省政府还可以出台一系列政策鼓励转移农民进行自主创业,在解决自己就业的情况下还能提供更多就业岗位,政府应提高就业服务工作,促进农民就业。

四、基础设施及城乡布局困境

新型城镇化要打造的是智慧型城市,所谓智慧型城市最主要的特点就是宜居、环保、集约、便捷，要合理布局城市建设，优化基础设施。黑龙江省要在尊重环境、保护环境的前提下利用行政手段来对新城镇进行合理布局，其效果一定会事半功倍，政府还可以根据大、中、小不同规模城镇的发展需求来进行公共基础设施配套服务，可以让大城市带动中小城镇，以点带面，形成优势互补，推进城市群的发展。

黑龙江省对于重大基础设施建设应在开工前进行科学的、充分的论证，并对施工项目进行公开的招标，做到市场化、透明化，注重施工资质和质量，做好监管工作。加快水、电、气、网的铺设，兴建学校、医院、体育场所等，为城镇人口提供优质的公共服务和基础设施。科学的城市布局需要准确地预测转移后的人口数量，不同规模的城市布局和基础设施规划都是不同的，所以政府应考虑城市发展规模。黑龙江对俄贸易优势明显，因此在对口岸城市布局时应该考虑对俄贸易发展的需要，合理布局产业园区、交易市场等，有利于促进龙江经济发展。对于城镇内的棚户区改造，政府也要加快步伐，既能防止危房伤人事件的发生又能改造城市环境，提高市民生活居住环境。

第五节　本章小结

本章是对黑龙江省新型城镇化发展现状的研究，主要包括黑龙江省新型城镇化发展的经济基础、黑龙江省新型城镇化发展的区位特性、黑龙江省新型城镇化发展的主要路径和黑龙江省新型城镇化发展的主要困境。具体内容包括以下方面。

第一，阐述和分析黑龙江省新型城镇化发展的经济基础。新型城镇化的发展需要强大的经济基础作为后盾，经济越发达，新型城镇化的发展速度将会越快。从地区生产总值及增长状况、分地区生产总值及人均状况进行分析，虽然黑龙江省的经济基础比较稳定，但是与其他省份相比，属于经济落后地区，并且差距较大。

第二，分析和论述黑龙江省新型城镇化发展的区位特性。其区位特性主要表现为城镇化的历史渊源颇深、地域较辽阔且民族众多、资源型城镇化发展显著和严寒地带冰雪资源丰富等多方面,其中地域较辽阔且民族众多又从边疆民族特点和具体行政区划角度进行分析。

第三,论述和分析黑龙江省新型城镇化发展的主要路径。其主要路径表现为产业支撑型发展路径、城市辐射型发展路径、复兴改造型发展路径、道路节点型发展路径和乡村振兴型发展路径。新型城镇化的一个显著特征即城乡统筹,新型城镇化发展与乡村振兴应当协同推进、两翼齐飞,这样才能实现城乡融合发展。

第四,论述和分析黑龙江省新型城镇化发展的主要困境。其主要困境表现城镇化率增长较缓慢困境、农民进城原因及条件困境、社会保障衔接及就业困境和基础设施及城乡布局困境等。城镇化率增长较缓慢困境又从与全国平均水平比较、与其他省市水平比较和各区域城镇化率比较等方面分析。

第四章

黑龙江省新型城镇化发展财税激励政策的现状分析

第一节 黑龙江省财政支持新型城镇化发展的基本状况

一、新型城镇化发展的财政收入状况

(一) 地方财政收入总体状况

2015~2019年黑龙江省地方财政收入及具体项目收入基本情况如表4-1所示。地方财政收入由税收收入和非税收入两部分构成,其中税收收入主要包括增值税、营业税、企业所得税、个人所得税、资源税、城市维护建设税、房产税、印花税、城镇土地使用税、土地增值税、车船税、耕地占用税、契税和烟叶税等;非税收入主要包括专项收入、行政事业性收费收入、罚没收入、国有资本经营收入、国有资源(资产)有偿使用收入、捐赠收入和政府住房基金收入等。

表4-1　　2015~2019年黑龙江省地方财政收入及具体项目收入基本情况　　单位:万元

项目	2015年	2016年	2017年	2018年	2019年
地方财政收入合计	11658767	11484112	12433118	12825950	12627563
税收收入	8803432	8278542	9019067	9808045	9244036

续表

项目	2015年	2016年	2017年	2018年	2019年
增值税	1294584	2267325	3507220	376882	3394949
营业税	2569769	1353087	70142	46080	—
企业所得税	1006424	945983	1023780	1070358	1037439
个人所得税	355725	372830	414555	472613	326864
资源税	537454	407378	535913	665485	649114
城市维护建设税	545609	522404	580773	632876	564671
房产税	313835	319232	382670	411377	421829
印花税	103287	103850	117461	120908	127656
城镇土地使用税	614055	579344	752109	727595	808290
土地增值税	634589	533136	634119	798121	669295
车船税	155261	173576	194021	211033	226235
耕地占用税	185746	215010	209184	159951	229602
契税	451279	466718	582291	690676	732589
烟叶税	35815	18669	14829	14924	10749
非税收入	2855335	3205570	3414051	3017905	3383527
专项收入	763744	660067	657423	674179	619833
行政事业性收费收入	693170	661676	623652	507307	557906
罚没收入	386240	421947	459911	490675	593673
国有资本经营收入	244663	182158	280104	77261	87180
国有资源（资产）有偿使用收入	706879	961278	1137811	1039602	1199580
捐赠收入			11674	16630	19555	15821
政府住房基金收入		244217	161829	162906	228259
其他收入	60639	318444	76628	46420	81275

资料来源：《黑龙江统计年鉴（2020）》。

2015～2019年黑龙江省地方财政收入、增长及构成基本情况如表4-2所示。近几年黑龙江省的财政收入、税收收入和非税收入均有一定程度的下降（如2019年财政收入和税收收入数额均比2018年低），2015年、2016年和2019年地方财政收入和税收收入均呈负增长，前者分别增长-10.41%、-1.50%和-1.55%，后者分别增长-9.93%、-5.96%和-5.75%。其原因主要是地方政策性减收较多，全面推行"营改增"为近年来减税规模最大的政策措施，曾经地方的第一大税种营业税收入全部改为增值税，地方收入急剧下降；清理涉企收费和扩大行政事业性收费免征范围等，也带来一定程度的减收。此外，经济下行产生的滞后影响，即财政收入增长速度回落。与2018年相比，2019年全省固定资产投资、规模以上工业增加值等增幅仍有不同程度的回落，制约财政收入增长。黑龙江省税收收入占地方财政收入的比重比较稳定，近五年均保持在72%左右。

表4-2 2015~2019年黑龙江省地方财政收入、增长及构成基本情况

项目		2015年	2016年	2017年	2018年	2019年
地方财政收入	数额（万元）	11658767	11484112	12433118	12825950	12627563
	增长（%）	-10.41	-1.50	8.26	3.16	-1.55
税收收入	数额（万元）	8803432	8278542	9019067	9808045	9244036
	增长（%）	-9.93	-5.96	8.95	8.75	-5.75
	占比（%）	75.51	72.09	72.54	76.47	73.21
非税收入	数额（万元）	2855335	3205570	3414051	3017905	3383527
	增长（%）	-11.85	12.27	6.50	-11.60	12.12
	占比（%）	24.49	27.91	27.46	23.53	26.79

资料来源：根据《黑龙江省统计年鉴（2020）》整理所得。

（二）各级地方财政收入状况

2019年黑龙江省各级地方财政收入基本情况如表4-3所示。在各项目中，地级所占比重最大，占全省的比重均在49%以上，县级所占比重最低，除了非税收入外占全省比重均在20%以下。地方财政收入占省、地、县三级的比重分别为23.76%、57.5%和18.74%，税收收入占比分别为24.5%、60.48%和15.02%。

表4-3 2019年黑龙江省各级地方公共财政收入基本情况

项目	合计（万元）	省级		地级		县级	
		数额(万元)	占比(%)	数额(万元)	占比(%)	数额(万元)	占比(%)
地方财政收入	12627563	3000432	23.76	7260863	57.50	2366268	18.74
税收收入	9244036	2264843	24.50	5590373	60.48	1388820	15.02

续表

项目	合计（万元）	省级		地级		县级	
		数额(万元)	占比(%)	数额(万元)	占比(%)	数额(万元)	占比(%)
增值税	3394949	1304752	38.43	1701498	50.12	388699	11.45
企业所得税	1037439	238232	22.96	599647	57.80	199560	19.24
个人所得税	326864	41266	12.62	245965	75.25	39633	12.13
非税收入	3383527	735589	21.74	1670490	49.37	977448	28.89

资料来源：根据《黑龙江省统计年鉴（2020）》整理所得。

（三）各地区财政收入状况

2019年黑龙江省各地区财政收入占比情况表以及各地区税收收入税种情况如表4-4和表4-5所示。

表4-4   2019年黑龙江省各地区财政收入及占比情况

地区	公共财政收入		税收收入		非税收入	
	数额（万元）	占全省比重（%）	数额（万元）	占本市比重（%）	数额（万元）	占本市比重（%）
哈尔滨	3709066	32.30	3060697	82.52	648369	17.48
齐齐哈尔	727662	6.34	506904	69.66	220758	30.34
鸡西	332705	2.90	230704	69.34	102001	30.66
鹤岗	249401	2.17	150502	60.35	98899	39.65
双鸭山	270544	2.36	172379	63.72	98165	36.28
大庆	1641364	14.29	1216355	74.11	425009	25.89
伊春	193438	1.68	126944	65.63	66494	34.37
佳木斯	430404	3.75	268277	62.33	162127	37.67
七台河	304236	2.65	167768	55.14	136468	44.86
牡丹江	587884	5.12	390903	66.49	196981	33.51
黑河	388098	3.38	190122	48.99	197976	51.01
绥化	648896	5.65	398048	61.34	250848	38.66
大兴安岭	95736	0.83	55289	57.75	40447	42.25

资料来源：根据《黑龙江省统计年鉴（2020）》整理所得。

表 4-5　　　2019 年黑龙江省各地区税收收入及税种情况　　　单位：万元

地区	税收收入	增值税	企业所得税	个人所得税	城建税	耕地占用税	契税
哈尔滨	3060697	918845	390703	161919	223111	91740	418974
齐齐哈尔	506904	150798	84839	15184	15184	25319	40379
鸡西	230704	86403	25651	9216	9216	7279	14388
鹤岗	150502	61243	19107	4260	4260	1891	5773
双鸭山	172379	59376	14183	6143	6143	5439	9773
大庆	1216355	324257	76455	34763	34763	16612	60086
伊春	126944	36339	12485	4894	4894	5009	9323
佳木斯	268277	71798	29251	9038	9038	11984	27490
七台河	167768	59128	11896	4383	4383	6217	8192
牡丹江	390903	129055	39415	12808	12808	13951	39125
黑河	190122	43711	28287	8667	8667	11540	18110
绥化	398048	113189	48053	9916	9916	30327	37817
大兴安岭	55289	23256	8817	1962	1962	1888	3203

资料来源：根据《黑龙江省统计年鉴（2020）》整理所得。

2019 年黑龙江省各地区财政收入及占比情况如图 4-1 所示，从公共财政收入占全省比重看，最高为哈尔滨的 32.3%，之后依次为大庆（14.29%）、齐齐哈尔（6.34%）、绥化（5.65%）等，最低为大兴安岭

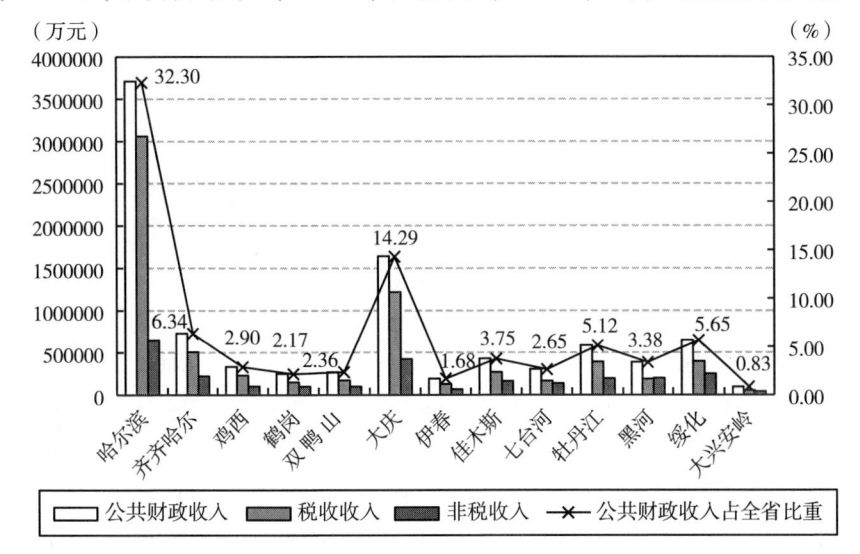

图 4-1　2019 年黑龙江省各地区财政收入及占比情况

（0.83%）。除哈尔滨（82.52%）和大庆（74.11%）外，税收收入占本市财政收入的比重要略低于全省比重，越是经济落后地区该比重越低，说明没有更多税收收入来源，也说明产业发展落后。另外在各地区税收收入中，增值税、营业税和企业所得税占绝大比重。

二、新型城镇化发展的财政投入状况

（一）地方财政投入总体状况

2015~2019年黑龙江省地方财政支出及具体项目支出基本情况如表4-6所示。地方财政支出具体项目主要包括一般公共服务、国防、公共安全、教育、科学技术、文化体育与传媒、社会保障和就业、卫生健康、节能环保、城乡社区事务、农林水事务、交通运输、资源勘探电力信息等事务、商业服务业等事务、金融支出、援助其他地区、自然资源海洋气象等支出、住房保障支出、粮油物资储备管理事务、债务付息支出和债务发行费支出等。

表4-6 2015~2019年黑龙江省地方财政支出及具体项目支出基本情况

单位：万元

项目	2015年	2016年	2017年	2018年	2019年
支出合计	40206554	42273373	46410771	46767503	50115589
一般公共服务	2426656	2667033	2790825	3676072	3009978
国防	53354	48809	53419	55208	46620
公共安全	1809435	2102956	2233909	2472225	2538635
教育	5496567	5588722	5731126	5443838	5551255
科学技术	429134	449209	469094	395249	421622
文化体育与传媒	531693	532130	535564	462012	547005
社会保障和就业	7287329	7324055	9285487	10240862	11132672
卫生健康	2739583	2805635	2971657	3009978	3144235
节能环保	1555201	1134428	1932040	1540926	2110589
城乡社区事务	3505214	3870819	4566972	4156980	5557916
农林水事务	6814824	8017680	8151611	8344713	8819893

续表

项目	2015年	2016年	2017年	2018年	2019年
交通运输	2720740	2503984	2525594	2447099	2206055
资源勘探电力信息等事务	1064537	819932	703486	901820	927609
商业服务业等事务	238908	174706	182754	183753	109027
金融支出	7974	59007	29221	23421	75874
援助其他地区支出	37530	29800	28540	36856	34510
自然资源海洋气象等支出	349228	357266	478266	324406	368150
住房保障支出	2123361	2719528	2651544	2409575	1668965
粮油物资储备管理事务	658619	623220	483161	546516	472599
债务付息支出	179885	355080	551806	639464	1033566
其他支出	171371	81147	48209	49658	27821
债务发行费支出	5411	8227	6486	6872	6062

资料来源：根据《黑龙江省统计年鉴（2020）》整理所得。

2015～2019年主要财政投入项目增长情况如表4-7所示。2015～2019年公共财政支出年均增长7.99%，在具体支出项目中社会保障和就业、教育、城乡社区事务、卫生健康、住房保障、一般公共服务等与新型城镇化发展密切相关的支出所占比重较大，2015～2019年均分别增长13.44%、1.97%、11.74%、6.1%、6%和4.57%。2019年公共财政支出合计为50115589万元，社会保障和就业、教育、城乡社区事务、卫生健康、住房保障、一般公共服务等支出分别为11132672万元、5551255万元、5557916万元、3144235万元、1668965万元和3009978万元，占公共财政支出比重分别为22.21%、11.08%、11.09%、6.27%、3.33%和6.01%。

表4-7　　2015～2019年黑龙江省地方财政支出及主要项目增长情况

项目		2015年	2016年	2017年	2018年	2019年
财政支出合计	数额（万元）	40206554	42273373	46410771	46767503	50115589
	增长（%）	17.08	5.14	9.79	0.77	7.16
社会保障和就业	数额（万元）	7287329	7324055	9285487	10240862	11132672
	增长（%）	20.92	0.50	26.78	10.29	8.71

续表

项目		2015年	2016年	2017年	2018年	2019年
教育	数额（万元）	5496567	5588722	5731126	5443838	5551255
	增长（%）	8.64	1.68	2.55	-5.01	1.97
城乡社区事务	数额（万元）	3505214	3870819	4566972	4156980	5557916
	增长（%）	5.55	10.43	17.98	-8.98	33.70
卫生健康	数额（万元）	2739583	2805635	2971657	3009978	3144235
	增长（%）	16.42	2.41	5.92	1.29	4.46
住房保障	数额（万元）	2123361	2719528	2651544	2409575	1668965
	增长（%）	44.26	28.08	-2.50	-9.13	-30.74
一般公共服务	数额（万元）	2426656	2667033	2790825	3676072	3009978
	增长（%）	-5.28	9.91	4.64	31.72	-18.12

资料来源：根据《黑龙江省统计年鉴（2020）》整理所得。

（二）各级地方财政支出状况

2019年黑龙江省各级地方公共财政支出基本情况如表4-8所示。在地方财政支出总额中县级所占比重41.54%最高，其次为地级39.6%，最后为省级18.86%；在具体项目支出中，一般公共服务、社会保障和就业、城乡社区事务等支出地级所占比重最高，分别为47.25%、47.78%和59.84%，农林水事务、卫生健康、教育等支出县级所占比重最高，分别为68.28%、41.52%和51.24%。在省级、地级和县级比重中，最高的分别为卫生健康（22%）、城乡社区事务（59.84%）和农林水事务（68.28%）；最低分别为城乡社区事务（3.44%）、农林水事务（14.43%）、社会保障和就业（32.67%），可知城乡社区事务支出大部分投入与地级区域。

表4-8　2019年黑龙江省各级地方公共财政支出基本情况

项目	合计（万元）	省级		地级		县级	
		数额（万元）	占比（%）	数额（万元）	占比（%）	数额（万元）	占比（%）
地方财政支出	50115589	9452069	18.86	19844363	39.60	20819157	41.54
一般公共服务	3009978	305257	10.14	1422194	47.25	1282527	42.61
社会保障和就业	11132672	2176178	19.55	5319723	47.78	3636771	32.67

续表

项目	合计（万元）	省级		地级		县级	
		数额（万元）	占比（％）	数额（万元）	占比（％）	数额（万元）	占比（％）
城乡社区事务	5557916	191179	3.44	3325719	59.84	2041018	36.72
农林水事务	8819893	1524585	17.29	1272805	14.43	6022503	68.28
卫生健康	5551255	1221318	22.00	2024817	36.47	2305120	41.52
教育	3144235	304013	9.67	1229076	39.09	1611146	51.24

资料来源：根据《黑龙江省统计年鉴（2020）》整理所得。

（三）各地区财政支出状况

2019年黑龙江省各地区公共财政支出及占比基本情况如表4-9和图4-2所示。从图中可以看出，2019年各地区公共财政支出占全省公共财政支出总额的比重从大到小分别为哈尔滨（26.05％）、齐齐哈尔（11.42％）、绥化（11.14％）、大庆（7.47％）、佳木斯（7.05％）、牡丹江（6.63％）、黑河（5.28％）、双鸭山（4.14％）、伊春（4.14％）、鸡西（4.1％）、鹤岗（3.38％）、七台河（3.23％）、大兴安岭（2.03％）。

表4-9　　2019年黑龙江省各地区公共财政支出基本情况　　单位：万元

地区	公共财政支出	一般公共服务	公共安全	教育	科学技术	文化体育与传媒	社会保障和就业	卫生健康	节能环保	城乡社区事务	农林水事务
哈尔滨	11011389	627751	495563	1194121	156306	116615	2603758	752289	227605	1885052	1145854
齐齐哈尔	4825811	312058	148376	598905	13142	37713	1152629	379502	118158	324526	1243465
鸡西	1734778	133362	83487	181102	5430	15674	513861	136437	35361	124363	287749
鹤岗	1429543	115433	49150	143543	4927	22845	278982	82862	76905	226672	184823
双鸭山	1750239	117500	61956	157354	2747	18526	394489	103724	85710	300595	271864
大庆	3159091	268600	175724	447771	33781	53235	618495	268374	45262	450833	382336
伊春	1750626	103257	58883	130125	2140	25102	491966	84599	225002	171603	271313
佳木斯	2979246	206193	95071	278840	4740	27385	563254	200469	141991	252260	843285
七台河	1365975	92115	47093	86265	2815	10089	223920	58038	121774	330882	149929
牡丹江	2804360	217364	103120	298424	3442	28135	648432	187762	40610	542546	380632
黑河	2232248	156760	75713	198010	3840	27779	370920	137303	97535	243463	695653
绥化	4709672	266914	125147	580486	4983	32872	894441	408095	159772	465488	1264939
大兴安岭	857982	84275	31746	33315	1011	20081	201247	40768	11239	37689	143541

资料来源：根据《黑龙江省统计年鉴（2020）》整理所得。

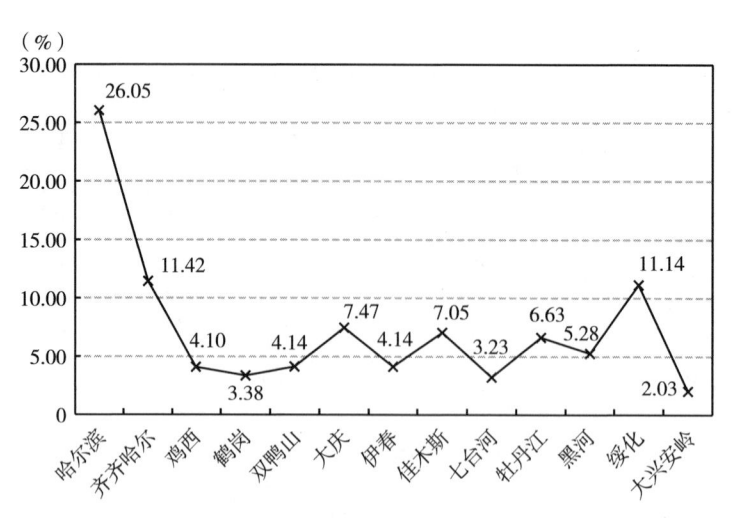

图 4-2　2019 年黑龙江省分地区财政支出及占比状况

第二节　黑龙江省新型城镇化发展现行的财税激励政策

一、国家层面的新型城镇化财税激励政策

新型城镇化的核心为"以人为本",其首要任务在于加快推进农业转移人口市民化。新型城镇化是我国调整产业结构、扩大内需的重要抓手,也是破解城乡二元经济结构的根本途径。自新型城镇化提出以来,党中央、国务院高度重视,强调地方政府特别是人口流入地政府承担农业转移人口的主体责任,建立健全推动新型城镇化进程的财税政策体系。财政部、国家税务总局、国家发改委、人社部、住建部等部委颁布了一系列与新型城镇化有关的财税激励政策,为黑龙江省新型城镇化的发展提供重要政策指引和方向。典型的文件、报告及主要内容如表 4-10 所示。

表 4-10　国家层面关于新型城镇化发展及其财税激励政策文件

文件名称	颁布单位	颁布时间
《国家新型城镇化规划（2014—2020 年）》	中共中央、国务院	2014 年 3 月
《关于落实中央经济工作会议和中央城镇化工作会议主要任务的分工方案》	中共中央办公厅	2014 年

续表

文件名称	颁布单位	颁布时间
《关于开展国家新型城镇化综合试点工作的通知》	国家发改委等 11 个部门	2014 年
《国家新型城镇化综合试点方案》	国家发改委等 11 个部门	2014 年 12 月
《2015—2020 年中国新型城镇化建设行业分析与发展策略研究报告》	中国产业研究报告网	2015 年
《关于深入推进新型城镇化建设的若干意见》	国务院	2016 年 2 月
《关于实施支持农业转移人口市民化若干财政政策的通知》	国务院	2016 年 7 月
《推动 1 亿非户籍人口在城市落户方案》	国务院办公厅	2016 年 10 月
《新型城镇化系列典型经验（农业转移人口市民化案例)》	国家发改委办公厅	2016 年 12 月
《关于公布第三批国家新型城镇化综合试点地区名单的通知》	国家发改委	2016 年 12 月
《新型城镇化系列典型经验（国家新型城镇化综合试点地区探索实践)》	国家发改委办公厅	2016 年 12 月
《加快推进新型城镇化建设行动方案》	国家发改委	2017 年 6 月
2016～2019 年《国家新型城镇化报告》	国家发改委	2017～2020 年
《关于总结推广第一批国家新型城镇化综合试点阶段性成果的通知》	国家发改委办公厅	2017 年 8 月
《关于实施 2018 年推进新型城镇化建设重点任务的通知》	国家发改委	2018 年 3 月
《关于总结推广第二批国家新型城镇化综合试点阶段性成果的通知》	国家发改委办公厅	2018 年 11 月
《2019 年新型城镇化建设重点任务》	国家发改委	2019 年 3 月
《2020 年新型城镇化建设和城乡融合发展重点任务》	国家发改委	2020 年 4 月

（一）加快农村人口市民化的财税政策

1. 加快城乡户籍制度改革的财税政策

中央财政以及地方财政会根据不同地区、不同时期内农村向城镇转移人口的数量以及不同规模城市接纳农村转移人口的成本来进行财政转移性支付的动态调整。对于城市规模较大、经济比较发达的城市，中央政府应鼓励其多接纳农村转移人口，凭借自身的规模、条件和财力为更多的农村转移人口提供和本地人口同样的公共服务。中央财政可以根据大城市接纳农村转移人口的数量和规模对其进行一定的奖励，施行保障性住房和公租房政策，并对农村转移人口在购买或租赁房屋时进行一定的财政补贴，解决其住房难问题。

2. 完善城乡社会保障体系的财税政策

逐步完善农村转移人口的社会保障体系，让其享受更好的公共服务。教育是农村转移人口最关心的问题，政府应将农村转移随迁子女教育划入公共财政保障中。各级财政部门可以对接收随迁子女人数较多的学校予以一定的财政补贴，如果转入地原有教育资源已经比较紧张就需要财政进行拨款新建学校，或鼓励社会资本办学。中央和地方财政按人数和义务教育的费用进行财政转移支付，保证让随迁子女也能接受到同等的教育。学龄前教育、中小学教育、职业教育、高等教育都很重要，每个阶段的教育都不能缺失。实施统一的城乡社会保障制度有利于促进城乡一体化，政府将持有居住证的人口纳入社会保障体系，并帮助转移人口解决就业问题，鼓励其进行自主创业。

3. 建立农业人口市民化的财税激励机制

在新型城镇化过程中，人口市民化这一指标非常重要，为了提高各城镇吸收农村转移人口的数量可进行财税激励机制。奖励方案可根据不同规模的城镇所吸纳转移人口的数量、为转移人口提供公共服务的情况以及转移人口流动等因素来进行制定。对于那些吸收农村转移人口较多的中西部地区，国家应给予一定的政策倾斜，将财政转移支付与农村转移人口市民化指标相结合。财政应对吸收农村转移人口较多的中西部城市提供更充足的公共服务财政补贴，建立补助机制，保证对这些地区的财政转移支付规模不减少。

（二）全面提升大城市功能的财税政策

1. 增强城市承载能力的财税政策

农村人口向城镇转移给城镇带来了一定的压力，城镇资源变得较为紧张，为了吸纳更多的农村转移人口并保证为其提供同等的公共服务就需要提高城镇的承载能力。各地方政府科学预测吸纳农村转移人口的数量，并在对本地区公共服务、公共基础设施以及经济发展工作规划时考虑农村转移人口的规模。如果财政有压力，政府可拓宽融资渠道，创新融资方式，吸收社会资本，实行政府与社会资本的合作模式，鼓励社会资本参与公共基础设施建设和运营。政府还积极解决转移人口的居住问题，鼓励转移人口购买或租赁住房。

2. 加快城市棚户区改造的财税政策

中央政府有决心对1亿人居住的危房、城镇棚户区以及城中村进行改造，各地方政府根据中央政策精神，积极改造本地区的危房和棚户区，根据本地区的实际情况和财政承受能力，制定出适合本地区施行的改建办法。地方政府可以自主选择改建实施的主体，但一定要做到公开透明，优中选优，签订服务协议，保证工期和工程质量。各级财政部门可以把棚改项目所需的资金纳入财政预算，为其解决资金方便的困难，如果预算金额和实际需要的金额相差较多，地方政府可发行地方债券支持棚改项目。棚改原本就是民生工程，各地方政府在实施时一定要把棚改人民的利益放在首位，解决他们的实际困难。

3. 加快交通和管廊建设的财税政策

在城市综合交通网络方面，积极促进公共交通发展，对其施行财政补贴政策，对公交车、地铁、轻轨等交通工具进行统筹管理，科学布局地上、地下公共交通网络，加大进出城市通道、换乘枢纽、停车场等设施的财政投入。在城市地下管网工程方面，对城市地下管道铺设和地上设施建设进行统一规划，重视地下公共基础设施的建设，减少重修机会，避免出现"马路拉锁"现象，对供排水、供电、供暖、天然气、通信等工程的地下管网进行统一布局，合理施工，避免浪费资源。

（三）加快培育中小城镇化的财税政策

1. 重点县镇基础设施建设的财税政策

财政部门加大对重点县镇公共基础设施的建设投入，多进行财政补贴，强化供排水、供电、供暖、天然气、道路交通、地下管网、网络通信等公共基础设施建设以及教育、卫生、文化等公共服务设施的建设。尤其是那些在中西部地区的县镇，本身比较欠发达，但依然吸纳了大量的农村转移人口，对于这些地方政府应进行政策倾斜，给予更多的支持。省级政府可下放权力，对重点发展县镇更多的自主管理权，允许其参照拥有同样人口数量的城市公共基础设施标准来进行建设。对规模较大的镇进行行政管理体制改革，减少审批流程，提高政府的办事效率。

2. 加快促进特色乡镇发展的财税政策

我国幅员辽阔、地大物博，不同地区就有不同地形风貌和风土人情，所以为了促进新型城镇化发展，政府可加快特色乡镇发展，并给予一定的财税政策支持。各地区乡镇可根据自身实际情况，因地制宜、发挥特色，促进小乡镇的经济发展。发展小乡镇可以缓解大城市的人口压力、资源压力，同时也能够带动小乡镇的产业进步。小乡镇可发展绿色农产品、生态旅游、食品深加工、商贸物流、民俗文化等多种产业，使城乡系统发展，缩小城乡差距。

（四）辐射带动新农村建设的财税政策

1. 促进农村基本公共服务的财税政策

我国现在的城乡差异比较大，农村的公共服务还不是很完善，国家出台了一系列相关的财税政策完善公共服务。建设新农村首先要修建道路，对路面进行硬化处理，路修好后就能通车、通邮，方便农村与外界的往来。对有条件的村屯进行网络覆盖，并逐渐推进全覆盖，农民可以在网上了解国家大事、学习先进的农业知识，把农产品拿到网络上销售。同时对农村环境进行治理，提倡垃圾分类回收，对排污进行治理，完善教育、医疗、养老等服务，打造美丽乡村。

2. 带动农村产业融合发展的财税政策

鼓励以乡镇为基础，带领农村引进三次产业，政府积极为产业建立搭建平台。农民多从事种植、养殖业，财政可出台政策鼓励农民进行专业合作化的生产，对那些选择在农村建厂的企业给予一定的税收优惠，促进农产品深加工，提高农产品的附加值，但在引进企业时特别注意环保问题，对那些排放不达标的企业一律禁止。农民还可在农闲时发展乡村旅游，开发采摘体验、农家乐等项目，增加农民的收入。

（五）新型城镇化专项补贴的财税政策

1. 加快资源型城市转型专项补贴的财税政策

资源型城市是指开采和加工以本地区森林、矿产等自然资源为主导产业的城市。随着我国资源红利的逐渐减少，加快资源型城市转型、转变经济发展方式对促进其可持续发展、推进新型城镇化建设、实现两个一百年奋斗目标具有重大意义。早在2007年国务院就颁布了《关于促进资源型城市可持续发展的若干意见》（以下简称《意见》），该《意见》指出不管是中央财政还是省级财政都要进一步加大对资源枯竭城市的专项和一般性转移支付力度，重点增强公共基础设施建设、环境保护、教育卫生、社会保障等基本公共服务保障能力的财政补贴，增加专项贷款贴息，同时改革资源税制度、增加资源开采地的财政收入。《意见》还特别强调要加大对东北地区尤其是黑龙江省资源枯竭城市的财政专项补贴，如2013年中央财政的转移支付共计168亿元，其中东北三省共计52.07亿元，而黑龙江省就高达20.4亿元，占比最大。伊春市成为首批国家资源枯竭城市，享受中央财政的专项补贴，获得1.13亿元的国家首批财力性转移支付资金，之后每年都获得超过1亿元的中央财政转移资金支持。黑河市五大连池市成为第二批国家资源枯竭城市，2014～2020年累计得到中央财政转移资金超过9亿元，以破解因森林资源枯竭而引发的系列问题。

2013年国务院首次颁布关于资源型城市的发展规划——《全国资源型城市可持续发展规划（2013—2020年）》，规划资源型城市共计262个（包括地级行政区、县级市、县、市辖区等），其中黑龙江省共计9个地级行政区和2个县级市，分别为牡丹江市、大庆市、鸡西市、伊春市、七台河市、双鸭山市、鹤岗市、黑河市、大兴安岭地区、尚志市、五大连池市。分别设立：大兴安岭地区、伊春市为木材后备基地；黑河五大连池景区为资源型城市自然风光重点旅游区；鸡西市石墨精深加工产业集群为资源深加工产业集群；伊春市木制工艺品产业集群、大兴安岭地区蓝莓开发产业集群为吸纳就业产业集群；大庆市石油石化装备制造产业集群为先进制造业产业集群；鸡西市煤炭资源综合利用产业集群为资源综合利用产业集群；大庆市文化创意产业集群为文化创意产业集群；双鸭山市岭东区煤矿区为塌陷区重点治理工程；鹤岗市岭北煤矿区为大型矿坑重点治理工程；鸡西市大恒山煤矿区为污染物防治重点治理工程；大庆油田历史陈列馆、铁人王进喜同志纪念馆为资源型城市重点精神文化设施等。黑龙江省资源型城市转型不断享受到中央预算内资金和中央财政转移支付资金的大力支持。

2. 森工、天保工程专项补贴的财税政策

天保工程的全称为天然林资源保护工程，主要范围包括长江上游、黄河上中游、东北地区以及内蒙古等重点国有林区。天保工程到目前共实施两期，一期为2000～2010年，二期为2011～2020年。在二期工程中，重点对东北、内蒙古等国有林区森林资源实施专项财政补贴，财政资金的投入明显增加，中央总预算投入2195亿元。中国政府网相关数据显示，中央财政2011～2016年累计拨付二期资金1032.4亿元，年均拨付172.07亿元，2015年拨付专项财政资金195亿元。另外，从2011年起中央财政大幅度提高了社会性支出补助费、政策性支出补助费、社会保险补助费、森林管护费等补助标准，新增用于干部职工基本生活和保障林区社会运转的专项中央财政资金，如2012年中央财政为解决林区安置职工社会保险缴费困难问题，一次性增加财政专项补助资金50.57亿元。国务院批准自2014年起停止商业性采伐黑龙江省重点国有天然林区，并于当年拨付23.5亿元天保工程专项资金。

根据中国政府网站数据，2017年中央财政共计安排资金533亿元，其中中央级共计31亿元，地方级共计502亿元；用于社会保险补助和社会性政策性支出共计117亿元、停伐补助共计103亿元、森林资源管护共计313亿元等。2017年以来还健全完善了天然林资源保护和森林生态效益补偿制度：一是对未纳入政府保护范围的，采取新的停伐补助和奖励政策，全面实行天然林保护政策全覆盖；二是对已纳入政策保护范围的，适当提高补助标准。例如：每年每亩由2014年的5元提高到2020年的12元，对所有权归集体和个人的国家级公益林补助高达15元，并按此标准发放停伐管护补助。

二、地方区域的新型城镇化财税激励政策

黑龙江省地广人稀,产业发展条件薄弱,经济发展水平较低,与国内发达省份相比,新型城镇化更是黑龙江省调整产业结构、扩大内需、促进经济发展的重要抓手,黑龙江省理应牢牢抓紧这一历史机遇,适应时代潮流大力推进新型城镇化建设。

自新型城镇化提出以来,按照党中央、国务院安排,省委、省政府高度重视,省财政厅、省国家税务局、省地方税务局、省发改委、省人社部、省住建部等部门颁布了一系列与新型城镇化有关的财税激励措施,为黑龙江省新型城镇化发展的具体落实提供政策支持。典型的文件及主要内容如表4-11所示。

表4-11　　　　黑龙江省关于新型城镇化发展及其财税激励政策文件

文件名称	颁布单位	颁布时间
《黑龙江省新型城镇化规划(2014—2020年)》	黑龙江省人民政府	2015年3月
《关于推进国家新型城镇化综合试点若干措施的通知》	黑龙江省人民政府办公厅	2015年10月
《我省结合新型城镇化开展支持农民工等人员返乡创业试点工作全面展开》	黑龙江省发改委	2016年4月
《省对市县资源枯竭城市转移支付资金管理办法》	黑龙江省财政厅	2016年8月
《哈尔滨市新型城镇化总体规划(2016—2030年)》	哈市城乡规划局	2016年10月
《关于实施支持农业转移人口市民化若干财政政策的意见》	黑龙江省人民政府	2017年3月
《关于实施支持农业转移人口市民化若干财政政策的意见》	哈尔滨市人民政府	2017年7月
《黑龙江省加快推进新型城镇化建设实施办法》	黑龙江省发改委	2017年8月

(一)加快农村人口市民化的财税政策

1. 支持农村人口市民化的财税政策

黑龙江省级政府及各地级市相继出台了《关于实施支持农业转移人口

市民化若干财政政策的意见》，对为农村转移人口提供公共服务时所需的费用应由财政部门予以拨款，黑龙江省财政充分考虑他们的实际需要，加大财政支持力度，省对市、市对区财政进行均衡性的转移支付，形成农村转移人口市民化和财政转移支付联动机制。

2. 城镇基本公共服务覆盖的财税政策

黑龙江省将对城镇基本公共服务进行全覆盖，省级财政在资金上做到全力配合。省政府对农村转移人口子女的教育纳入财政范围内，解决转移人口子女上学的后顾之忧；为外来长期居住的农村人口提供保障性住房政策，对其购买或租赁住房提供一定的财政补贴，据不完全统计，哈尔滨2015~2019年提供了15442套保障性住房，解决了部分农村转移人口的住房问题；积极推进医疗、卫生服务，让农村转移人口也能享受到医保政策，对他们提供免费的健康咨询、疾病预防、生活保健、接种等公共卫生医疗服务，共达到13类46项，进一步完善转移人口的基本医疗保障。

3. 完善城乡社会保障体系的财税政策

农民在农村基本上从事种植和养殖活动，但因为城市扩建等原因需向城镇转移，一些失地农民因没有其他技术、特长导致就业困难，黑龙江省政府牵头帮助转移人口解决就业问题，例如将部分转移人口安置在公益性岗位上、安排农民工专场招聘会、为农民工提供免费的技术培训等。政府还大力支持农村转移人口进行自主创业，并对其进行财政补贴、税收优惠以及小额担保贷款等，保障农民工在就业时的合法权益，督促用工单位与农民工签订劳动合同，使农民工享受与城镇职工同样的失业保障。

（二）全面提升大城市功能的财税政策

1. 增强城镇承载能力的财税政策

黑龙江省响应中央政府号召，将省内建制镇也归纳到棚户区升级改造范围内，这些地区的棚户区改造可以使用到中央专项资金，享受相应的财税补贴和政策优惠，从而提高棚户区改造效率，创造良好的生活环境。对城市的供排水、供暖、供电、网络等基础设施进行升级，能够为农村转移人口提供更好的基础设施服务。黑龙江省政府应向中央财政申请专项资金用于公共基础设施建设和购买公共服务上，提升城市承载力。

2. 加快基础设施建设的财税政策

黑龙江省的主要城市建造时间都比较久远，城中老旧住宅比较多，政府应对这些住宅进行升级改造，同时对棚户区、城中村进行拆迁，改善城市居住环境，多吸纳省内农村转移人口。改善省内交通环境，对交通网络进行合理布局，把省城哈尔滨打造为国际性的交通枢纽城市，把重点城市齐齐哈尔打造为全国性的交通枢纽城市，并且支持牡丹江、大庆、黑河、佳木斯、绥芬河等城市的交通发展和口岸枢纽建造，促进全省物流业的发展。对供排水、电力、网络、供热、地铁等公共基础设施改建给予政策支持和政策倾斜。

3. 推进智慧城市建设的财税政策

为建设智慧城市，哈尔滨市 2017 年开始建造 3 批有利于推进智慧城市发展的项目，市财政部门已经筹集了近 1 亿元资金，这些资金将被全部被用于哈尔滨市数据开放平台、网站集约化、住房保障数据系统、行政审批系统、政府门户网站、哈尔滨市行政执法管理网站、公共区域摄像头资源平台等 23 个网站平台的建设，这些平台建立、优化后将有利于推进智慧城市的建设，方便市民办理政务，也便于政府进行管理。

（三）加快培育中小城镇化的财税政策

1. 培育新生中小城市的财税政策

黑龙江省的中小城镇多为煤矿区、林区和农垦，所以想要促进中小城镇发展就要对其进行国有化改革，结合矿区、林区、垦区的优势培育新生中小城镇。在对中小城市布局时，注意集约化发展策略，合理布局、科学规划，按照《市辖区设置标准》来进行建造。改善中小城镇现有的公共基础设施，提高社区的综合服务能力，对新建住宅实行公共设施共享政策，促进社区公共服务建设，提高社区的办事效率和服务意识。

2. 加快培育特色小镇的财税政策

黑龙江省十分重视培育特色小镇，如哈尔滨市颁布了《特色小镇建设工作方案》，该方案明确了特色小镇的含义、建设要求以及目标任务，把尚志市的一面坡镇评为国家特色小镇，把哈尔滨市香坊区的向阳旅游特色镇及其他 10 个特色小镇评为首批全省特色小镇发展对象。此外，齐齐哈尔市、牡丹江市、海林市、富裕县均有乡镇被选入特色小镇项目。黑龙江省根据其地理位置、城区环境、风景名胜等自身特点开发优势产业,例如在林区开发生态旅游项目,打造森林氧吧;在农垦开展采摘体验,农家乐,引进农产品深加工等项目,支持特色小镇发展。

(四) 城镇化重点产业发展的财税政策

1. 投入方式上的财税政策

在投入方式上有所创新,对以前的各项财政补助进行调整,尝试贷款优惠、股权投资等新型投入方式,加强资金的使用效率,使这些资金能发挥更大作用,使财政资金起到引领效应。

2. 投入节点上的财税政策

以往财政拨款都是根据项目进度进行投入,这种方法有一定的局限性,对其进行调整,需达到两个标准才能拨款:一是"事后投入",即财政必须在项目投产后才能拨款;二是"指标考核",即要求企业必须体现税收增量。

3. 资金管理上的财税政策

黑龙江省政府对财政资金使用有了更新更明确的要求,即"四项基本原则":一是集中使用原则,因为财政能力也有限,为了提高财政的使用效率必须把财政资金集中起来干大事,支持大项目,促进大项目目标的实现;二是分级负责原则,对省内大项目分级进行审核,是否能成为省内重点项目需由不同行政部门对项目进行审核,最后由省政府做出决定;三是权责对等原则,政府部门对所推荐的项目进程和效果负责,保证项目的按时、顺利完成;四是考核绩效原则,对项目达标情况进行考核,并把所有项目的考核成绩进行记录。

(五) 新型城镇化专项补贴的财税政策

1. 加快资源型城市转型专项补贴的财税政策

黑龙江省政府十分重视资源型城市发展,不断落实国家政策(规划),完善省对下转移支付制度,推动资源型城市转型,如围绕《全国资源型城市可持续发展规划》,结合黑龙江省特殊性,建立区级基本财力保障机制,加大转型发展资金，引导和支持煤、油、林等资源型城市转型升级，2014~2019年全省共计投入资源型城市转型发展资金200亿元，吸引社会投资超过400亿元；2014年制定《关于建立和完善四煤城区级基本财力保障机制的意见》，2014~2019年省级财政共投入超过40亿元资金，切实解决四煤城区级财政运行困难问题，保障区级机关事业单位工资及时足额发放。

2016年黑龙江省颁布《省对市县资源枯竭城市转移支付资金管理办法》（以下简称《办法》），该《办法》设立一般性转移支付资金，明确了转移支付资金的重点范围、使用标准、补助对象、补助期限、遵循原则、分配公式、奖惩资金等主要内容，如分配公式为：资源枯竭城市转移支付＝项目补助＋因素补助＋定额补助＋奖惩资金＋其他，这对规范资源型城市转移支付资金管理、促进独立工矿区和资源枯竭城市经济转型具有重大意义。2021年黑龙江省政府工作报告中指出，促进资源型城市转型发展：加快大庆古龙页岩油气勘探；加大矿产资源勘探力度；强化佳木斯东部区域中心城市功能，推动鸡西、鹤岗、双鸭山、七台河四煤城转型发展，打造东部城市群；支持大兴安岭、伊春发展生态经济、林下经济，创造更多生态产品，焕发林区发展新活力。

2. 森工、天保工程专项补贴的财税政策

黑龙江省积极响应国家号召，制定一系列财税政策支持天保工程的顺利实施。根据新华社哈尔滨信息，2011年9月黑龙江省正式启动重点国有林区天保工程二期项目，到2020年底，投资总额高达775亿元，全省重点国有林区的有林地面积高达1554.9万公顷，森林覆盖率高达85%，活立木总蓄积高达15.5亿立方米等。2014年黑龙江省投入天保二期工程财政转移资金103.4亿元，2015~2017年均超过110亿元。

黑龙江省对天保工程二期制定"一消、两增、三提高"的财税激励政策。"一消"是指取消安排职工分流安置补助费；"两增"是指增加森林抚育补贴和消防环卫等公益事业支出补助，前者为每亩补助120元，后者为人均每年补助1.84万元（依据为2008年全省社保平均工资的80%）；"三提高"是指提高森林管护费补助标准、社会性政策性支出补助标准和社会保险补助费标准，第一提高为每亩由1.75元提高到5元，第二提高为教育、医疗卫生、政府经费三项人均补助分别由1.2万元、0.25万元、1.4

万元提高到 3 万元、1 万元、3 万元,第三提高为缴费年工资标准从 5000 元提高到 1.84 万元(依据为国家缴费额按照缴费工资的 30% 计算),并给予全额补助。

第三节 黑龙江省新型城镇化财税激励政策存在的问题

一、新型城镇化发展的财政投入不足

(一)财力增幅不能满足城镇建设需要

因为城镇建设具有公共性,所以黑龙江省的城镇建设主要靠财政资金进行支持。2015 年来,由于城镇化的推行,使得农村人口大量向城镇流入,导致城镇的公共服务、公共基础设施不能满足新增人口的需要,尤其在财政资金不足的情况下,对公共基础服务的投入就更加有限。据相关数据表明,每开发 1 平方公里城镇就要增加 2.5 亿元的财政投入,新增人口越多需要的财政投入也就越大,从目前黑龙江省的财政情况来看,财力增长幅度满足不了城镇发展的需要。资金不足会影响新型城镇化的进程,但从黑龙江省城镇化数据来看,土地城镇化要比人口城镇化速度快。据黑龙江省统计局统计数据显示,黑龙江省城镇人口从 1995 年到 2019 年仅增长了 1.15 倍,而城市建成区面积却增长了近 2 倍,土地的快速城镇化并没有促进人口的快速城镇化。

(二)城镇化的基础设施建设投入不足

新型城镇化建设对公共基础设施投入要求较高,这也是所有新型城镇建造过程中不能规避的问题,它基本覆盖了城镇建设的各个方面。例如:供排水、电力、供热、天然气、公共交通、城市绿化、排污、垃圾处理等多个方面,如果城镇的公共基础设施建设数量不到位就会限制城市的发展,并导致各种"城市病"的产生,例如交通不顺畅、城市污染等。以

《2020年黑龙江省统计年鉴》中的地方公共财政支出划分项目来看，与基础设施建设相关的财政支出主要包括城乡社区事务和交通运输两项，其支出及其占比变化如表4-12所示。

表4-12　2015~2019年黑龙江省城乡社区事务和交通运输财政支出状况

支出项目	2015年	2016年	2017年	2018年	2019年
财政支出总额（万元）	40206554	42273373	46410771	46767503	50115589
城乡社区事务（万元）	3505214	3870819	4566972	4156980	5557916
所占比重（%）	8.72	9.16	9.84	8.89	11.09
交通运输（万元）	2720740	2503984	2525594	2447099	2206055
所占比重（%）	6.77	5.92	5.44	5.23	4.4

资料来源：根据《2020年黑龙江省统计年鉴》数据计算。

从表4-12可以看出，黑龙江省城镇化的基础设施建设投入较少，从城乡社区事务财政投入看，其占财政支出的总额2015~2019年间仅增长2.37个百分点，投入占比除了2019年外均不到10%；从交通运输看，不仅绝对额有所下降，其占财政支出总额的比重也下降得比较明显，由2015年的6.77%下降至2019年的4.4%。这一定程度上反映出交通运输的财政投入跟不上城镇化的建设步伐，以哈尔滨副省级城市为例，经济发展在全国15个副省级城市中排名倒数①，但是交通拥堵状况却始终排在全国前三②。虽然交通运输的财政投入不能决定交通拥堵状况，但是影响肯定巨大。另外，黑龙江省对公共基础设施建设还是采取政府垄断提供和经营，所以要加快公共基础设施的发展就要对改模式进行改革，多吸收社会资本，促进城镇化进程。

（三）城镇化公共服务的财政投入不均

黑龙江省在城镇化发展方面取得了一些成绩，但也有一些弊端，例如一般公共服务的财政投入不均，表现为分级次和分地方投入不均。以2019

---

① 根据《哈尔滨市统计年鉴》整理。
② 根据《中国城市交通研究报告》整理。

年的数据为例,全年一般公共服务总支出为3009978万元;分级次看,省级、地级和县级占比分别为10.14%、47.25%和42.61%;分地区看,哈尔滨、齐齐哈尔、绥化、牡丹江等城市占比较高,而大兴安岭、鹤岗、伊春、七台河等地区占比较低,其中哈尔滨最高,高达20.86%,大兴安岭最低,仅2.81%。

另外,农村转移人口没有和原城市人口享受同等的公共服务,存在被区别对待的现象。城镇化公共服务的财政投入不均主要体现在教育、社保、医疗等方面:在教育方面,农村转移人口随迁子女如果想到转入城镇来学习则需要缴纳借读费才能入学学习;在社会保障方面,农村转移人口大多数都没有参加社会保险,其打工单位也不会主动缴纳各项保险;在医疗方面,转移人口大多没有被纳入城镇医疗体系,自己也没有意识和条件缴纳。农村转移人口享受不到同等的公共服务,甚至被边缘化,这与新型城镇化的初衷不符,不利于新型城镇化的快速发展。

二、新型城镇化预算支出结构不合理

(一)城镇化的规模与质量投入不平衡

黑龙江省各级政府在推进新型城镇化进程中更加注重城镇化的数量以及城镇化的规模,但往往会忽视城镇化的质量,这使得很多地方都出现盲目造城的现象,违法征用耕地,影响农民的利益,无法阻止的投资行为将会带来新型城镇化质量的降低。例如哈尔滨市的华南城,建筑面积1200万平方米,投资规模高达200亿元,是目前黑龙江省引进的最大外来投资项目,相当于在哈尔滨市东部地区诞生一座新的中小规模城市。但是,由于建设的地理位置过于偏远,产业项目支撑难以跟进,如今却成了哈尔滨这座城市的包袱。这种盲目的造城运动带来严重后果,对于目前市值129亿元港币的华南城,如何解决转型问题是归还老百姓利益、解决银行经营风险等的关键所在。

没有产业支撑的造城运动,就相当于"死城""鬼城"或"空城"。地方政府在建造新城时往往很重视速度,大规模的新建筑拔地而起,在建造之前不重视合理布局和规划，公共基础设施不完善，没有给百姓提供便利、舒适的生活环境，百姓可能会迁往其他地方居住，新城变成了空城，这是对土地资源、财政资源等极大的浪费。造城运动只是盲目增加了城市的数量，但只有城市的空壳，没有完善的公共基础设施和公共服务，就会导致新城出现一系列的问题和矛盾。

（二）土地产业与其他产业投入不平衡

在推进新型城镇化的过程中最大的难题就是缺乏资金，这主要是由于地方税种不完善、中央财政转移支付不足、吸收社会资本方式单一。缺乏资金就会影响新型城镇化的建设，为了不影响建设的进度，黑龙江省政府只能选择土地这种在短时间内就能获取大量资金的资源，这就造成了征地、盲目开发、销售土地的怪圈，损害了失地农民的合法权益。"土地财政"在黑龙江省尤为明显，地方政府融资平台很不完善。"土地财政"对于政府来说似乎是个良性循环，一方面，政府出让土地，获得土地出让金、国有土地收益基金等非税收入；另一方面，房地产企业为主获得土地搞房地产开发，又可增加房地产税、建筑业方面的各项税金、土地增值税、印花税等税收收入。因此，从收入来源角度分析，土地财政主要包含两大类：一是土地出让金、土地租金、有偿使用费等与土地相关的非税收入；二是建筑业和房地产营业税（2016 年 5 月后为增值税）、土地增值税、耕地占用税等与土地相关的税收收入。以黑龙江省 2019 年数据为例，如表 4-13 所示。

表 4-13　　2019 年黑龙江省"土地财政"部分创收及占比状况

项目	预算数（万元）	决算数（万元）	完成比重（％）	同比增长（％）	决算数占比（％）
一般公共预算收入	13630038	12627563	92.6	-1.5	100
国有土地使用权出让收入	2470052	2869604	116.2	22	22.72
国有土地收益基金收入	34163	53193	155.7	-61.5	0.42
农业土地开发资金收入	8696	8980	103.3	-35.3	0.07
土地增值税	857852	669295	78	-71.7	5.3
耕地占用税	149731	229602	153.3	358	1.82

资料来源：根据《2019 年黑龙江省全省和省本级财政决算》计算。

从表4-13可知，黑龙江省"土地财政"创造的部分收入中，国有土地使用权出让金收入占比最高，2019年占整个财政收入决算数的22.72%，另外其占税收收入总额的31.04%，占非税收入的84.81%，是黑龙江省非常重要的收入来源。在税收收入中，土地增值税占财政收入决算数的5.3%，是黑龙江省地方重要的税种之一，表中列举的土地财政收入占整个财政收入的30.34%，比重可谓巨大。因此，出让国有土地使用权是这个循环的源头，要维持这一循环必须不断征收农民的集体土地用于出让。"土地财政"是一种土地的征占与扩张机制，虽然从局部和短期来看可以增加就业岗位，且在一定程度上缓解地方政府债务危机和提升公共服务能力，但是从全局和长远来看，"土地财政"不仅不利于土地资源的可持续发展，而且会加大地方政府宏观经济总体运行风险的可能。政府对土地的热衷使开发商积极对房地产进行投资，导致土地价格虚高，土地价格的增高又使得房地产价格上涨，其他成本都随之增加，形成了恶性循环，并且过多地重视房地产开发使得政府忽视了其他产业发展的关注，影响了这些产业的发展。

（三）经济发展与生态环境治理不平衡

一般官员晋升都要对其进行政绩考核，而在政绩考核中最重要的一项就是经济发展指标，所以地方官员会特别注重自己政绩，注重当地的经济发展情况。在对黑龙江省城镇化考核时发现各地市的造城活动都十分火热，但过于重视新城镇的数量以及规模，不重视其配套设施的建设，结果造出很多空城，全国各地这样的情况很多。地方政府为了追求经济目标不惜以破坏环境、破坏生态为代价，使黑龙江省的城镇化发展走上了以牺牲环境为代价的不归路。例如2003~2010年，黑龙江农垦绥棱农场以虚报冒领骗取退耕还林中央财政下拨补助款高达700万~1000万元，据绥棱农场留存报表可知，绥棱农场向绥化分局和黑龙江省农垦总局上报的退耕还林、荒山造林面积高达5600~8000亩，按照每年每亩国家标准160元的退耕还林补助款，贪污数额实属巨大，补助款被截留下来，损失的是那些退耕还林的承包者①。以国外的经验为参考，如果想防治环境污染，就要下大力气对其进行污染治理，而治理的费用很高昂，大概占国内生产总值的1%~1.5%，所以政府一定要严格把好环保关。

三、新型城镇化转移支付制度不规范

（一）转移支付政策与城镇化建设背离

目前我国现行的财政转移支付制度是根据行政层级来转移财政拨款的，基本是中央政府对各省进行财政资金转移，但对省级以下的政府财政转移并不健全，这种方式对大型城市的发展十分有利，但对于小城镇来说却不是利好。与2012年相比，2017年中央财政对黑龙江省转移支付规模增长51.3%。财政部下达2019年民族地区转移支付合计7708800万元，分配给黑龙江省20384万元，仅占0.26%，除了浙江省（5188万元）和广东省（15561万元）外，所占份额最少②。黑龙江省受上述政策的影响，再加上省级财政转移支付也不到位，才使得大城市得到的资源更多、发展更好、机会更多，拉大了城乡差距，强化了二元经济发展。2017年在黑龙江省本级一般公共预算收入中，包含转移支付补助、调入资金等总计4534亿元；在省本级一般公共预算支出中，包含转移支付、调出资金等合计4261.5亿元。2018年黑龙江省级预算草案中，中央转移支付收入2056.9亿元，省本级对市县转移支付支出1724亿元。由《黑龙江省财政厅2018年部门预算》可知，部门支出、财政拨款支出、一般公共预算支出中的转移性支出均为零③。越来越多的人开始涌入大城市，对大城市的资源、环境都有影响，使大城市增添了许多"城市病"，而小城市的人才越来越少，导致经济发展越来越缓慢，不利于城镇化目标的实现。

---

① 根据绥棱农场《关于退耕还林间种果树的决定》《绥棱农场关于退耕还林、荒山荒地造林检查验收情况的通报》和2004年9月16日绥棱农场林业科向绥棱农场上报的《退耕还林验收报告》等资料整理。
② 根据财政部《关于提前下达2019年中央对地方民族地区转移支付的通知》整理。
③ 根据黑龙江省财政厅网站数据整理。

(二) 城镇化一般性转移支付规模过小

黑龙江省对省内各级政府财政支付力度不平衡，当然这与各地区经济发展情况不同，省政府对各地的支持是有战略性的安排，但在进行财政转移支付时应尽可能加大规模，保持平衡。2017年为完善黑龙江省转移支付制度，省级下达一般性转移支付1303.7亿元，同比仅增长7.41%，远远低于发达省份增速，为增强市县保障基本公共服务能力，不断完善临时救助机制，仅安排49.4亿元用于29个县（市）临时救助资金。在省级财政转移支付的过程中，对城镇化建设的财政转移支付占比较低，这不利于新型城镇化的推进，影响其发展。新型城镇化建设需要大量资金投入，完善公共基础设施建设、提供或购买公共服务都需要大量的资金才能实现，但从目前的情况来看，省级财政转移支付较少，不能完全满足城镇化发展需求，对新型城镇化建设没有起到积极的促进作用，所以黑龙江省政府应注意这一问题，适当提高转移支付比例。在2018年黑龙江省级预算草案中，中央转移支付收入2056.9亿元，其中一般性转移支付1526.6亿元，市县上解收入116.6亿元；省本级对市县转移支付支出1724亿元，其中一般性转移支付1288.2亿元。

(三) 城镇化专项性转移支付比重过大

财政专项转移支付是指上级政府为了能够实现某些行政目标，对下级政府进行财政拨款并要求其完成这一行政目标，下级政府在使用这笔财政资金时需严格按照上级政府的安排，不能挪作他用。目前黑龙江省专项性转移支付比重较高，对其他一般性的专业支付有一定的影响，尤其是在财政资金不充足的情况下。例如，为践行绿色发展理念，践行"绿水青山就是金山银山，冰天雪地也是金山银山"理念，打造美丽龙江等系列项目建设。2020年全省一般公共预算收入1152.5亿元，下降8.7%，主要是受新冠肺炎疫情冲击、落实减税降费政策以及原油量价下跌等因素影响减收；一般公共预算支出5449.4亿元，增长8.7%，主要是国家加大对黑龙江省特殊转移支付等直达资金支持力度增支。在2021年黑龙江省级预算草案中，省本级一般公共预算收入预计259.4亿元，增长6%。按照现行财政体制，省本级一般公共预算收入加中央税收返还收入 118.6 亿元，中央转移支付收入 2581.4 亿元（一般性转移支付 2538.4 亿元，专项转移支付 43 亿元），市县上解收入 81.7 亿元，动用预算稳定调节基金 102.1 亿元，省本级一般公共预算收入总计 3143.2 亿元。① 专项性转移支付会存在上级政府与下级政府信息不对称、监管困难、下级政府多头申请等弊端，从而造成财政资源浪费。一般来说专项转移支付多数用在公共基础设施建设或公共服务上，但是上级政府可能不了解下级政府对本地的城镇化发展规划，使得专项转移支付并未完全发挥其功能。

四、新型城镇化税收激励政策不显著

（一）城镇化的税收激励政策体系缺失

目前，黑龙江省已初步形成了以特大城市为焦点、大城市为中心、中等城市为骨干、小县镇为基础、农垦森工为特色的多层次的新型城镇化体系。2019 年，黑龙江省的城镇人口为 2284.5 万人，城镇化率高达 60.9%。但是在这比较高的城镇化水平中，没有专门为促进城镇化发展而设计的税收激励政策，更谈不上一整套和城镇化进程相匹配的税收体系，这些都限制了城镇化的发展。从目前来看，黑龙江省对城镇化有积极影响的税收政策只是一些零散的文件，没有形成完整的体系，这说明政府对其重视度不高，不利于加速城镇化进程。以农产品初级加工企业为例，国家对农业初级产品征收 9%（或 10%）的增值税扣除率会增加按 13% 缴纳增值税的一般纳税人企业的负担，所以只有对初级农产品增值税的扣除率增高才能够缓解企业的纳税负担，增加企业的利润。

（二）城镇化发展的分税制改革不完善

现在所施行的分税制管理体制不是十分健全和完善，地方的地方税管

---

① 根据黑龙江省财政厅《关于黑龙江省 2020 年预算执行情况和 2021 年预算草案的报告》整理。

理权有限,主要都集中在中央政府,这种管理方式不利于地方政府按照本地区实际情况和发展需要来进行发展。地方的行政权力和财权不匹配,在城镇化进程中所需资金都需由黑龙江省自己筹备,但由于黑龙江省财力较弱,地方税制并不完善,尤其是自2016年5月1日开始全面施行"营改增"后,地方税收收入大幅度减少,导致政府财力更弱。现在,财产税还不成熟,税收规模较小,与实际经济发展情况不相符。而可以直接用于城建的税收仅有一个城市维护建设税,由于规模较小并不能满足城市建设的需要,所以地方财政无力支持城镇化发展建设(蔡德发等,2013)。

(三) 城镇化农业产业化税收负担偏重

从目前来看,现行的分税制对农业发展和农民创收不利,我国现在采取的是"基数加增长"的方式来对地方政府进行财政划分,这种方式不利于像黑龙江省这样财力增长较慢、农民人口数量多、农业产业化发展较不理想的地区,最需要财政支持的地方却得不到充足的资金,对农业产业化势必会造成很大的影响。根据增值税的税法规定,对农民自产自销的初级农产品不征税,但农民在购买生产资料时却要负担增值税,而且农民在购买商品时还要承担流转税,所以,尽管取消了农业税,但农民还是要承担多种税赋,农民的收入本来就低,如果再承担过多的税赋则会影响他们的生产积极性进而影响农业生产。有数据表明,黑龙江省农民在10年间所缴纳的增值税进项税就增长了近1.5倍,税制改革没有对农业资金外流产生影响,阻碍了农业产业化的进程。

总之,黑龙江省比较贫瘠的财政收入、诸多方面的财政支出、不合理的财政支出结构、不规范的转移支付制度以及不显著的税收激励政策使得较少的财政收入面临巨大的财政支出局面。纵观1980~2019年黑龙江省财政收入与财政支出数据,前者与后者之间的差距越来越大,财政支出占财政收入的比重由1980年的1.51倍增加到了2019年的3.97倍。新型城镇化建设所筹集的财政资金远远超过财政支出的规模,使得黑龙江省小城镇背负起了财政赤字债务压力,这种恶性的财政收支循环,必将带来新型城镇化发展的财政风险问题。

第四节　黑龙江省新型城镇化财税
　　　　激励政策问题的成因

一、财税激励政策的分配不均衡

从某种意义上看，财税政策也属于公共资源。现如今黑龙江省公共资源分配已经越来越不均衡，省会城市哈尔滨比其他城市资源分配多，城市比乡村资源分配多，这不仅造成了城乡矛盾，增加了人们不满的情绪，还浪费了社会资源，所以这种公共资源配置不均的现象一定要得到治理，不能听之任之。公共资源配置应该向不同地区、不同阶层的百姓去分配，不能把资源集中在少数人手中，这样才能体现社会公平，促进不同地区社会经济协调发展。省政府要对公共资源进行合理配置，尤其是在经济发展不均衡的地区，政府需把资源向经济不发达的地区倾斜，加大投入力度，这样才能加快城乡一体化进程。公共资源的合理配置还有利于引导人口流动，解决人们只向大城市流动带来的问题，有利于促进经济可持续发展。

二、财税激励政策的运行不通畅

财税政策在执行中需要每个部门、每个岗位之间通力合作，保证财政政策被顺利执行，但实际情况却不尽如人意，在政策执行时往往以本部门利益为主，部门间的沟通和配合也不顺畅，导致工作效率低下，出现问题互相推诿的现象，严重影响了财税政策的顺利实施。为了避免这种懒政行为的发生，黑龙江省各级政府在执行财税政策时应该明确权责，确立不同政策的执行部门和主体，实施问责机制，一旦出现问题能第一时间找到负责人员，保证财税政策的有效、有序执行。

黑龙江省地处我国边疆，经济发展有些落后，政府工作人员的工作作风也急需转变，不能因工作态度问题影响财税政策的施行，有好的政策还要有好的执行力，这样才能确保黑龙江省新型城镇化财税政策的有效实施，取得政策预期效果，促进黑龙江省新型城镇化顺利发展。

三、财税激励政策的执行不严谨

黑龙江省在执行财税政策时存在一些问题，例如政策的执行主体存在认知不足、沟通不到位、懒政行为等，都对政策的执行产生了消极作用。有时相关部门在执行政策时会因为部门以及个人的利益在政策执行上大打折扣，或者是有选择地执行，这些不当行为都导致政策不能被完整执行，正是由于某些政府工作人员职业道德低，才影响了财税政策的有效执行。所以，如果政策执行者因为某种原因或某些利益时，就会利用手中的权力对政策进行变通，调整执行力度，这样就会形成政策执行偏差，影响政策的效果。

财税激励政策的执行力十分重要，如果政策在执行时偏差较大，那么再好的政策也会在效果上大打折扣，所以，为了能使财税政策得到有效执行，一定要选择适合的政策执行手段。选择哪种政策执行手段要看执行主体是哪里，但无论是哪个执行主体都不能仅靠行政命令，强制执行并不能收到良好的效果。黑龙江省政府应该加强对执政主体的政治教育、法制教育及专业培训，让他们在加强专业能力的同时提高对国家公务工作的认识。如果政策执行主体法制观念不强，在政策执行时仅仅会使用行政手段而忽略法律手段，就会引起有法不依、执法不严的现象，无法体现我国法治社会的文明。执行主体在执行政策时几乎不会考虑政策执行的成本问题，往往会出现政策执行的效果不理想但执行政策成本却很高，浪费了财税资源和社会资源。

四、财税激励政策的监督不到位

黑龙江省的行政立法监督工作有一定的成效，但也还存在一系列的问题。主要存在的问题如下：一是财税政策监督主体职权范围不清，使得监督工作执行受限，没有独立的监督权，所以监管工作开展受到一定的影响，出现监管不力的现象；二是只重视自上而下的监督而忽略了平行以及自下而上的监督体系，使得财税政策监督管理不全面、不透明，没有发挥其应有的作用；三是不重视监督财税决策的合理性，一般只是对违法违规行为比较敏感，但对于出台的政策是否存在失误则不是很关心，没有形成问责机制，这就使得政策出台存在一定的隐患。从以上几点均可看出，黑龙江省的财税政策监督机制还有待完善。

财税政策监督不力还要从立法、司法、行政这几个方面来分析。黑龙江省的地方立法权是由各级人民代表大会行使的，人大代表是各个领域的精英和代表，他们虽然有当选人大代表的资格，但并不代表他们有专业的法律知识，而立法工作恰恰需要对法律精通的人来完成。尽管黑龙江省也会成立一些专家组，但对于财税政策这类专业性比较强的政策并不能做到实时监督，所以行政立法监督作用并未完全起到作用。再加上某些司法行政人员为了个人利益对其他机关单位或个人的腐败行为进行包庇，使得政策在执行上难上加难，没达到政策预期效果。因此想要财税政策得到良好的效果就要对政策的出台和执行进行有效的监督。

第五节　本章小结

本章是对黑龙江省新型城镇化发展财税激励政策的现状分析。主要包括黑龙江省财政支持新型城镇化发展的基本状况、黑龙江省新型城镇化发展现行的财税激励政策、黑龙江省新型城镇化财税激励政策存在的问题和黑龙江省新型城镇化财税激励政策问题的成因。具体包括以下方面。

第一，分析和阐述黑龙江省财政支持新型城镇化发展的基本状况。新型城镇化发展的财政收入状况包括地方财政收入总体状况、各级地方财政收入状况和分地区财政收入状况；新型城镇化发展的财政投入状况包括地方财政投入总体状况、各级地方财政支出状况和分地区财政支出状况。

第二，整理与归并黑龙江省新型城镇化发展现行的财税激励政策。分别从加快农村人口市民化、全面提升大城市功能、加快培育中小城镇化、辐射带动新农村建设、新型城镇化专项补贴和城镇化重点产业发展的财税政策等多个方面整理和归纳国家层面与地方区域层面的新型城镇化财税激励政策。

第三,分析和揭示黑龙江省新型城镇化财税激励政策存在的问题。新型城镇化发展的财政投入不足,包括财力增幅不能满足城镇建设需要、城镇化的基础设施建设投入不足和城镇化公共服务的财政投入不均;新型城镇化预算支出结构不合理,包括城镇化的规模与质量投入不平衡、土地产业与其他产业投入不平衡和经济发展与生态环境治理不平衡;新型城镇化转移支付制度不规范,包括转移支付政策与城镇化建设背离、城镇化一般性转移支付规模过小和城镇化专项性转移支付比重过大;新型城镇化税收激励政策不显著,包括城镇化的税收激励政策体系缺失、城镇化发展的分税制改革不完善和城镇化农业产业化税收负担偏重等。

第四,分析和挖掘黑龙江省新型城镇化财税激励政策问题的成因。主要成因在于财税激励政策的分配不均衡、运行不通畅、执行不严谨和监督不到位等。

第五章

黑龙江省新型城镇化发展财政激励政策的实证分析

第一节　黑龙江省新型城镇化与财政相关变量实证分析

一、变量选取与模型设定

（一）数据和变量的选取

衡量城镇化发展的最主要指标是城镇化率，而新型城镇化的发展还受到经济发展水平、产业结构调整、资源环境改善等诸多因素的影响，而财政政策的最主要工具是财政收入和财政支出。鉴于数据的可获得性和有价值性，本书以黑龙江省城镇化率来量化城镇化发展水平，以地区生产总值来量化经济发展水平，以第三产业占比来量化产业结构优化水平，以黑龙江省公共财政收入和公共财政支出来量化财政政策效果。原始数据来源于1978~2019年黑龙江省统计年鉴数据，为模型计算简便，用 UR 代表黑龙江省城镇化率，GDP 代表地区生产总值，PTI 代表第三产业占 GDP 比重，PFI 代表公共财政收入，PFE 代表公共财政支出，由于原始数据可能存在异方差问题，对各项原始数据取自然对数，不仅在一定程度上可以消除此问题，还能够增加模型变量的弹性，使结果更加科学精准。相关原始数据及取对数后的变量值如表5-1所示。

表5-1　　1978~2019年黑龙江省城镇化率、地区生产总值、
　　　　　　公共财政收支等情况

年份	UR（%）	GDP（亿元）	PTI（%）	PFI（亿元）	PFE（亿元）	ln UR	ln GDP	ln PTI	ln PFI	ln PFE
1978	35.9	169.2	13.7	63.3	31.5	3.5807	5.1311	2.6174	4.1479	3.4500
1979	37.3	180.8	13.4	54.1	28.3	3.6190	5.1974	2.5953	3.9908	3.3429
1980	38.5	212.5	13.4	17.1	25.8	3.6507	5.3589	2.5953	2.8391	3.2504
1981	39.4	218.3	14.1	15.6	25.9	3.6738	5.3859	2.6462	2.7473	3.2542
1982	39.9	236.2	15.0	17.3	28.0	3.6864	5.4647	2.7081	2.8507	3.3322
1983	41.0	263.1	14.6	21.6	30.7	3.7136	5.5725	2.6810	3.0727	3.4243
1984	42.0	300.3	15.1	26.7	36.1	3.7377	5.7048	2.7147	3.2847	3.5863
1985	42.9	331.5	17.2	37.4	44.6	3.7589	5.8036	2.8449	3.6217	3.7977
1986	43.9	371.1	19.3	47.4	61.3	3.7819	5.9165	2.9601	3.8586	4.1158
1987	44.9	422.9	19.0	53.8	66.0	3.8044	6.0471	2.9444	3.9853	4.1897
1988	45.9	499.0	23.7	62.6	74.1	3.8265	6.2126	3.1655	4.1368	4.3054
1989	46.9	569.6	24.6	72.3	85.4	3.8480	6.3449	3.2027	4.2808	4.4473
1990	48.0	654.0	23.5	76.6	92.7	3.8712	6.4831	3.1570	4.3386	4.5294
1991	49.0	734.5	27.0	94.7	110.1	3.8918	6.5992	3.2958	4.5507	4.7014
1992	50.1	857.4	26.6	84.6	102.5	3.9140	6.7539	3.2809	4.4379	4.6299
1993	51.3	1075.3	24.9	108.1	124.9	3.9377	6.9804	3.2149	4.6831	4.8275
1994	52.4	1448.1	23.9	84.7	142.4	3.9589	7.2780	3.1739	4.4391	4.9586
1995	53.7	1790.2	24.3	101.3	174.6	3.9834	7.4901	3.1905	4.6181	5.1625
1996	53.8	2137.6	23.3	126.9	208.9	3.9853	7.6674	3.1485	4.8434	5.3419
1997	53.9	2397.6	24.6	150.6	233.6	3.9871	7.7822	3.2027	5.0146	5.4536
1998	54.0	2470.2	26.5	179.3	280.8	3.9890	7.8121	3.2771	5.1891	5.6376
1999	54.2	2536.9	27.6	170.1	339.0	3.9927	7.8387	3.3178	5.1364	5.8260
2000	51.9	2855.5	29.6	185.3	381.9	3.9493	7.9570	3.3878	5.2220	5.9452
2001	52.4	3043.4	31.3	213.6	478.3	3.9589	8.0207	3.4436	5.3641	6.1702
2002	52.6	3242.7	32.4	231.9	531.5	3.9627	8.0842	3.4782	5.4463	6.2765
2003	52.6	3609.7	32.1	248.9	564.9	3.9627	8.1914	3.4689	5.5171	6.3366
2004	52.8	4134.7	31.0	289.4	697.6	3.9665	8.3272	3.4340	5.6678	6.5476
2005	53.1	4756.4	30.0	318.2	787.8	3.9722	8.4672	3.4012	5.7627	6.6692
2006	53.5	5329.8	30.0	386.6	968.5	3.9797	8.5811	3.4012	5.9574	6.8757
2007	53.9	6126.3	30.2	440.2	1187.3	3.9871	8.7203	3.4078	6.0872	7.0794

续表

年份	UR (%)	GDP (亿元)	PTI (%)	PFI (亿元)	PFE (亿元)	ln UR	ln GDP	ln PTI	ln PFI	ln PFE
2008	55.4	7134.2	29.7	578.4	1542.3	4.0146	8.8727	3.3911	6.3603	7.3410
2009	55.5	7218.9	33.4	641.6	1877.7	4.0164	8.8845	3.5086	6.4640	7.5378
2010	55.7	8308.3	34.6	755.6	2253.3	4.0200	9.0250	3.5439	6.6275	7.7202
2011	56.5	9935.0	33.4	997.5	2794.1	4.0342	9.2038	3.5086	6.9053	7.9353
2012	56.9	11015.8	34.5	1163.2	3171.5	4.0413	9.3071	3.5410	7.0589	8.0620
2013	57.4	11849.1	34.7	1277.4	3369.2	4.0500	9.3800	3.5467	7.1526	8.1224
2014	58.0	12170.8	37.9	1301.3	3434.2	4.0604	9.4068	3.6350	7.1711	8.1415
2015	58.8	11690.0	43.2	1165.9	4020.7	4.0741	9.3665	3.7658	7.0612	8.2992
2016	59.2	11895.0	45.9	1148.4	4227.3	4.0809	9.3839	3.8265	7.0461	8.3493
2017	59.4	12313.0	47.3	1243.3	4641.1	4.0843	9.4184	3.8565	7.1255	8.4427
2018	60.1	12846.5	49.1	1282.6	4676.8	4.0960	9.4608	3.8939	7.1566	8.4504
2019	60.9	13612.7	50.0	1262.8	5011.6	4.1092	9.5188	3.9120	7.1411	8.5195

资料来源：根据《黑龙江统计年鉴（2020）》计算整理。

（二）模型设定

向量自回归（Vector Auto-regressive，VAR）模型最早由克里斯托弗·西姆斯（1980）提出。VAR模型以时间序列的统计特征为出发点，使用最少的经济理论假设，分析经济系统的冲击响应，准确反应经济系统的动态特性和冲击传导机制，科学进行动态模拟和政策分析。设 Y_t 为列向量、β_i 为待估参数矩阵、ε_t 为随机扰动项，p 为变量滞后期阶数，所以可称其为一个 VAR（p）模型。除同期变量外，变量与模型右边的变量和自身滞后值不发生相关关系，基于本书对城镇化发展与财政政策的实证分析，建立如下 VAR 模型及参数矩阵：

$$Y_t = \alpha + \sum_{i}^{p} \beta_i Y_{t-i} + \varepsilon_t \tag{5.1}$$

其中，$Y_t = \begin{pmatrix} \ln UR_t \\ \ln GDP_t \\ \ln PTI_t \\ \ln PFI_t \\ \ln PFE_t \end{pmatrix}$，$\alpha = \begin{pmatrix} \alpha_1 \\ \alpha_2 \\ \alpha_3 \\ \alpha_4 \\ \alpha_5 \end{pmatrix}$，$\beta_j = \begin{pmatrix} \beta_{1p} \\ \beta_{2p} \\ \beta_{3p} \\ \beta_{4p} \\ \beta_{5p} \end{pmatrix}$，$\varepsilon_t = \begin{pmatrix} \varepsilon_{1t} \\ \varepsilon_{2t} \\ \varepsilon_{3t} \\ \varepsilon_{4t} \\ \varepsilon_{5t} \end{pmatrix}$。

二、VAR 模型的实证分析

(一) 变量的平稳性检验和协整检验

对于时间序列数据而言，必须保证所有变量平稳和单整阶数相同，否则无法进行协整检验，而且可能出现"虚假回归"问题。运用 EViews 8.0 软件的单位根检验，当 p 值小于 0.05（或者 0.1），或者 ADF 统计值小于 1%、5%、10% 水平下的临界值，说明变量平稳，否则为非平稳。如零阶差分检验不平稳，可使用一阶差分，如若再不平稳，使用二阶差分，以此类推，直到检验平稳。本书以 $\ln UR$、$\ln GDP$、$\ln PTI$、$\ln PFI$ 和 $\ln PFE$ 代表相应变量的对数值，各变量的平稳性检验结果如表 5 - 2 所示，可知三个变量均在二阶差分下平稳，为二阶单整。变量通过平稳性检验后，对其进行 Johansen 协整检验，当 p 值小于 0.05（或者 0.1），或者残差单位根检验平稳时，说明变量之间存在着长期的协整关系。如表 5 - 2 所示，经过 ADF 检验，残差在二阶差分下平稳，同时变量通过了 Johansen 协整检验，结果均表明以上五个变量存在长期协整关系，其数学表达式为：

$$E_1 = \ln UR + 0.282156 \ln GDP - 0.99898 \ln PTI - 1.383688 \ln PFI + 1.08823 \ln PFE \tag{5.2}$$

表 5 - 2　　　　　　　　变量的平稳性检验结果

变量	ADF 统计值	p 值	1% 临界值	5% 临界值	10% 临界值	结论
$\ln UR$	-0.552087	0.8682	-3.621023	-2.943427	-2.610263	非平稳
$\Delta \ln UR$	-2.862771	0.0587	-3.621023	-2.943427	-2.610263	非平稳
$\Delta^2 \ln UR$	-11.52232	0	-3.626784	-2.945842	-2.611531	平稳
$\ln GDP$	-1.483675	0.5306	-3.621023	-2.943427	-2.610263	非平稳
$\Delta \ln GDP$	-2.996811	0.0576	-3.621023	-2.943427	-2.610263	非平稳
$\Delta^2 \ln GDP$	-7.673248	0	-3.626784	-2.945842	-2.611531	平稳
$\ln PTI$	-0.756300	0.8199	-3.615588	-2.941145	-2.609066	非平稳
$\Delta \ln PTI$	-6.742912	0.0512	-3.621023	-2.943427	-2.610263	非平稳
$\Delta^2 \ln PTI$	-10.47396	0	-3.632900	-2.948404	-2.612874	平稳
$\ln PFI$	-0.120284	0.9397	-3.621023	-2.943427	-2.610263	非平稳

续表

变量	ADF 统计值	p 值	1%临界值	5%临界值	10%临界值	结论
ΔlnPFI	-2.865685	0.0592	-3.621023	-2.943427	-2.610263	非平稳
Δ2lnPFI	-6.478187	0	-3.632900	-2.948404	-2.612874	平稳
lnPFE	-0.601054	0.9879	-3.621023	-2.943427	-2.610263	非平稳
ΔlnPFE	-2.765012	0.0732	-3.621023	-2.943427	-2.610263	非平稳
Δ2lnPFE	-6.031270	0	-3.626784	-2.945842	-2.611531	平稳
Δ2resid	-7.497514	0	-3.670170	-2.963973	-2.621007	平稳

注：1. Δ 为差分算子。
2. 统计值大于临界值证明含有单位根。

（二）VAR 模型的确立

在黑龙江省城镇化发展与财政政策的关系中，由于不仅当期的经济发展水平、第三产业占比、公共财政收入和公共财政支出对城镇化率有影响，变量自身的滞后值也有影响，因此需要确定变量的滞后值。一般情况下应参考 AIC 与 SC 最优值选取变量滞后值，但是如果两者最优值不在同一滞后阶时，以 LR 最优值为准。本书 VAR 模型滞后阶数的确立结果如表 5-3 所示，可知变量滞后期确定为 3 阶，为此建立 VAR（3）模型，其回归结果如表 5-4 所示。

表 5-3　　　　　　　　VAR 模型滞后阶数的确定

滞后阶数	LogL	LR	FPE	AIC	SC	HQ
0	118.394	NA	1.26E-09	-6.29949	-6.079552	-6.2227
1	381.69	438.8324	2.29E-15	-19.5383	-18.21874*	-19.078
2	411.358	41.20591	1.92E-15	-19.7977	-17.37842	-18.953
3	450.978	43.99933*	1.08E-15*	-20.60881*	-17.08979	-19.38061*

注：*代表相应指标最优值。

表 5-4　　　　　　　　VAR 模型回归结果

变量	lnUR	lnPTI	lnPFI	lnPFE	lnGDP
lnUR（-1）	0.465976 -0.22196 [2.09941]	3.68258 -2.2614 [1.62846]	0.081483 -1.16525 [0.06993]	-0.42 -1.014 [-0.41441]	0.765492 -1.64653 [0.46491]

续表

变量	lnUR	lnPTI	lnPFI	lnPFE	lnGDP
lnUR (-2)	0.390651 -0.20884 [1.87059]	-0.8612 -2.1277 [-0.40475]	-0.732626 -1.09638 [-0.66822]	-0.01 -0.954 [-0.01097]	-1.406408 -1.54922 [-0.90782]
lnUR (-3)	0.266945 -0.19366 [1.37839]	-3.1394 -1.9732 [-1.59104]	2.465005 -1.01672 [2.42446]	1.4862 -0.884 [1.68025]	1.342554 -1.43666 [0.93450]
lnPTI (-1)	-0.061604 -0.02244 [-2.74484]	0.69458 -0.2287 [3.03752]	-0.370318 -0.11783 [-3.14290]	-0.237 -0.103 [-2.31176]	-0.130772 -0.16649 [-0.78545]
lnPTI (-2)	-0.065195 -0.02724 [-2.39312]	0.23396 -0.2776 [0.84291]	-0.224526 -0.14302 [-1.56988]	-0.071 -0.124 [-0.57083]	0.130167 -0.20209 [0.64410]
lnPTI (-3)	-0.047369 -0.02902 [-1.63256]	0.71777 -0.2956 [2.42801]	-0.157788 -0.15233 [-1.03585]	-0.13 -0.133 [-0.98196]	0.041738 -0.21524 [0.19391]
lnPFI (-1)	-0.070438 -0.05654 [-1.24580]	0.33845 -0.5761 [0.58751]	0.594444 -0.29683 [2.00262]	0.3081 -0.258 [1.19327]	0.141738 -0.41943 [0.33793]
lnPFI (-2)	-0.105036 -0.05639 [-1.86262]	0.59408 -0.5745 [1.03401]	-0.969234 -0.29605 [-3.27387]	-0.597 -0.258 [-2.31630]	-0.566666 -0.41833 [-1.35459]
lnPFI (-3)	-0.024062 -0.04644 [-0.51815]	0.54705 -0.4731 [1.15622]	0.638032 -0.2438 [2.61708]	0.3894 -0.212 [1.83607]	0.508307 -0.34449 [1.47554]
lnPFE (-1)	0.062978 -0.0556 [1.13268]	-0.7945 -0.5665 [-1.40244]	0.552988 -0.2919 [1.89445]	1.1084 -0.254 [4.36499]	0.059226 -0.41246 [0.14359]
lnPFE (-2)	0.070568 -0.05304 [1.33052]	0.44953 -0.5404 [0.83188]	-0.118464 -0.27845 [-0.42545]	-0.664 -0.242 [-2.73950]	0.076176 -0.39345 [0.19361]
lnPFE (-3)	0.014639 -0.04287 [0.34143]	-0.964 -0.4368 [-2.20685]	-0.140407 -0.22509 [-0.62378]	0.1072 -0.196 [0.54761]	-0.335951 -0.31806 [-1.05626]

续表

变量	ln*UR*	ln*PTI*	ln*PFI*	ln*PFE*	ln*GDP*
ln*GDP*(-1)	-0.032359 -0.03251 [-0.99550]	-0.5047 -0.3312 [-1.52381]	0.396277 -0.17065 [2.32217]	0.1352 -0.148 [0.91066]	1.261157 -0.24113 [5.23015]
ln*GDP*(-2)	0.070286 -0.04878 [1.44087]	0.46034 -0.497 [0.92624]	-0.227262 -0.25609 [-0.88741]	-0.084 -0.223 [-0.37562]	-0.191277 -0.36187 [-0.52858]
ln*GDP*(-3)	0.020865 -0.03827 [0.54515]	-0.1878 -0.39 [-0.48159]	0.071652 -0.20093 [0.35660]	0.2 -0.175 [1.14718]	-0.117614 -0.28392 [-0.41424]
c	0.234668 -0.09076 [2.58564]	-0.8936 -0.9247 [-0.96639]	-1.341055 -0.47647 [-2.81454]	-0.668 -0.415 [-1.61125]	-1.047682 -0.67327 [-1.55611]

本书以黑龙江省城镇化率为被解释变量,以黑龙江省经济发展水平、第三产业占比、公共财政收入和公共财政支出为解释变量,运用 VAR 模型分析财政政策对黑龙江省城镇化发展的影响程度,可将 VAR 模型写成以下数学表达式:

$$\begin{aligned}\ln UR =\ & 0.465976\ln UR(-1) + 0.390651\ln UR(-2) + 0.266945\ln UR(-3) \\ & - 0.032359\ln GDP(-1) + 0.070286\ln GDP(-2) + 0.020865\ln GDP(-3) \\ & - 0.061604\ln PTI(-1) - 0.065195\ln PTI(-2) - 0.047369\ln PTI(-3) \\ & - 0.070438\ln PFI(-1) - 0.105036\ln PFI(-2) - 0.024062\ln PFI(-3) \\ & + 0.062978\ln PFE(-1) + 0.070568\ln PFE(-2) + 0.014639\ln PFE(-3) \\ & + 0.234668 \end{aligned} \quad (5.3)$$

(三) VAR 模型平稳性检验

VAR 模型平稳性检验结果如表 5-5 和图 5-1 所示,可知 VAR 模型单位根的绝对值均小于 1,全部落在单位圆内,说明 VAR 模型是一个平稳系统,可对其进行一个标准差的脉冲响应函数分析。

表5-5　VAR模型平稳性检验结果

单位根	模数
0.975431	0.975431
0.865471 - 0.170300i	0.882067
0.865471 + 0.170300i	0.882067
0.753261 - 0.263781i	0.798112
0.753261 + 0.263781i	0.798112
0.307135 - 0.473518i	0.564403
0.307135 + 0.473518i	0.564403
-0.345735	0.345735
-0.200526 - 0.247929i	0.318872
-0.200526 + 0.247929i	0.318872

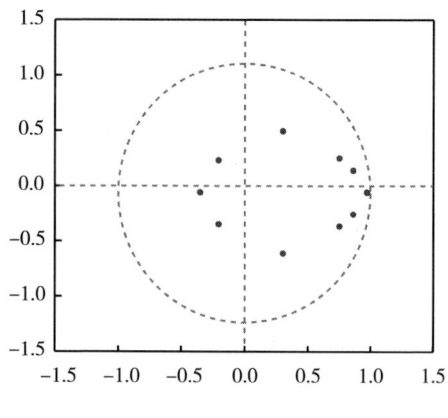

图5-1　VAR模型全部特征根位置

（四）VAR模型脉冲响应分析

在VAR模型中，单个变量的冲击不仅会直接影响变量本身，而且会通过VAR模型的滞后系统传递到其他变量，任一变量随机误差项的冲击对所有内生变量当期及以后各期的影响称为脉冲响应函数。为进一步说明VAR模型中lnUR、lnGDP、lnPTI、lnPFI和lnPFE变量之间的相互作用，分别给五个变量一个标准差大小的冲击，得到各变量对lnUR的脉冲响应如表5-6所示，各变量脉冲响应分析的结果如图5-2所示。

表5-6　　各变量对城镇化率lnUR的脉冲响应

滞后期数（年）	lnUR	lnPTI	lnPFI	lnPFE	lnGDP
1	0.007018	0	0	0	0
2	0.003348	-0.00228	-0.00115	0.000824	-0.00132
3	0.003269	-0.00561	-0.00109	0.004161	0.001068
4	0.003176	-0.01017	0.00038	0.005341	0.00312
5	0.002096	-0.01332	0.000738	0.007414	0.006179
6	0.001576	-0.01599	0.000339	0.009943	0.009427
7	0.001342	-0.01745	0.000948	0.011176	0.011913
8	0.001232	-0.01737	0.001563	0.011308	0.013779
9	0.001516	-0.01655	0.001201	0.011444	0.015144
10	0.001769	-0.01476	0.001003	0.011171	0.015693

(a)各变量对lnUR的脉冲响应

(b)各变量对lnPTI的脉冲响应

(c)各变量对lnPFI的脉冲响应

(d)各变量对lnPFE的脉冲响应

(e)各变量对lnGDP的脉冲响应

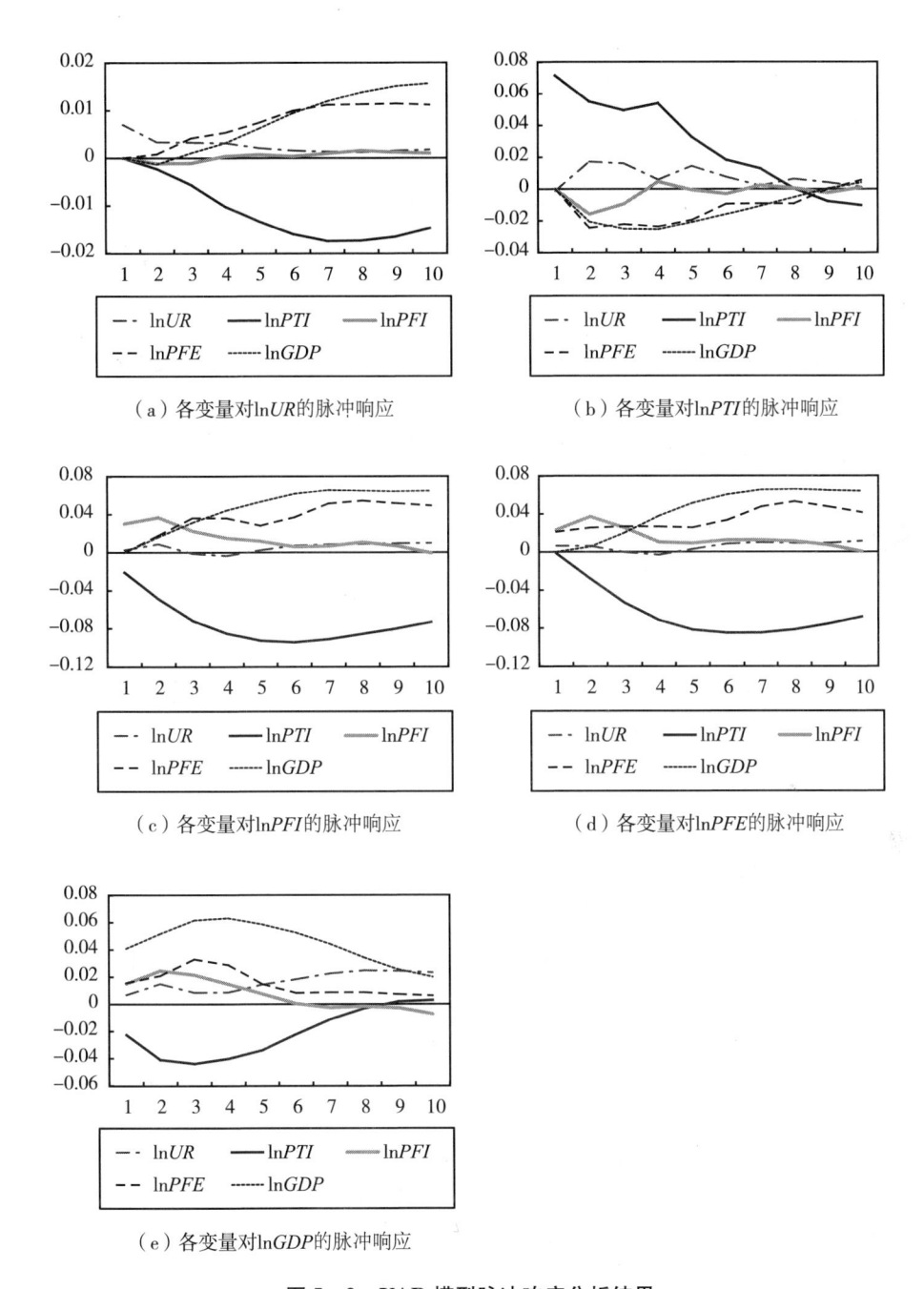

图 5-2　VAR 模型脉冲响应分析结果

注：横轴为滞后期数（年）。

从图 5-2 可知黑龙江省城镇化率、地区生产总值、第三产业占比、公共财政收入和公共财政支出对未来信息的反应，分析结果为：

第一，黑龙江省城镇化率对自身及其他四要素的反应。城镇化率对其自身的反应前 3 期比较剧烈，滞后 3 期后稳步下降，于第 8 期达到 0.001232 的最低值，之后各期反应平稳上升；城镇化率对地区生产总值、公共财政收入和公共财政支出的反应比较相似，从第 2 期才开始显现出来，第 3~6 期反应比较剧烈，之后趋于平稳，可知黑龙江省城镇化率与地区生产总值、公共财政收入和公共财政支出之间存在密切关系，且城镇化率对公共财政支出的反应较大；城镇化率对第三产业占比第 2~6 期的反应比较激烈，到第 7 期达到 -0.01745 的最低值，之后平稳上升。

第二，黑龙江省公共财政收入对自身及其他四要素的反应。公共财政收入对自身的反应前 3 期比较剧烈，之后各期平稳下降；公共财政收入对城镇化率的反应在前 2 期比较剧烈，之后各期平稳上升；公共财政收入对公共财政支出的反应第 1 期无，第 2~4 期迅速上升，第 5~6 期迅速下降，之后比较平稳；公共财政收入对地区生产总值的反应第 1~6 期增长迅速，之后比较平稳；公共财政收入对第三产业占比的反应第 1~6 期下降比较明显，之后稳步上升。

第三，黑龙江省公共财政支出对自身及公共财政收入对的反应。公共财政支出对自身的反应第 1~4 期比较激烈，之后整体平稳；公共财政支出对城镇化率、地区生产总值和第三产业占比的反应均类似于公共财政收入对城镇化率的反应；公共财政支出对公共财政收入的反应在前 2 期比较剧烈，尤其是第 2 期迅速上升，之后各期比较平稳。

（五）方差分解

方差分解是指用方差来度量 VAR 模型中各个结构冲击对内生变量变化的贡献率，其核心是研究 VAR 模型的动态特征，目的是将 VAR 模型中任意内生变量的标准差或预方差分解成所有变量随机冲击带来的各自贡献率，表现是对可估变量随滞后期数的变化带来效应的变化。根据 $lnGDP$、$lnPTI$、$lnPFI$ 和 $lnPFE$ 对 $lnUR$ 的影响，对 $lnUR$ 进行方差分解，其结果如表 5-7 所示。

表 5-7　　　　　　　　　　lnUR 方差分解结果

滞后期数（年）	标准差	lnUR	lnPTI	lnPFI	lnPFE	lnGDP
1	0.007018	100	0	0	0	0
2	0.008330	87.11332	7.46497	1.91676	0.978042	2.526905
3	0.011454	54.21945	27.93911	1.924911	13.71124	2.205279
4	0.016825	28.6928	49.47245	0.943212	16.43071	4.460822
5	0.023636	15.32541	56.83935	0.575509	18.16522	9.094508
6	0.031697	8.768542	57.05842	0.331457	19.93971	13.90187
7	0.039735	5.693836	55.60364	0.267869	20.59988	17.83477
8	0.046928	4.151135	53.56238	0.303016	20.5757	21.40777
9	0.053294	3.299658	51.17522	0.285702	20.56528	24.67414
10	0.058593	2.820868	48.67939	0.26566	20.64801	27.58608

由 lnUR 的分解结果显示，标准差随着滞后期数的增加平稳上升，由第 1 期的 0.007018 上升到第 10 期的 0.058593。黑龙江省城镇化率受其自身的扰动项冲击影响在第 1 期为 100%，之后每期平稳下降，到第 10 期为 2.820868%；城镇化率受地区生产总值、第三产业占比、公共财政收入和公共财政支出的影响比较相似，第 1 期均为 0，除公共财政收入外，之后的各期平稳上升；城镇化率受第三产业占比影响最大，10 期平均贡献率高达 40.779493%，其次为公共财政支出的 15.1613792%，地区生产总值为 12.3692144%，最低是公共财政收入，仅为 0.6814096%。从以上分析可知：黑龙江省公共财政支出、地区生产总值、第三产业占比和公共财政收入对城镇化率均有较为持续的推动作用，但是在短期（10 年）内公共财政支出对城镇化的推动作用效果要优于公共财政收入，整体来看财政政策对城镇化的推动作用是一个长期逐步的过程。

对 VAR 模型各变量的方差分解结果如图 5-3 所示。

（六）格兰杰因果关系检验

为了研究黑龙江省城镇化发展与财政政策之间是否存在双向因果关系，本书选用格兰杰因果关系（Granger-causality）检验模型来验证地区生产总值、第三产业占比、公共财政收入和公共财政支出是不是城镇化率变化的格兰杰原因，当 p 值大于 0.05（或者 0.1）时，说明两变量之间存在因果关系，否则无因果关系。

（a）对ln*UR*的方差分解

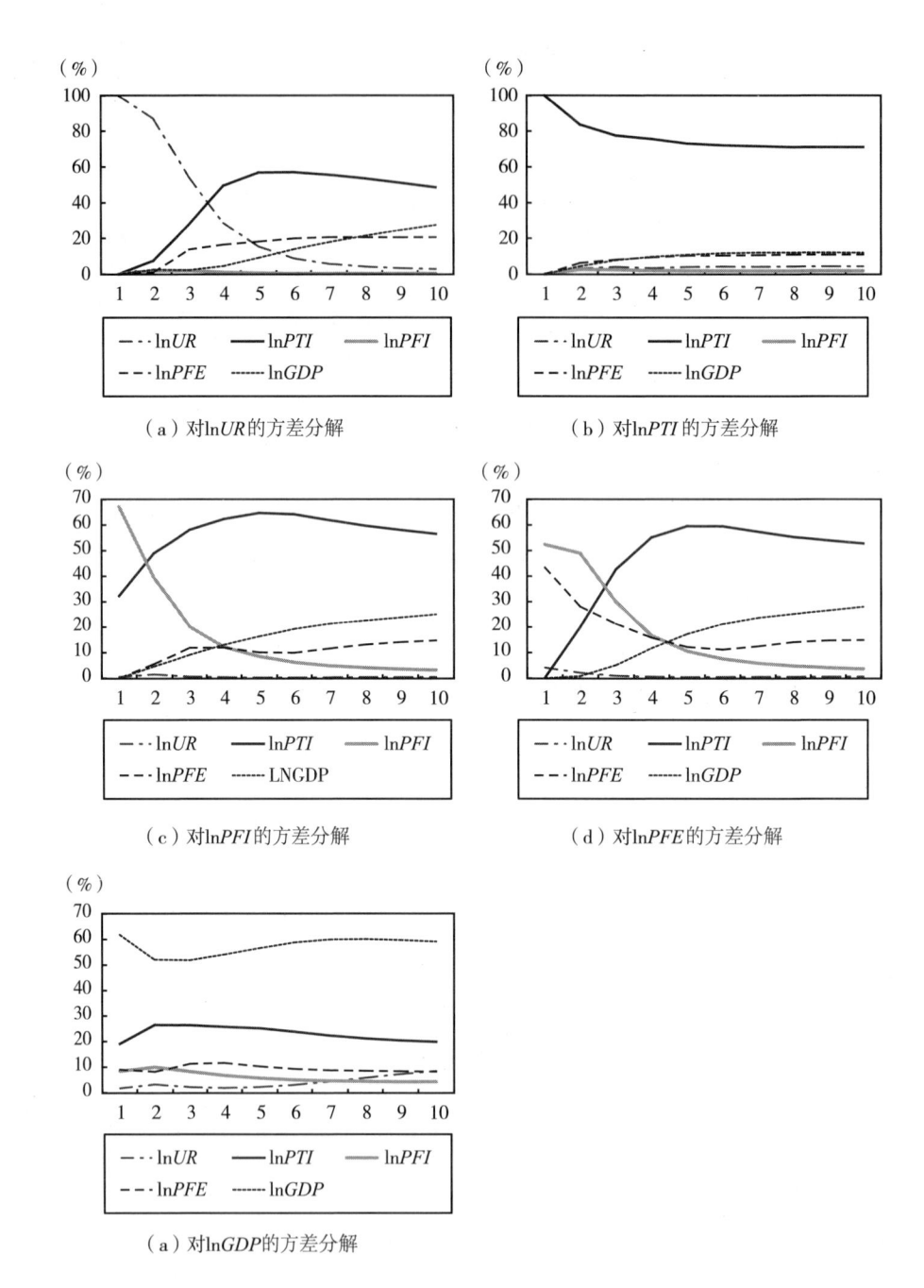

（b）对ln*PTI*的方差分解

（c）对ln*PFI*的方差分解

（d）对ln*PFE*的方差分解

（a）对ln*GDP*的方差分解

图 5-3　VAR 模型方差分解结果

注：横轴为滞后期数（年）。

本书的检验结果如表5-8所示，可知黑龙江省城镇化率与地区生产总值、第三产业占比、公共财政收入、公共财政支出彼此均存在因果关系，说明城镇化发展、地区生产总值、第三产业占比与财政政策之间互相影响。

表5-8　　　　　　变量的格兰杰因果关系检验结果

原假设	样本数	F统计量	p值
$\ln GDP$ 不是引起 $\ln UR$ 变化的格兰杰原因	37	3.80953	0.0331
$\ln UR$ 不是引起 $\ln GDP$ 变化的格兰杰原因		0.29992	0.7431
$\ln PTI$ 不是引起 $\ln UR$ 变化的格兰杰原因		1.32063	0.2811
$\ln UR$ 不是引起 $\ln PTI$ 变化的格兰杰原因		1.99287	0.1529
$\ln PFI$ 不是引起 $\ln UR$ 变化的格兰杰原因		1.04241	0.3643
$\ln UR$ 不是引起 $\ln PFI$ 变化的格兰杰原因		3.09281	0.0592
$\ln PFE$ 不是引起 $\ln UR$ 变化的格兰杰原因		0.3341	0.7185
$\ln UR$ 不是引起 $\ln PFE$ 变化的格兰杰原因		6.9686	0.0031
$\ln PTI$ 不是引起 $\ln GDP$ 变化的格兰杰原因		3.38074	0.0466
$\ln GDP$ 不是引起 $\ln PTI$ 变化的格兰杰原因		1.56128	0.2254
$\ln PFI$ 不是引起 $\ln GDP$ 变化的格兰杰原因		0.4721	0.628
$\ln GDP$ 不是引起 $\ln PFI$ 变化的格兰杰原因		1.98576	0.1538
$\ln PFE$ 不是引起 $\ln GDP$ 变化的格兰杰原因		1.1201	0.3387

三、VAR模型的实证结论

通过上述黑龙江省城镇化发展与财政政策VAR模型的实证分析，其结论如下：

第一，与国外及我国发达地区相比黑龙江省城镇化水平依然较低。从基础数据来看，虽然黑龙江省城镇化发展水平较快，城镇化率从1978年的35.9%上升到2019年的60.9%，但是目前还远低于发达国家（平均水平为82%）和上海（88.3%）、北京（86.6%）、天津（83.48%）等国内发达直辖市，也低于发展中国家（平均水平为65%）和广东（71.4%）、江苏（70.61%）、浙江（70%）、辽宁（68.11%）等国内发达省份，不断提高黑龙江省城镇化发展水平意义重大。

第二，黑龙江省城镇化率与地区生产总值、第三产业占比、公共财政收入和公共财政支出存在长期的协整关系。通过Johansen协整检验，得出五者存在0.282156、-0.99898、-1.383688和1.08823的长期协整关系，随着黑龙江省经济的不断发展，第三产业占比不断提高、公共财政收入的增加、公共财政支出规模的扩大以及产业结构的不断优化必将推动黑龙江省新型城镇化的发展。

第三，黑龙江省第三产业占比、公共财政支出、地区生产总值对城镇化发展的效果较公共财政收入明显。黑龙江省城镇化率对第三产业占比、公共财政支出、地区生产总值和公共财政收入的脉冲响应平均值分别为-0.01135、0.0072782、0.0075003和0.0003932；方差分解平均值分别为40.779493%、15.1613792%、12.3692144%和0.6814096%。财政支出较财政收入的反应和贡献率均更为明显。

第四，黑龙江省新型城镇化发展与财政政策存在密切的关系。建立新型城镇化发展与财政政策的"双向机制"十分重要：财政政策两大变量渐进交替作用能够促进新型城镇化发展，同时加快黑龙江省新型城镇化进程能够不断完善财政政策，促进公共财政收入的稳步增长和公共财政支出的科学配置。

第二节 黑龙江省新型城镇化率与GDP财政收入率分析

从表面上看，城镇化率与财政收入占GDP比重没有直接联系，又或者说二者完全属于两个领域，不适合放在一起作比较。但是如果详细分析这两个不同领域数值的核心内容，二者之间实际存在密切的联系，有一个同样的要素在影响着这两个数值。

一、促进新型城镇化发展的核心要素分析

城镇化并不是简单的政府行为，它涉及诸多领域，例如人口学、经济学、地理学、社会学等。城镇化就是要改变我国二元经济结构，促进城乡

一体化发展,逐渐把农村人口转移为城市人口、农村的生活习惯转变为城市生活习惯、农村风貌转变为城市环境、农村传统生产方式转变为现代机械生产模式的过程,是一个国家经济发展程度和整体实力的体现。反映城镇化发展程度的一项重要考核指标就是城镇人口占总人口的比重,这是国际上很多国家都使用的指标(王曙光等,2014)。

城镇化从本质上来讲是经济社会结构变化的过程,不仅是农村人口向城镇转移,更是生产方式、经营方式、生活方式向现代化、规模化、市场化、集约化转变。城镇化程度往往通过一系列的指标来体现,比如农村人口市民化的数量、城镇化率等,但城镇化率的核心因素却是经济因素。城镇化不仅和国家工业化水平以及经济增长水平有关,最重要的是城镇化能带来外部性经济,成为工业化水平以及经济增长的重要推力。

城镇化对我国经济发展具有重要推动作用,具体表现为:一是城镇化能够提高工业化生产效率,而且这种增长是成倍的;二是城镇化发展促进了产业分工的细化,为产业精细化发展提供了平台,各个产业间的相互协作、相互融合更加紧密;三是城镇化能够推动第三产业发展,农村人口市民化后随着生产方式的转变给第三产业发展带来了机遇;四是城镇化可以加快公共基础设施建设,为了满足新城镇人口需求,地方政府会完善公共基础设施;五是城镇化引领了科技创新发展,带动科技产业进步;六是城镇化能够拉动内需,刺激消费,对第二、第三产业有一定的促进作用,使得国内生产总值提高,据统计,城镇化率提高1%,国内生产总值就会增长1.5%。

根据上述内容可以看出,城镇化的核心要素是经济结构要素,这里面就包含了第二、第三产业产值所占比重。各级政府想要快速推进城镇化发展就一定要加大对第二、第三产业的投入,加快工业和服务业的发展。在新型城镇化过程中如果没有第二产业和第三产业作为载体,城镇化只能停留在人口和公共设施上,没有发展的动力,不能可持续性发展。因此,城镇化率的核心要素在于产业结构。

二、财政收入占 GDP 比重的核心要素分析

财政收入是指政府为履行其职能,实施公共政策和提供公共物品与服

务而筹集的一切资金的总和。GDP 是国内生产总值的简称，是指在一个季度或一年内一个国家或区域的经济中所生产出的全部最终产品和劳务的价值，是衡量一国或区域经济状况的重要指标。财政收入主要依靠经济的发展，是 GDP 的重要组成部分。财政收入占 GDP 的比重被称作是国民经济财政负担率，该比率能够综合反映微观经济主体与政府之间支配和占有社会资源的关系，以及政府影响社会资源配置和调控经济运行的地位和程度。

从静态构成看，GDP 由营业盈余、生产税净额、固定资产折旧和劳动者报酬四要素构成，任何一个要素的变化，都将影响财政收入规模的变化。由于在某一时期内税率、折旧率和劳动者薪金是固定不变的，财政收入与这些因素存在着趋同变化，在静态意义上，企业利润以及生产规模的增加和扩大，不会导致财政收入占 GDP 比重的较大变化。

从动态形成看，影响财政收入规模的三大因素分别为价格、生产和结构，这三大要素对财政收入占 GDP 比重具有重大影响。一是价格因素。随着货物和劳务市场价格的变动，财政收入的规模也将发生相应的变动，但由于在统一大市场环境下，各地区受到物价的波动是相同，因此在对不同地区进行比较时，财政收入占 GDP 比重受到影响的程度是可以忽略不计的。二是生产因素和结构因素。随着劳动生产率的提高、货物（劳务）流通规模的扩大和速度的加快、生产发展规模的不断扩大，必然带来 GDP 总量的增加，进而增加财政收入的规模，而规模处于一定的结构当中，产业部门不同，其创造价值（产值）的能力也不同，各自对财政收入的贡献率也会有很大的差距，由于不同地区产业结构的不同，财政收入占 GDP 比重存在较大差距。因此，从动态形成看，生产因素只是宏观分析的基础，而结构因素才是深层次的决定性因素，财政收入占 GDP 比重的核心要素在于经济结构，即三次产业尤其是第二、第三产业所占 GDP 比重及其各产业部门的内部构成。

三、城镇化率与财政收入占 GDP 相同支点

1994～2019 年黑龙江省 GDP、财政收入及产业结构占比情况如表 5 - 9 所示。

表 5-9　　　1994~2019 年黑龙江省 GDP、财政收入及产业结构占比情况

年份	GDP（亿元）	财政收入		第一产业		第二产业		第三产业	
		数额（亿元）	占比（%）	产值（亿元）	占比（%）	产值（亿元）	占比（%）	产值（亿元）	占比（%）
1994	1448.1	84.7	5.85	298.8	20.63	803.6	55.49	345.7	23.87
1995	1790.2	101.3	5.66	363.5	20.30	992.5	55.44	434.2	24.25
1996	2137.6	126.9	5.94	434.9	20.35	1205.4	56.39	497.3	23.26
1997	2397.6	150.6	6.28	450.6	18.79	1357.2	56.61	589.8	24.60
1998	2470.2	179.3	7.26	419.9	17.00	1396.1	56.52	654.2	26.48
1999	2536.9	170.1	6.71	369.2	14.55	1466.6	57.81	701.1	27.64
2000	2855.5	185.3	6.49	375.5	13.15	1633.4	57.20	846.6	29.65
2001	3043.4	213.6	7.02	426.6	14.02	1665.9	54.74	950.9	31.24
2002	3242.7	231.9	7.15	464.2	14.32	1728.3	53.30	1050.2	32.39
2003	3609.7	248.9	6.90	493.0	13.66	1956.4	54.20	1160.3	32.14
2004	4134.7	289.4	7.00	580.9	14.05	2270.3	54.91	1283.5	31.04
2005	4756.4	318.2	6.69	674.6	14.18	2656.4	55.85	1425.4	29.97
2006	5329.8	386.6	7.25	731.8	13.73	2998.0	56.25	1600.0	30.02
2007	6126.3	440.2	7.19	892.3	14.57	3383.0	55.22	1850.9	30.21
2008	7134.2	578.6	8.11	1073.8	15.05	3935.0	55.16	2125.8	29.79
2009	7218.9	641.6	8.89	1141.9	15.82	3668.1	50.81	2408.9	33.37
2010	8308.3	755.6	9.09	1291.8	15.55	4146.6	49.90	2870.4	34.55
2011	9935.0	997.5	10.04	1695.5	17.07	4916.3	49.48	3323.2	33.45
2012	11015.8	1163.2	10.56	2119.6	19.24	5099.8	46.30	3796.5	34.46
2013	11849.1	1277.4	10.78	2539.6	21.43	5202.7	43.91	4106.8	34.66
2014	12170.8	1301.3	10.69	2691.0	22.11	4872.4	40.03	4607.4	37.86
2015	11690.0	1165.9	9.97	2712.4	23.20	3926.9	33.59	5050.9	43.21
2016	11895.0	1148.4	9.65	2751.2	23.13	3689.7	31.02	5454.1	45.85
2017	12313.0	1243.2	10.10	2965.3	24.08	3519.5	28.58	5828.2	47.33
2018	12846.5	1282.5	9.98	3001.4	23.36	3536.0	27.53	6309.3	49.11
2019	13612.7	1262.8	9.28	3182.5	23.38	3615.2	26.56	6815.0	50.06

资料来源：根据《黑龙江统计年鉴（2020）》计算整理。

1994~2019 年，黑龙江省城镇化平稳发展，城镇化率由 1994 年的52.4%提高到 2019 年的 60.9%，提高了 8.5 个百分点，25 年间平均每年提高 0.34 个百分点；财政收入占 GDP 的比重由 1994 年的 5.85%增加到

2019年的9.28%，增加了3.43个百分点，平均每年增加0.1372个百分点。从这25年的发展情况看，黑龙江省城镇化率每提高1个百分点，财政收入占GDP比重提高0.404个百分点。

黑龙江省城镇化率和财政收入占GDP比重稳步提高，主要贡献在于三次产业结构的不断调整和优化，但是由于黑龙江省是我国农业大省，经济发展落后，第三产业发展缓慢，产业结构调整优化的步伐比较缓慢。黑龙江省的第一产业增加值占GDP比重1994~2006年缓慢下降，但是2007~2019年又缓慢上升，由1994年的20.63%略上升到2019年的23.38%，25年间不降反而上升2.75个百分点；第二产业增加值占GDP比重快速下降，由1994年的55.49%下降到2019年的26.56%，25年间下降28.93个百分点，平均每年下降1.16个百分点；第三产业增加值占GDP比重快速上升，由1994年的23.87%上升到2019年的50.06%，25年间上升26.19个百分点，平均每年上升1.05个百分点。黑龙江省三次产业调整的结果表明，在对经济增长的拉动力上，三次产业呈现不同变化趋势：第一产业拉动力先有所下降后有所上升；第二产业拉动力由主要变成次要；第三产业拉动力呈快速上升趋势，成为带动黑龙江省经济发展的主力。黑龙江省第三产业的快速发展，既是城镇化发展的成果，又是城镇化发展的助力。同时，黑龙江省第三产业所占比重增加也带动财政收入规模的增大。

综上可知，产业结构是黑龙江省城镇化率与财政收入占GDP比重关系的纽带，产业结构的优化和经济运行质量的提高既是城镇化发展的助力，也是财政收入增长的关键因素。在全国产业结构优化升级这个大环境下，黑龙江省城镇化率与财政收入占GDP比重呈现同步发展态势。尤其是1994年实行分税制财政体制改革后，这一关系趋势尤为明显。财政收入的不断增加，为促进新型城镇化的发展奠定了坚实的物质基础，相反，新型城镇化的不断发展，为财政提供充足的财力来源，两者互相促进，协同发展。黑龙江省财政收入规模不断扩大，占GDP比重不断提高，能够为新型城镇化的快速发展提供必需的公共产品和服务，是提高新型城镇化率的有效物质保障。因此，城镇化率与财政收入相辅相成：城镇化率是影响财政收入占GDP比重的重要因素，或将起决定性作用；财政收入占GDP比重决定新型城镇化所需资源的供给强弱；产业结构的优化升级是推动新型城镇化进程和加快财政收入增长的动力与核心要素。

黑龙江省由于经济落后，产业发展水平低下，三次产业结构调整优化并不明显，导致1994~2019年25年间城镇化率和财政收入占GDP比重增长缓慢。由此可知，产业结构是城镇化率与财政收入占GDP比重的共同支点，要想加快黑龙江省新型城镇化发展，不断增加财政收入，提高其占GDP的比重，关键在于加快调整和优化黑龙江省产业结构，尤其是加快黑龙江省资源型城市转型，注重发展现代服务业等第三产业，不断提高农业机械化水平，解放农村生产力和剩余劳动力等。

第三节 新型城镇化的城市公共交通财政补贴实证分析

随着黑龙江省城镇化进程的加快发展，城市人口不断增加，城市规模也在不断扩大，其城市公共交通（以下简称"城市公交"）发展显得尤为关键。城市公交是否需要财政补贴、如何进行补贴，这是必须重视与解决的重要问题。城市公交效益主要表现为社会效益和经济效益，前者是城市公交价值存在的表现，后者则是公交企业存在的基础。目前黑龙江省城市公交初步形成了良好的社会效益，但其运营成本如果得不到有效的经济或政策补偿，将会造成公交企业的政策性亏损，在不提高公交车收费标准或给予相应财政补贴的前提下，公交企业将无法保证其正常的运营管理。

此外，公交车与私家车相比，其城市公交占用的道路资源甚少，且私家车不承担公共道路使用费或所支付的费用远低于其占用道路资源成本，既增加了道路交通的拥挤度，也增加了公交出行者的机会成本，有违社会公平原则。因此，政府对城市公交进行财政补贴是必要的，有助于提高公交的社会经济效益，以促进社会的和谐发展。

一、城镇化公共交通财政补贴的计量模型

对城市公交实施财政补贴意义重大，但目前关于政府应对公交财政补

贴多少、怎样予以准确规范计量、如何才能足额拨付到位、补贴的资金缺口有多大等问题的研究较少。本书借鉴有关研究成果,将城市公交财政补贴的计量模型确定为:

$$PS = \sum_{i=1}^{n} S = S_1 + S_2 + S_3 + \cdots + S_n \tag{5.4}$$

其中,PS 代表城市公交的财政补贴总额,S_1 代表公交运营收入的财政补贴,S_2 代表公交场站建设的财政补贴,S_3 代表公交车辆改造的财政补贴,S_n 代表公交其他相关的财政补贴(如"三系统"应用财政补贴等)。

(一)S_1 的计量模型

黑龙江省城市公交运营收入实行财政补贴的原因在于:政府对公交实行低价政策,其现实公交运营收入要远低于运营产生的成本费用。但随着汽油、柴油及燃气等原料价格的大幅度上涨,以及一些公交线路客流不足、完成政府强制指定的任务(如残疾人、老年人、残疾军人等免费乘车)等情形,导致了城市公交运营入不敷出,因而需要政府对其补贴。本书在借鉴袁尘因(2009)提出的公交价格补贴的核算公式等基础上,得出城市公交运营收入财政补贴 S_1 的计算公式为:

$$S_1 = M \times (1+r) \times Q - Y - Z \tag{5.5}$$

其中,M 代表公交每人乘车成本,r 代表公交成本利润率,Q 代表公交乘车总人数,$M \times (1+r) \times Q$ 代表理论上的公交应得收入,Y 代表公交实际运营收入,Z 代表政府燃油补贴。采用该公式的主要原因在于:城市公交讲求社会效益和经济效益,用每人乘车成本、成本利润率和乘车总人数来衡量理论上的公交收入,可避免片面追求运行的公里数来衡量公交成本,从而减少政府所需要的财政补贴。

在此进一步进行推导:假设 P 为每位乘客乘坐公交购票价格,其计算公式为 $P = M + L = M \times (1 + L/M) = M \times (1+r)$,其中 L 代表单位利润;公式的两边同时乘以 Q 得到 $Y_1 = P \times Q = M \times (1+r) \times Q$,其中 Y_1 代表城市公交应得运营收入。由上述分析可知,公交实际运营收入小于理论上的公交应得收入,该收入差用 ΔY 来表示:

$$\Delta Y = Y_1 - Y = M \times (1+r) \times Q - Y = (M \times Q - Y) + (M \times r \times Q) \tag{5.6}$$

其中，$(M \times Q - Y)$ 代表公交政策性经营亏损，$(M \times r \times Q)$ 代表公交政策性利润缺额。我们认为，政府制定的公交低价政策所造成的运营收入亏损不仅要考虑政策性亏损，还要考虑政策性利润缺额部分。此外，考虑目前我国对城市公交实行燃油补贴政策，这在一定程度上缓解了公交运营收入的亏损数额，因而最终的城市公交运营收入财政补贴 S_1 的计算公式为：

$$S_1 = M \times (1+r) \times Q - Y - Z \qquad (5.7)$$

在实际运用上述公式计算时，要分别确定 M、r、Q、Y 和 Z 的值。其中 M 值的确定方法最为关键，基本方法如下：一是计算得出 M 的初始调整值，即主要根据公交成本要素的变动情况，及时调整 M 的历史成本；二是计算得出 M 的最终调整值，即主要是根据公交行业的平均数额，调整 M 的初始调整值。据全国总体情况测算，M 值大约为 1.45 元。

由于城市公交运营情况与公路客运相似，因此公式中的 r 可参照公路客运的成本利润率确定，如深圳为 6%、张家港为 10% 等，全国平均水平约为 7.5%。根据哈尔滨市经济发展、居民消费水平和公路客运成本利润率的实际情况，本书将其公交成本利润率设定为 5%，该标准也与全国统一公布的交通行业成本利润率大致相同（郝记秀等，2009）。Q、Y 和 Z 的值可以直接根据实际数据计算。

（二）S_2 的计量模型

城市公交正常运营需要具备场地、站台和车辆等条件，公交场站建设主要包括公交始发站、中途站、终点站的场地建设与维护，涉及点、线、面，以及资金投入大、征地拆迁难、建设周期长和人力物耗高等诸多问题，仅靠公交企业自身无法解决，需要政府规划、支持与管理。

与此同时，政府必须加大对公交场站建设管理的力度，将其纳入城市的总体发展战略，符合中长期公交发展规划的要求，坚持"企业投入为主、政府投资为辅"的原则，确保场站建设统一规划、顺利实施和科学监管，以促进城市公交事业的健康、快速发展。

（三）S_3 的计量模型

城市公交车辆作为一个城市的标志之一，代表着一个城市的面貌和气息；同时作为一项不可忽视的固定资产，每天不停地穿梭于城市中，导致公交车辆使用年限较短、折旧费用较高且易出现故障，因而需要及时更新、维修与保养。城市公交车辆如果破旧不堪，不仅影响城市的整体形象，而且乘客们的生命安全也难以得到有效的保障。

黑龙江省现行公交票价的优惠（低价）政策，使公交企业无法承担购置新车、维修与保养等费用，这就需要财政支持。目前黑龙江省多数城市建立了城市公交车辆管理的专门账户，对公交企业与车辆补贴财政资金，用于公交车辆的更新改造。结合黑龙江省大部分城市公交车辆补贴的实际情况，将城市公交车辆改造分为新车购置投入、使用车辆折旧和未使用车辆折旧三种情况，其财政补贴的计算公式：

$$S_3 = T - D_1 - D_2 \tag{5.8}$$

其中，T 代表当年城市公交新车购置的投入数额，D_1 代表当年正在使用车辆的折旧，D_2 代表未使用车辆的折旧（即公交企业以前年度提取的累计折旧，但没有用于更新车辆的剩余专用更新资金数额）。

（四）S_n 的计量模型

城市公交除上述财政补贴外，还需要诸如"三系统"应用补贴等其他相关的财政补贴。主要包括以下几个方面。

（1）"三系统"应用补贴。"三系统"是指公交车内 3G 视频监控系统、IC 卡自动刷卡系统和 GPS 智能调度系统。随着城市经济的不断发展、城镇化进程的加快及人们生活水平的日益提高，对公交服务水平也提出了更高的要求，即为乘客们提供一种安静、舒适、安全、环保、方便的乘车环境，因此"三系统"的应用是必须的，而公交企业较难支付其费用，需要财政补贴保障。

（2）专用道路通行补贴。随着黑龙江省私家车辆的快速增长，私家车挤占了大量的城市公交专用车道，交通拥堵成为城市经济发展效率的瓶颈之一。因此，政府应根据城市发展的具体情况，科学、合理布局城市交通网，加大公交财政投入力度，改造、拓宽道路，加快修建公交专用车道，让城市公交车辆享有道路专用与通行优先等权益。

（3）公交企业税费优惠。为保证城市公交企业的健康发展，增强公交企业的发展后劲，政府应在一定程度上给予其更多的税费优惠，并鼓励其多种经营、以副养主而形成良性循环。如减免公交企业的城镇土地使用税、土地增值税、房产税、车船税和水利建设基金等税费；制定公交司机的奖惩机制，如实行公交司机免征个人所得税、免费技能培训等措施，以提高其服务意识和水平。

二、城镇化公共交通财政补贴测算——以哈尔滨市为例

（一）哈尔滨市城市公共交通发展现状

哈尔滨市2015~2019年城市公共交通发展状况如表5-10所示。公共汽车方面，营运线路条数、营运线路长度、年末营运车辆和客运收入均有一定程度的增长，但是客运总量和平均每日客运量有所下降；轨道交通有所增长，尤其是2021年哈尔滨市地铁2号、3号线的运行，将会使营运线路总长度和客运总量大幅度增长；出租汽车方面，年末实有出租汽车数比较稳定；轮渡方面，年末机运船数有所下降，年末航线条数保持11条不变，航运线路长度和客运总量变化不大。

表5-10　2015~2019年哈尔滨市城市公共交通发展状况

类型	指标	2015年	2016年	2017年	2018年	2019年
公共汽车	营运线路条数（条）	255	289	292	292	306
	营运线路长度（公里）	5086	5435	5690	6280	6984
	年末营运车辆（辆）	6923	7408	7519	7031	7402
	客运总量（万人次）	134227	134330	136246	127083	106093
	客运收入（万元）	102333	109619	106558	100603	130453
	平均每日客运量（万人次）	367	368	373	348	291
轨道交通	营运线路总长度（公里）	17.2	17.2	17.2	21.8	30.3
	客运总量（万人次）	6564	6850	7679	9742	10361
出租汽车	年末实有出租汽车数（辆）	16527	18193	18193	18260	17980
轮渡	年末机运船数（艘）	45	38	36	32	31
	年末航线条数（条）	11	11	11	11	11
	航运线路长度（公里）	43	41	41	41	40
	客运总量（万人次）	354	316	254	248	323

资料来源：哈尔滨统计年鉴（2020）。

（二）哈尔滨市公共交通财政补贴的现状

近年来，哈尔滨市政府及相关部门重视加强公交建设，不断加大公交财政补贴的力度。如对建筑面积在3万平方米以上的住宅和建筑面积5万平方米以上的公共场所，符合配套建设公交基础设施的，其公交基础设施建设应与项目主体工程同步规划、同步设计、同步建设、同步验收、同步交付使用；对已落实用地的公交场站，通过政府投资、社会融资、企业筹资和社会化运作等多渠道方式推进建设工作，其中以政府财政补贴为重点。据有关部门资料显示：2015年和2016年通过市财政每年补贴5500万元和企业自筹资金，各更新公交车500辆，以提升车辆档次；2016年建设公交首末站20个、换乘站5个，至2020年末建成了公交首末站150余个、换乘站50余个。

2012年交通运输部与哈尔滨市共同签订了《共建国家"公交都市"示范城市合作框架协议》，以此为契机，哈尔滨市大力推动公交优先发展战略。其措施主要包括：一是积极创建国家公交都市示范城市，如新建哈平路等3个停车换乘综合枢纽、通江湿地码头等3座公交接驳枢纽、远大都市明珠公交等20座公交首末站，以及新建和改造乐松广场等200个港湾式停靠站、新增和更新公交车600辆；二是继续发展松北、群力等新区公交线网，开辟、调整和延伸公交线路20条，在公交枢纽节点间开行大站快车和繁华街区、商服网点、旅游景点夜间定点服务班车等；三是对条件成熟的10条农村客运线路改造为公交线路，在部分区域试点县城之间通行的"县际"公交，完成国道哈同公路方正段89.5公里等18项工程项目。

（三）哈尔滨市公共交通财政补贴的测算

哈尔滨市城市交通道路拥堵，尤其是近年来随着地铁1号、2号、3号线和地下综合管廊的建设，公交压力巨大，存在问题较多。本书以哈尔滨市为例测算城市公交财政补贴额度，旨在为有关政府及其部门决策提供一定的参考。其城市公交相关数据如表5-11所示。

表 5-11　　　2013~2019 年哈尔滨市城市公共交通相关经济数据

年份	客运总数（万人次）	行驶里程（万公里）	客票收入（万元）	燃油补贴（万元）	财政补贴（万元）	购买新车投资（万元）	车辆折旧费用（万元）	场站建设成本（万元）	每人乘车成本（元）
2013	107492	42863	61550	13221	13885	15321	12210	7452	0.92
2014	109078	47221	85131	15450	14780	16100	13630	7950	1.15
2015	113044	49184	93306	16852	15047	16540	14582	8355	1.21
2016	124434	51876	104543	20645	16533	17876	16432	8420	1.26
2017	134876	53245	112545	22548	17458	19254	17485	8541	1.29
2018	142584	55485	121584	23548	18952	20895	18548	8695	1.32
2019	148952	57145	130459	24854	20114	21245	19554	8745	1.36

资料来源：根据哈尔滨市统计局和哈尔滨市交通局等网站资料数据整理。

1. 2013 年财政补贴的测算

（1）S_1 的测算。成本利润率 r 为 5%，将表 5-11 中的相关数据代入式（5.7），得到 $S_1 = 0.92 \times (1 + 5\%) \times 107492 - 61550 - 13221 = 29066.27$（万元）。

（2）S_2 的测算。其数据见表 5-11，为 7452 万元。

（3）S_3 的测算。因哈尔滨市每年财政公交购车资金补贴不到位，本年不考虑 D_2 数据。将表 5-11 相关数据代入式（5.8），得到 $S_3 = 15321 - 12210 = 3111$（万元）。

（4）城市公交财政补贴总额的测算。不考虑其他相关的财政补贴，将 S_1、S_2、S_3 的计算结果代入式（5.4），可得 $PS = 29066.27 + 7452 + 3111 = 39629.27$（万元）。

由测算结果可知，哈尔滨市 2013 年应提供给城市公交的财政补贴总额为 39629.27 万元，但当年实际仅提供了 13885 万元的财政补贴。

2. 2014~2019 年财政补贴的测算

2014~2019 年城市公交财政补贴应根据当年实际运营投资情况测算。与 2013 年财政补贴测算原理相同，2014~2019 年测算结果分别为：

（1）2014 年的测算。$S_1 = 1.15 \times (1 + 5\%) \times 109078 - 85131 - 15450 = 31130.69$；$S_2 = 7950$；$S_3 = 16100 - 13630 = 2470$，$PS = 31130.69 + 7950 +$

2470 = 41550.69。由测算结果可知:哈尔滨市 2014 年应提供城市公交财政补贴总额为 41550.69 万元,但当年实际仅提供了 14780 万元的财政补贴。

(2) 2015 年的测算。$S_1 = 1.21 \times (1 + 5\%) \times 113044 - 93306 - 16852 = 33464.4$;$S_2 = 8355$;$S_3 = 16540 - 14582 = 1958$,$PS = 33464.4 + 8355 + 1958 = 43777.4$。由测算结果可知:哈尔滨市 2015 年应提供城市公交财政补贴总额为 43777.4 万元,但当年实际仅提供了 15047 万元的财政补贴。

(3) 2016 年的测算。$S_1 = 1.26 \times (1 + 5\%) \times 124434 - 104543 - 20645 = 39438.18$;$S_2 = 8420$;$S_3 = 17876 - 16432 = 1444$,$PS = 39438.18 + 8420 + 1444 = 49302.18$。由测算结果可知:哈尔滨市 2016 年应提供城市公交财政补贴总额为 49302.18 万元,但当年实际仅提供了 16533 万元的财政补贴。

以此类推计算,2017~2019 年哈尔滨市应提供城市公交财政补贴总额分别为 57906.54 万元、63531.42 万元和 67826.46 万元,但当年实际仅提供了 17458 万元、18952 万元和 20114 万元的财政补贴。

3. 财政补贴测算的基本结论

通过以上对哈尔滨市 2013~2019 年城市公交财政补贴的测算,发现城市公交的财政补贴明显不足、缺口较大,七年间公交财政补贴缺口分别为 25744.27 万元、26770.69 万元、28730.4 万元、32769.18 万元、40448.54 万元、44579.42 万元和 47712.46 万元,远不能满足城市公交发展的需要。

(四) 哈尔滨市公交财政补贴的灰色系统预测模型

本书建立 Gm (1, 1) 灰色系统预测模型,Gm (1, 1) 模型的白化方程及时间响应式推导如下所示,并对该模型进行检验。通过上述对哈尔滨市 2013~2019 年公交财政补贴测算的缺口数据,预测哈尔滨市 2021~2025 年城市公交财政补贴的缺口数额。

首先,设 Gm (1, 1) 模型的时间序列为:

$$X^{(0)} = \{x^{(0)}(1), x^{(0)}(2), x^{(0)}(3), x^{(0)}(4)\}$$
$$= (25744.27, 26770.69, 28730.4, 32769.18) \tag{5.9}$$

对 $X^{(0)}$ 时间序列累加生成得到:

$$X^{(1)} = \{x^{(1)}(1), x^{(1)}(2), x^{(1)}(3), x^{(1)}(4)\}$$
$$= (25744.27, 52514.96, 81245.36, 114014.54) \tag{5.10}$$

其次，对 $X^{(1)}$ 作紧邻均值生成，令：

$$Z^{(1)}(k) = 0.5x^{(1)}(k) + 0.5x^{(1)}(k-1) \quad (5.11)$$

$$\begin{aligned}Z^{(1)} &= \{z^{(1)}(1), z^{(1)}(2), z^{(1)}(3), z^{(1)}(4)\} \\ &= (25744.27, 39129.62, 66880.16, 97629.95)\end{aligned} \quad (5.12)$$

对参数列 $\hat{\alpha} = [a, b]^T$ 作最小二乘估计，得：

$$\hat{a} = (B^T B)^{-1} B^T Y = \begin{bmatrix} -0.103055 \\ 22428.08 \end{bmatrix} \quad (5.13)$$

可得 Gm (1, 1) 模型的白化方程如下：

$$\frac{dx^{(1)}}{dt} - [-0.103055 x^{(1)}] = 22428.08 \quad (5.14)$$

其时间响应式如下：

$$\begin{cases} \hat{x}^{(1)}(k+1) = \left[x^{(0)}(1) - \frac{b}{a}\right] e^{-ak} + \frac{b}{a} = 314624 e^{0.103055k} - 217632.59 \\ \hat{x}^{(0)}(k+1) = \hat{x}^{(1)}(k+1) - \hat{x}^{(1)}(k) \end{cases} \quad (5.15)$$

由此得模拟序列：

$$\begin{aligned}\hat{x}^{(0)} &= \{\hat{x}^{(0)}(1), \hat{x}^{(0)}(2), \hat{x}^{(0)}(3), \hat{x}^{(0)}(4)\} \\ &= (25744.27, 26419.07, 29286.91, 32466.07)\end{aligned} \quad (5.16)$$

最后，检验和预测。通过对 Gm (1, 1) 模型的残差序列、平均相对误差、模拟误差、$X^{(0)}$ 与 $\hat{x}^{(0)}$ 的灰色关联度 ε、均方差比、小误差概率的计算，得出精度均为一级，故可用式 (5.15) 进行预测。利用该方程模型，对 2021～2025 年哈尔滨市公交财政补贴缺口进行预测，得到相应的预测值如下：

$$\begin{aligned}\hat{x}^{(0)} &= \{\hat{x}^{(0)}(5), \hat{x}^{(0)}(6), \hat{x}^{(0)}(7), \hat{x}^{(0)}(8), \hat{x}^{(0)}(9)\} \\ &= (49234.54, 51235.87, 53245.09, 54345.78, 56865.89)\end{aligned} \quad (5.17)$$

三、财政补贴实证计量分析的结论与建议

预测结果显示，哈尔滨市 2021～2025 年公交财政补贴缺口分别为 49234.54 万元、51235.87 万元、53245.09 万元、54345.78 万元和 56865.89 万

元。因此，在哈尔滨市的"十四五"规划期间，甚至是到 2035 年长远目标来看，要加大对哈尔滨市公交财政补贴的力度，保证城市公交发展的需要。

(一) 拓展财政补贴资金的来源渠道

解决城市公交财政补贴的资金来源是保障财政支持公交优先发展政策的前提。快速发展公交需要政府特别是财政支持，并积极拓展资金来源渠道，以实现城市公交在场地建设、基础设施、车辆改造和其他配套设施的建设与发展。

（1）城市公交专项补贴基金。拓展财政补贴资金来源渠道的重点是建立城市公交专项补贴基金。主要包括两类：一是政府征收的公交有关税费、收取的城市土地出让金及划拨给公交企业的土地所得净收益，按其提取一定的比例而形成的基金；二是从国家征收的城市建设维护税、城镇土地使用税、土地增值税、房产税或物业税等，按一定比例提取的资金而转入公交专项补贴基金。

（2）建设资金及其燃油补贴。各级政府每年可按城市维护建设基金、城市公益事业附加费及基础设施配套费，提取一定比例用于城市公交建设，其投资占城市基础设施建设总投资的比例一般不低于 5%，确保公交投资来源的稳定性。按国家有关规定，对燃油价格调整增加的城市公交运营成本由中央财政补贴，同时要求地方政府加强中央财政补贴资金监管，以确保资金运行安全。

（3）公交企业运营自筹资金。城市公交企业不仅要依靠国家政策性扶持，也要提高自身的运营能力。在市场经济条件下，公交企业更需要自筹资金、自谋出路增强盈利能力，逐步形成以城市公交为主、多种经营为辅的综合经营模式。各级政府可制定相应的公交优先发展支持政策，引导公交企业发展其他经营，使其能通过多种经营弥补公交运营的亏损，让城市公交得以良性运行与发展。

（4）社会其他方面筹措资金。城市公交系统庞大、所需资金巨大，仅靠财政补贴等方式还不能完全解决资金问题，因而吸引社会其他闲置资金是非常重要的。主要包括：实施多元主体经营公交政策，开发多种投资渠道；各级地方政府加强财政投资引导，鼓励社会资本参与城市公交的建设和运营；通过实施特许经营制度，逐步形成国有主导、多头参与、规范经营、有序竞争的格局。

（二）强化财政补贴资金的监管措施

为保证城市公交企业对财政补贴资金的合理、有效使用，应强化财政补贴资金的监管机制。如国家及地方政府可根据年度公交发展计划合理编制财政补贴资金预算，并设立专门账户进行集中核算管理等。其监管措施主要包括：

（1）建立信息披露制度。各级政府应建立城市公交企业信息披露制度，规定城市公交企业信息的公开内容、公开时间、发布渠道等。公交企业及时、真实披露各种有关信息，既可方便市民及时掌握公交的相关情况，也利于公交企业加强内部监管工作，以保证合规、合理、高效使用政府的财政补贴资金。同时还应根据本地实际鼓励市民参与监管，最大限度地发挥财政补贴的社会效益。

（2）严格财政补贴审计。如果财政补贴资金不能按照政府规定到位，那么政府对城市公交的资金支持就无法真正落实。因此，审计机构应对城市公交企业成本费用、政策亏损和资金效率，特别是对财政补贴资金使用合规性情况进行严格的审计，以利于及时掌握财政补贴发放、公交企业运营及其财务管理状况，这是保证财政补贴资金及时到位、合理使用的有效途径。

（3）实施资金评估机制。实施城市公交企业财政补贴资金长效评估机制的关键是制定政策性财政补贴评估指标，主要包括运营成本和服务质量两类评估指标：前者主要评估人车比和单车营运成本等内容，以防止公交企业因运营管理不善导致的浪费；后者可采取社会各层人士组成的考评小组对公交企业服务质量及乘客满意度等指标进行评估，以提高公交整体的服务质量与水平。

第四节 基于 PCA 方法的新型城镇化 政府债务风险分析

随着城市社会经济的稳定增长和地方政府债务规模的扩大，债务风险已经凸显，如何有效防范地方政府债务风险、促进地方经济发展已是亟待解决的问题。本书以哈尔滨市为例进行分析，运用 PCA 方法构建哈尔滨市地方政府债务风险指标体系并进行预警分析，得出地方政府债务风险偏高、财政直接项目债务较多和担保债务的不确定等结论，分析了地方政府隐性债务增多、债务资金使用效率较低、举借债务融资成本提高、地方财政偿债能力较差和地方债务偿债渠道受阻等成因，提出了降低债务风险和减轻偿债压力等防范地方政府债务风险的基本措施。

党的十九大报告明确提出了深化财税改革等目标要求。2021 年 3 月，《国民经济和社会发展第十四个五年规划和 2035 年远景目标纲要》明确提出"完善债务风险识别、评估预警和有效防控机制，健全债券市场违约处置机制，推动债券市场统一执法，稳妥化解地方政府隐性债务，严惩逃废债行为"。黑龙江省《国民经济和社会发展第十四个五年规划和 2035 年远景目标纲要》也明确提出"全面实施预算绩效管理，强化地方政府债务限额管理，推进预算管理一体化建设"。高培勇（2015）、贾康（2010）和郭田勇等（2014）认为，我国地方政府债务总规模虽在警戒范围内，但各地政府偿债能力不同，必须重视防范个别地区的债务风险。随着哈尔滨市近年来社会经济的稳步发展及新《预算法》《地方政府专项债券发行管理暂行办法》等法规的实施，哈尔滨市地方政府债务规模呈逐年扩大的趋势。哈尔滨市财政局统计数据显示，截至 2020 年末，哈尔滨市地方政府债务余额高达 2000 亿元，较 2006 年增长近 7 倍，且 5 年内到期的地方债务约占 30%，加之地方政府为拉动 GDP 增长的举债等因素，其债务风险已经凸显。防范地方政府债务风险的有效途径之一，就是保障财政收入增速快于地方债务增速。但在经济新常态大背景下，哈尔滨市地方财政收入增速较慢，因而研究哈尔滨市地方政府债务风险预警问题，对加强债务管理、控制债务规模、规避债务风险等具有重要的理论与现实意义。

一、哈尔滨市地方政府债务状况总体分析

地方政府债务有广义与狭义之分，其中前者指地方政府遵循信用原则有偿、灵活地取得财政收入的一种方式，后者指地方政府负有偿还责任的

债务，本书采用狭义之意。按照债务的法定性，可将地方政府债务划分为显性债务（直接债务和担保债务）和隐性债务（地方金融机构不良资产损失和地方社保资金缺口等）（考燕鸣等，2009）。哈尔滨市地方政府债务呈现出传递性、复杂性和区域性的特点，主要表现在地方政府债务的规模和结构两个方面。

（一）哈尔滨市地方政府债务的规模分析

哈尔滨市2011~2019年地方公共财政收支差额情况及2019年哈尔滨市与其他副省级城市财政赤字比较如表5-12和图5-4所示。

表5-12　2011~2019年哈尔滨市地方公共财政收支差额

年份	公共财政收入（亿元）	公共财政支出（亿元）	财政赤字（亿元）	赤字增长（%）	债务规模（亿元）
2011	300.3	557.1	-256.8	19.50	780
2012	354.7	643.6	-288.9	12.48	929
2013	402.3	709.8	-307.5	6.45	1070
2014	423.5	740.1	-316.6	2.96	1168
2015	407.7	824.8	-417.1	31.74	1446
2016	376.2	876.3	-500.1	19.90	1600
2017	368.1	958.5	-590.4	18.06	1825
2018	384.4	962.2	-577.6	-2.13	1914
2019	370.9	1101.1	-730.2	26.38	2000

资料来源：《哈尔滨市统计年鉴（2020）》和哈尔滨市财政局等。

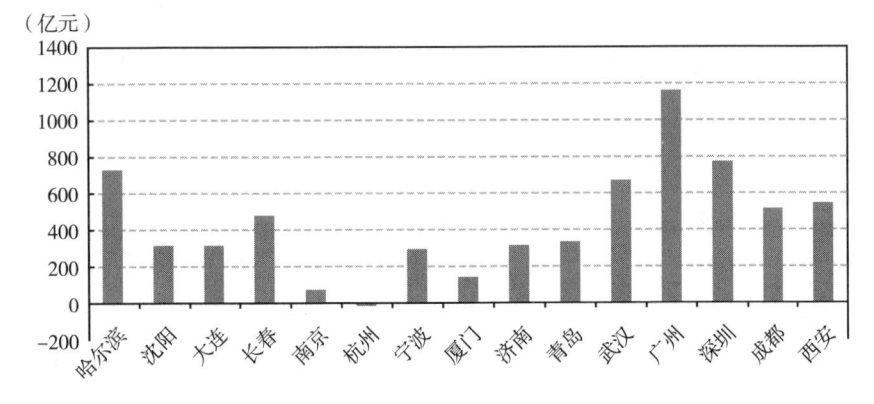

图5-4　2019年哈尔滨市与其他副省级城市财政赤字比较

从表 5-12 来看，哈尔滨市财政赤字由 2011 年的 256.8 亿元增加到 2019 年的 730.2 亿元，8 年间增长 2.84 倍；债务规模由 2011 年的 780 亿元增加到 2019 年的 2000 亿元，增长 2.56 倍，总体债务规模的增长快于财政赤字的增长。在 15 个副省级城市中，2019 年哈尔滨市财政支出占财政收入比重的位列第一，且财政赤字较高，仅低于深圳市和广州市。但深圳市和广州市具有雄厚的经济和财政实力，如 GDP 分别是哈尔滨的 5.13 倍（2016 年为 3.19 倍）和 4.5 倍（2016 年为 3.21 倍），财政收入分别是哈尔滨的 10.17 倍（2016 年为 8.34 倍）和 4.58 倍（2016 年为 3.71 倍），能够有效化解地方债务风险。

（二）哈尔滨市地方政府债务的结构分析

由于数据的较难获取性，本书以 2016 年数据进行分析。2016 年哈尔滨市地方政府债务余额为 1600 亿元，偿还债务本金支出 290.47 亿元。从债务分配情况看，一般债务余额为 1100 亿元，占总债务余额比重的 68.75%，较 2011 年（580 亿元）下降 5.61%；专项债务余额为 500 亿元，占比 31.25%，较 2011 年上升 5.61%，说明近 5 年来哈尔滨市的一般债务余额不断下降而专项债务余额不断增加，债务偏重于专项用途。市本级债务余额 1400 亿元、占比 87.5%，区级债务余额 200 亿元、占比 12.5%，市本级和区级与 2011 年（87.3%、12.7%）相比基本持平，债务支出在两级间投入较为平稳。在区级债务余额中，松北区以占比 75% 位居第一，较 2011 年上升 34.6%，随着松北区国家新区的建设，债务支出更多投向于此；道里区以占比 0.3% 为最低，较 2011 年下降 10.8%；道里区、南岗区等老区经济比较发达，基础设施较为完善，所需债务支出较少。

从债务法定性看，直接债务余额为 777.6 亿元，占比 48.6%，较 2011 年下降 4.52%；担保债务为 822.4 亿元，占比 51.4%，较 2011 年上升 4.52%，说明哈尔滨市直接债务有下降的趋势，而担保债务不断扩大。在直接债务余额中，市本级和区级分别为 650 亿元和 127.6 亿元，分别占直接债务的 83.59% 和 16.41%，与 2011 年（84.1%、15.9%）相比基本持平，直接债务在市本级和区级间的占比较为平稳；在担保债务余额中，市本级和区级分别为 561.7 亿元和 260.7 亿元，分别占担保债务的 68.3% 和

31.7%，较2011年分别上升和下降5.34%，说明市本级的担保债务不断增加而区级担保债务不断下降。

二、构建哈尔滨市地方政府债务风险预警指标体系

（一）体系构建的基本思路

地方政府债务风险指地方政府无力偿还到期债务的可能性及其不良的后果。上述阐述和分析总体表明了哈尔滨市地方政府债务规模过大、结构不合理，债务风险已开始显现。借鉴考燕鸣等（2009）、沈亮（2014）、刘阳等（2015）、金荣学等（2017）的研究方法，构建哈尔滨市地方政府债务风险预警体系，为防范其债务风险提供一套科学计量工具，旨在有效保障地方经济的健康发展。一般而言，地方政府债务风险预警主要有指标分析、熵权和PCA三种方法，其中指标分析法是按照国际上通行的指标标准进行测评的一种方法，但不适合我国复杂的地方政府债务实际；熵权法是利用各级地市数据的一种综合评价方法，所需数据较为庞大且获取困难；而PCA方法综合了上述两种方法的优点，为此本书采用该方法对哈尔滨市地方政府债务风险进行预警实证分析。

（二）PCA方法的运用

1. PCA的基本原理

主成分分析（principal component analysis，PCA）是通过适当的数学变换使新变量成为原变量的线性组合，实施变换前后的总方差相等，并寻求新的分量表示原来指标代表的信息的一种多项指标综合评价方法。

设F为分量、X为原变量、Y为标准化后的变量。i为各被评价样本、j为各评价指标、g为各分量、X_{ij}为第i个样本的第j个指标数值、Y_{ij}为第i个样本的第j个标准化指标数值、L_{ij}为第i个样本的第j个标准化指标的分量系数、F_{ig}为第i个样本的第g个分量。即有：$F_{ij} = \sum_{j=1}^{p} L_{ij} \cdot Y_{ij}$，其中$i = 1, 2, \cdots, n$，$j = 1, 2, \cdots, p$，$g = 1, 2, \cdots, p$，$\text{cov}(F_g, F_{g+k}) = 0$，$k \neq 0$，$g + k \leq p$，

这表示各个分量是相互独立的。

PCA 中 $\lambda_g > \lambda_{g+1}$，表明第一分量代表的原变量变差信息最多，第二分量次之，最后一个分量最少，近似于零。在分析实际问题时，在满足分析问题遵循 $\alpha(k) \geq 85\%$ 且 $\lambda_g > \bar{\lambda}$ 等精度要求的前提下，只取前 K 个分量来代表原变量。

2. PCA 的评价步骤

PCA 方法主要分为以下五个步骤。

（1）指标数据标准化。设时间区间为 n 年，评价指标为 p 个，为消除不同指标间量纲和正、逆指标的影响，运用 Z-score 法将样本数据按下列公式进行标准化，经过变换后的数据，均值为 0，方差为 1。

$$\begin{cases} \bar{x_j} = \sum_{i=1}^{n} \dfrac{x_{ij}}{n} \\ y_{ij} = \dfrac{x_{ij} - \bar{x_j}}{\sqrt{\dfrac{1}{n-1} \sum_{i=1}^{n}(x_{ij} - \bar{x_j})^2}} \end{cases} \quad (5.18)$$

（2）计算相关系数矩阵 $R = (r_{ij})_{np}$。公式为：

$$\begin{cases} s_{ij} = \dfrac{1}{n} \sum_{k=1}^{n}(x_{ki} - \bar{x_i})(x_{kj} - \bar{x_j}) \\ r_{ij} = \dfrac{s_{ij}}{\sqrt{s_{ii}}\sqrt{s_{jj}}} \end{cases} \quad (5.19)$$

（3）计算特征值和特征向量。求相关矩阵的特征值，特征向量 L_g 为特征根 λ_g 对应的特征向量。累计贡献率为 $\sum_{i=1}^{k} \alpha_i$，其中 $\alpha_i = \dfrac{\lambda_i}{\sum_{i=1}^{p} \lambda_i}$。

（4）将 k 个主成分综合成单指标评价。一是只用第一个主成分排序。按照此方法，多指标综合评价值是标准化变量值与对应的特征向量值的乘积之和；二是用 k 个主成分排序。分别求出每一个主成分的线性加权值的和 $F_{i1} - F_{ik}$，然后再用每个主成分的贡献率 $\lambda_i / \sum_{i=1}^{p} \lambda_i$ 作权数，求 F_{ik} 的加权和。

（5）以 F_i 作为多指标综合评价值。利用 Fisher 和 Logistic 模型求出风险概率水平。

（三）指标体系的确定

1. 确定预警指标的原则

选定地方政府债务预警指标一般应遵循重要性、综合性、互补性、灵活性、特殊性、规范性和可操作性的原则，其中重要性即指预警指标要体现有重要影响的地方政府经济活动；综合性即指预警指标能准确反映债务风险的程度且具有高度的概括性；互补性即指预警指标能相互联系、相互补充并客观全面地反映债务风险变化情况；灵活性即指预警指标细微的变化能直接反映债务风险程度的变化；特殊性即指预警指标应结合具体地区设计并确定各指标的权数；规范性即指预警指标以现有标准和国际惯例为基础；可操作性即指预警指标均有精准的数值体现。

2. 预警指标体系的构建

土地出让金和地方企业分别是哈尔滨市地方政府直接债务和担保债务还款的主要来源，但由于土地价格及供求关系、企业利润及财务风险等的不确定性，导致土地出让金具有风险性，企业逾期债务很有可能转嫁给政府。因此，本书从哈尔滨市地方财政收入和企业利润两个方面考虑构建风险预警指标体系，以地方财政收入还贷来分析财政收入、土地出让面积和价格波动，并确定直接债务的预警指标；以企业利润还贷来分析企业利润等因素，并确定担保债务的预警指标。预警指标体系如表5-13所示。

表5-13　　　　　地方政府债务风险预警指标体系

指标代码	指标名称	计算公式
X_1	政府预算支出率	地方一般预算支出/地方GDP×100%
X_2	预算支出偿债率	偿还债务本息额/地方一般预算支出×100%
X_3	狭义债务偿债率	偿还的直接债务本息额/地方一般预算支出×100%
X_4	投资基建支出率	财政基本建设支出/固定资产投资总额×100%
X_5	一般预算收支率	地方一般预算支出/地方一般预算收入×100%
X_6	财政收入占比率	地方一般预算收入/地方财政收入[①]×100%
X_7	广义债务偿债率	偿还债务本息额/地方财政收入×100%
X_8	财政土地收益率	土地出让收益[②]/地方财政收入×100%
X_9	财政逾期债务率	逾期债务本息总额/地方财政收入×100%

续表

指标代码	指标名称	计算公式
X_{10}	财政直接债务率	政府直接债务总量/地方财政收入×100%
X_{11}	财政担保债务率	政府担保债务总量/地方财政收入×100%
X_{12}	区县担保债务率	区县财政债务/政府担保总债务×100%
X_{13}	政府预算收入率	地方一般预算收入/地方GDP×100%
X_{14}	担保企业收益率	被担保企业税后净利润/担保企业销售收入×100%
X_{15}	财政收入税收率	税收收入/地方财政收入×100%
X_{16}	广义债务负担率	应还债务本息额③/地区生产总值×100%
X_{17}	企业债务负担率	企业应还债务本息额/企业税后利润总额×100%
X_{18}	城镇人数失业率	城镇失业人数/(城镇失业人数+城镇就业人数)×100%

注：表中各项数据以当年为准。
① 地方财政收入＝地方一般预算收入＋基金收入。
② 土地收益记入基金收入。
③ 政府应还债务本息额＝各项直接债务＋担保逾期债务。

3. 债务影响因子的处理

将影响哈尔滨市地方政府债务的因子纳入其预警体系，并确定警戒值和警戒区间。如前所述，在本书构建的哈尔滨市地方政府债务风险预警指标体系中，其指标均反映哈尔滨市地方政府债务的财政、直接债务、担保和效益等风险。因某一个性指标能反映某个或多个风险，且无具体的理论基础，可能有主观判断因素、共线性和指标不敏感等问题，故应对此剔除，旨在降低其主观性和不准确性的比重。本书对指标样本进行变量聚类过程中，选用欧氏距离（Euclidean distance）方法和Wald's最小方差法，得出聚类指标 $X_1 - X_{12}$。这些指标具有充分的可靠性和不重复性，可进行哈尔滨市地方政府债务风险预警操作。

4. 风险预警区间的设定

实施哈尔滨市地方政府债务风险预警工作，必须强化债务风险的监测预警和调控功能。借鉴裴育等（2006）、王朝才等（2005）、丛树海等（2004）的研究成果，按地方政府债务风险显示的警度信号（蓝灯、浅蓝灯、绿灯、黄灯、红灯5种）确定5个变动区间，即［0, 0.2］、［0.2, 0.4］、［0.4, 0.6］、［0.6, 0.8］和［0.8, 1.0］，所对应的是无风险区、低风险区、风险区、中风险区和高风险区。该值为概率值，表示地方政府债务风险发生的可能程度，其数值越大表明债务风险发生的可能性越大。

三、哈尔滨市地方政府债务风险预警分析

（一）哈尔滨市地方政府债务预警的指数分析

1. 预警指标值的计算

本书以哈尔滨市 2019 年数据为例，利用表 5-13 中各指标的计算公式，计算得出哈尔滨市政府债务风险的 12 个预警指标值见表 5-14。

表 5-14　　　　　　哈尔滨市 12 个债务风险指标值

指标	X_1	X_2	X_3	X_4	X_5	X_6	X_7	X_8	X_9	X_{10}	X_{11}	X_{12}
计算值	0.065	0.059	0.039	0.009	1.314	0.703	0.056	0.101	0.020	0.633	0.677	0.347

资料来源：原始数据来源于《哈尔滨统计年鉴（2020）》和哈尔滨市财政局等，表中变量数据经计算得到。

2. 预警指标因子的提取

运用计算得出的哈尔滨市 12 个预警指标值，根据 PCA 方法和 SPSS 统计软件的 Factor 功能提取综合指标。即从 12 个预警指标中提取 X_1、X_2、X_3、X_4、X_5、X_6 6 个主成分因子，其特征值之和占总方差的 89.81%，可对大部分数据予以充分的概括。哈尔滨市 12 个预警指标值的总方差解释如表 5-15 所示，成分矩阵如表 5-16 所示。

表 5-15　　　　哈尔滨市 12 个预警指标值的总方差解释

指标	初始特征值		提取值		循环值	
	总计	累计（%）	总计	累计（%）	总计	累计（%）
X_1	5.168	33.462	5.168	34.452	4.011	26.741
X_2	2.761	53.058	2.762	52.869	3.033	46.961
X_3	1.954	66.070	1.954	65.892	2.132	61.175
X_4	1.351	74.901	1.351	74.901	1.590	71.772
X_5	1.199	83.893	1.199	82.893	1.509	81.829
X_6	1.038	88.450	1.038	89.810	1.197	89.810
X_7	0.488	93.161				

续表

指标	初始特征值		提取值		循环值	
	总计	累计（%）	总计	累计（%）	总计	累计（%）
X_8	0.436	96.065				
X_9	0.300	98.078				
X_{10}	0.193	99.346				
X_{11}	0.062	99.798				
X_{12}	0.030	99.890				

表5-16　　哈尔滨市12个预警指标值的成分矩阵

指标	1	2	3	4	5	6
X_1	0.918	-0.154	-6.83E-02	4.25E-02	0.307	7.80E-03
X_2	0.751	0.218	-0.218	-0.296	0.113	-2.23E-02
X_3	0.766	-0.500	-7.04E-02	0.130	7.49E-03	0.225
X_4	0.444	9.76E-02	0.843	-3.87E-02	-0.254	9.31E-02
X_5	-0.120	0.334	-0.156	-0.397	0.175	0.759
X_6	0.591	0.756	-0.153	3.12E-02	-0.118	-2.03E-02
X_7	0.482	0.674	-0.244	0.103	-0.158	-0.146
X_8	0.905	-0.304	-0.109	1.53E-02	0.250	4.65E-02
X_9	0.441	0.101	0.845	-4.01E-02	-0.253	8.85E-02
X_{10}	0.910	-0.143	0.190	0.113	0.270	-2.91E-02
X_{11}	9.45E-02	-0.337	-4.59E-02	0.682	-0.429	0.270
X_{12}	-0.208	0.227	0.245	-0.347	0.460	0.393

从表5-16看，哈尔滨市12个预警指标值的每个因子中各原始变量的系数差别不明显。对因子命名并使用Kaiser方差最大旋转方法对其旋转，使系数向0和1两极分化，结果如表5-17所示。

表5-17　　哈尔滨市12个预警指标值旋转后的因子矩阵

指标	1	2	3	4	5	6
X_1	0.950	0.214	9.07E-02	-9.96E-02	2.48E-02	-2.61E-02
X_3	0.516	0.523	7.89E-02	-0.449	-0.109	-1.86E-02
X_6	0.910	-0.121	2.90E-02	-0.116	-7.65E-02	0.217

续表

指标	1	2	3	4	5	6
X_2	0.157	7.52E-02	0.980	-4.07E-03	1.85E-02	-4.76E-02
X_5	-7.39E-02	0.168	-0.100	6.67E-02	7.86E-02	0.929
X_7	0.192	0.946	0.140	-6.19E-02	-1.66E-02	7.11E-02
X_8	0.123	0.884	8.13E-03	-1.89E-03	8.22E-02	-3.00E-02
X_4	0.962	9.68E-02	5.89E-02	-0.200	9.11E-02	-4.29E-02
X_9	0.153	7.70E-02	0.979	-8.76E-04	1.55E-02	-5.11E-02
X_{10}	0.912	0.169	0.322	2.86E-02	4.68E-02	-5.25E-02
X_{11}	5.93E-02	-0.161	7.94E-02	1.91E-02	0.858	0.272
X_{12}	-0.322	-0.234	3.94E-02	7.18E-02	-0.707	0.438

根据因子旋转后的结果，可得出旋转后因子的数学表达式为：

$$RFcator_1 = 0.287X_1 - 0.068X_2 + 0.046X_3 + 0.28X_4 + 0.071X_5 + 0.279X_6 - 0.035X_7 \\ - 0.051X_8 - 0.069X_9 + 0.266X_{10} - 0.059X_{11} - 0.040X_{12} \quad (5.20)$$

$$RFcator_2 = -0.008X_1 - 0.024X_2 + 0.002X_3 - 0.048X_4 + 0.132X_5 - 0.111X_6 + 0.319X_7 \\ + 0.323X_8 - 0.023X_9 - 0.027X_{10} - 0.037X_{11} - 0.136X_{12} \quad (5.21)$$

$$RFcator_3 = -0.063X_1 + 0.491X_2 - 0.017X_3 - 0.067X_4 - 0.017X_5 - 0.069X_6 + 0.016X_7 \\ - 0.046X_8 + 0.491X_9 + 0.056X_{10} + 0.008X_{11} + 0.049X_{12} \quad (5.22)$$

$$RFcator_4 = 0.074X_1 - 0.033X_2 - 0.043X_3 + 0.006X_4 - 0.248X_5 + 0.065X_6 \\ - 0.02X_7 + 0.033X_8 - 0.031X_9 + 0.15X_{10} - 0.011X_{11} - 0.063X_{12} \quad (5.23)$$

$$RFcator_5 = -0.091X_1 + 0.039X_2 + 0.088X_3 - 0.055X_4 - 0.122X_5 + 0.029X_6 \\ + 0.027X_7 + 0.098X_8 + 0.037X_9 - 0.06X_{10} + 0.614X_{11} - 476X_{12} \quad (5.24)$$

$$RFcator_6 = 0.05X_1 + 0.001X_2 + 0.808X_3 + 0.055X_4 + 0.029X_5 + 0.031X_6 + 0.016X_7 \\ - 0.085X_8 - 0.003X_9 + 0.024X_{10} + 0.277X_{11} + 0.37X_{12} \quad (5.25)$$

（二）哈尔滨市地方政府债务风险预警的分析模型

1. 判别函数及方程的确定

本书运用 PCA 方法确定哈尔滨市地方政府债务风险的预警模型，主要是根据 Wilks' Lambda 值选择变量及 F 检验，并计算其降低程度，使最小值的变量进入判别函数（见表 5-18）。

表 5-18　　预警指标的变量判别

步骤	进入指标	Wilks' Lambda 值				F			
		统计值	df1	df2	df3	统计值	df1	df2	Sig
1	X4	0.749	1	1	38	12.735	1	38	0.001
2	X1	0.618	2	1	38	11.412	2	37	0.000
3	X2	0.531	3	1	38	10.588	3	36	0.000
4	X6	0.464	4	1	38	10.096	4	35	0.000

需要阐明的是：当 Sig 小于 0.05 或小于 0.01 时拒绝零假设，表明该变量在各组中的均值差异显著，故该值最大的可先行进入判别函数，6 个因子进入模型的顺序为 X_1、X_2、X_4、X_6、X_5 和 X_3。判别选择变量的目的是选取较少的自变量，导出判别函数并分析其优劣，从而得出两类地方政府的 Fisher 判别方程，其中第一类方程为：

$$F_1 = -0.644 RFactor_1 - 0.256 RFactor_2 - 0.893 RFactor_4 \\ + 0.461 RFactor_6 - 1.098 \quad (5.26)$$

$$F_2 = 0.871 RFactor_1 + 0.712 RFactor_2 + 1.208 RFactor_4 \\ - 0.624 RFactor_6 - 1.435 \quad (5.27)$$

预警指标分类结果为：原始值和预测值均设置为 1.00 和 2.00，其结果为两组数的不同搭配，即两值均为 1.00 时的结果为 21、错判率为 91.3%，当原始值和预测值为 1.00 和 2.00 时的结果为 2、错判率为 8.7%，当原始值和预测值为 2.00 和 1.00 时的结果为 5、错判率为 29.4%，当两值均为 2.00 时的结果为 12、错判率为 70.6%。因此，得出哈尔滨市地方政府不存在和存在风险的错判率为 8.7% 和 29.4%，总体正确率为 82.5%。按照谨慎性原则，其判别标准为：第一类政府判别方程为重点，第二类为参考（王曙光等，2017）。

2. 非条件多元预警模型的确定

运用 SPSS 软件的 Logistic 工具及 6 个主成分因子，建立非条件多元回归模型：

$$Z = \log \frac{p}{1-p} = 5.511 RFactor_1 + 2.292 RFactor_2 - 2.261 RFactor_6 \quad (5.28)$$

从表 5-19 可以看出非条件多元回归步骤为：一是当 X_1 进入模型后，对两类政府判断的正确率分别为 65.2% 和 70.6%，总体正确率为 67.5%；二是当 X_1 和 X_2 同时进入模型后，对两类政府判断的正确率分别为 95.7% 和 70.6%，总体正确率为 85.0%；三是当 X_1、X_2 和 X_5 同时进入模型后，第一类政府判断的正确率高达 91.3%、第二类的正确率没有提升，总体正确率达到 85.0%。因此，通过非条件多元回归与判别的结果较为相近，且具有较高的正确率。另外从表 5-20 可见，模型中自变量系数在 10% 的水平上显著（李腊生等，2013）。

表 5-19　　　　　　　　预警指标的非条件多元回归

步骤	原始值	预测值		正确率（%）	总体正确率（%）
		1.00	2.00		
步骤1：X_1 进入	1.00	15	8	65.2	67.5
	2.00	5	12	70.6	
步骤2：X_1、X_2 进入	1.00	22	1	95.7	85.0
	2.00	5	12	70.6	
步骤3：X_1、X_2、X_5 进入	1.00	21	2	91.3	85.0
	2.00	4	13	76.5	

表 5-20　　　　　　　　预警模型的方程变量

步骤		B	标准差	Wald 值	df	Sig	Exp（B）
步骤1	X_4	1.424	0.525	7.366	1	0.007	4.152
步骤2	X_1	3.969	1.432	7.683	1	0.006	52.932
	X_4	1.791	0.674	7.059	1	0.008	5.993
步骤3	X_1	5.511	2.253	5.984	1	0.014	247.431
	X_2	2.492	0.962	6.715	1	0.01	12.083
	X_4	2.261	1.4	2.608	1	0.106	0.104

（三）哈尔滨市地方政府债务风险预警分析的结论

通过上述哈尔滨市地方政府债务风险预警的模型构建及其分析，得到如下结论：

第一，地方政府债务风险偏高。基于 PCA 方法及债务风险预警模型对哈尔滨市 2019 年的数据验证，得出其属于某一类政府的概率。其中 $P = 1 -$ Logistic 概率，通过 Logistic 回归可知概率为 0.195，因而 P 等于 0.805；通过 Fisher 回归得出两类模型方程预测的概率 P_1 和 P_2 分别为 0.773 和 0.205。由于 Fisher 模型对第一类政府判别的正确率较高，所以将概率预测结果 P 和 P_1 组合起来，取两者的最大值作为最终的预测概率，即风险预测值 0.805 属于 [0.8，1.0] 区间而处于高风险区，表明哈尔滨市政府偿债能力压力较大。

第二，财政直接项目债务较多。对哈尔滨市政府债务风险的预警指标及模型的分析表明，地方政府财政直接项目债务在债务风险预警指标体系的占比较大，如表 5-13 所示，经过测算的直接债务负担率高达 63.3%，表明财政直接项目债务已经成为哈尔滨市地方政府债务风险的最主要来源，必须引起高度重视并予以防范。

第三，担保债务因素的不确定。地方财政收入和土地出让收益是防范债务风险的有效途径，但后者的不确定性及企业的担保债务是导致政府债务的重要因素，企业和区县的担保债务现已成为哈尔滨市政府最大的担保债务，如表 5-13 所示，经过测算的总担保债务负担率高达 67.7%，其中区县担保债务率 34.7%。

四、哈尔滨市地方政府债务风险的成因分析

地方政府的财政赤字主要依靠举债方式予以弥补，财政赤字越大说明需要的举债规模也越大。近年来，随着振兴东北老工业基地战略的深入，哈尔滨市经济社会发展的资金需求剧增，但地方公共财政收入增长缓慢，公共财政支出增长过快，财政收支差额继续拉大，导致债务规模扩大、偿债压力陡增、债务风险增强。其原因主要包括以下五个方面：

（一）地方政府隐性债务增多

哈尔滨市地方政府隐性债务主要来自国有企业。哈尔滨市统计局数据显示，全市国有企业综合资产负债率高达 72.36%，其中负债大于资产的企业超过 50%。国有企业经营现金流动比率低，长期、短期偿债能力均较

差，存在企业债务转化为政府债务的风险，从而提高地方政府债务风险的总体程度。

（二）债务资金使用效率较低

哈尔滨市很多大型项目由于企业自筹资金或地方政府配套资金未能及时足额到位，使得债务资金不能充分发挥应有的作用。如哈轴、东轻、哈尔滨依兰汽车转向器有限责任公司等老工业基地技术改造国债项目，由于企业银行贷款难以解决，自筹资金无法落实，导致项目不能投产甚至根本没有开工建设。

（三）举借债务融资成本提高

据哈尔滨市财政局统计数据显示，在市地方政府显性债务中，近50%来源于国家开发银行，但由于其贷款的管理效率明显偏低，项目建设进度与国家开发银行资金到账不能有效予以衔接，出现资金闲置仍要计息的情况，提高了举借债务融资的成本，从而也就增大了哈尔滨市的政府债务风险。

（四）地方财政偿债能力较差

2015~2019年哈尔滨市GDP年均增长7.28%，2016~2019年常住人口人均GDP年均增长7.24%，地方财政收入年均增长2.94%，2015年、2016年、2017年和2019年甚至出现负增长（-3.73%、-7.73%、-2.15%和-3.51），而债务总规模年均增长19.55%，远远高于经济发展水平和财政收入能力，偿债能力与债务规模不匹配，尤其偿债高峰期的到来将使政府偿债面临巨大的压力。

（五）地方债务偿债渠道受阻

土地出让金是地方政府直接债务偿还的主要来源，但哈尔滨市土地出让金用于偿还地方政府债务的资金较少，如2019年土地出让金用于偿还债务的比重仅为4.12%。随着哈尔滨市可供开发的商业用地的逐步减少及国家土地政策的紧缩，土地出让金也将不断萎缩，这也会限制举债规模，其政府偿债压力进一步加大。

五、哈尔滨市地方政府债务风险的防范措施

(一) 基本防范措施

1. 降低债务风险的基本措施

一是减少直接项目债务规模，如减少或取消不必要的地方政府直接项目举债，并规范重要的直接项目投资，减轻政府筹资还款压力；二是健全担保债务规范，如建立健全哈尔滨市政府债务担保机制和分级担保、反担保、实物担保等担保制度，完善债务举借和担保监管制度，以降低潜在的债务风险；三是逐步化解隐性债务，如建立哈尔滨市财政补贴长效机制，控制国有企业风险的财政转移，防范金融风险的财政化；四是培育新型财源，如支持哈尔滨优势产业发展，重点扶持科技型、外向型民营企业和小微企业，推进工业园区和工业大项目建设，培植骨干财源项目，以确保传统"消耗型"财政支持向可持续发展的"循环型"财政支持的有机转变（王曙光等，2016）。

2. 减轻偿债压力的基本措施

一是加强税收征收管理，如建立哈尔滨市国地税协同共管机制，实行联合办税和委托代征税款，保障财政收入的稳定增长；二是财政补助支持，如组织项目申报与论证，加大上级专项转移支付力度，充分利用国家置换债券政策增加置换债券资金；三是强化预算平衡，如完善财政预算管理制度，弥补重点支出项目资金缺口，减轻政策性减收压力；四是加强债务管理，如制定《哈尔滨市债务风险化解规划》《哈尔滨市债务风险应急处置预案》等制度，盘活财政存量，加大清理财政暂付款和部门结余结转资金，保证到期债务按时偿还；五是畅通偿债渠道，如严格实行土地出让"招拍挂"，公开招租拍卖桥体广告经营权和政府出租转让房产，以期实现收益的最大化。

(二) 具体对策建议

1. 减少地方特定债务规模

（1）减少地方直接项目债务规模。通过上述地方政府债务预警指标分

析及其结果看，最大的风险来源主要是地方财政直接项目债务，因此减少地方财政直接项目的债务规模能在很大程度上降低地方政府债务风险。其措施主要包括：减少或取消不必要的地方政府直接项目举债，充分发挥市场经济直接能动作用和调控债务市场的功能，地方政府不应参与可由市场或社会提供的举债项目，逐步减少地方政府直接项目债务规模；规范地方政府直接项目投资行为，地方政府必须退出一般竞争性和盈利性经营项目投资，交由市场或社会投资运作，以减轻地方政府筹资还款压力，预防企业有限风险转变为政府的无限风险。

（2）减少地方政府担保债务规模。结论中已阐明了过大的地方政府担保债务规模是导致地方政府债务风险增加的重要原因，特别是地方政府对区县和企业的债务担保，目前已成为地方政府债务风险增高的不确定性因素，因此应采取积极、有效措施来降低地方政府的债务担保规模。其措施主要包括：建立健全地方政府债务担保机制，以降低潜在的地方政府债务风险；建立健全地方政府分级担保、反担保和实物担保等担保管理制度，适度提高地方政府担保条件，严格控制地方政府担保债务规模；建立政府债务举借、担保登记备案制度，明确政府所有举借和担保债务的数额，以及清偿债务数额、债权人和时限等规定。

2. 提升地方财政收入能力

（1）培育地方新型财源。导致地方政府债务风险的根源在于发展经济的大规模举债，但发展经济需要地方财力支持，而财力不足又需要政府举债来弥补财政赤字问题，因此强化财力保障、培育财源、提高效益尤为重要。其措施主要包括：支持地方发展自身优势产业，促进企业技术改造、产品结构调整和产业升级，加快发展高新技术产业和现代服务业，改造提升传统产业；完善财税激励政策，重点扶持科技型、外向型民营企业和小微企业，形成新的经济增长点；大力推进工业园区和工业大项目建设，培植骨干财源项目，确保传统"消耗型"财政支持向可持续发展的"循环型"财政支持的有机转变。

（2）拓宽地方融资渠道。促进地方经济发展、增强地方政府财力，就必须拓宽地方政府融资渠道、解决融资难题。其措施主要包括：盘活城市存量资产，围绕城区停车场、地下管线资源和地下空间资源等有形资产，以及道路、市政公用设施冠名权、户外广告权和城市交通运营权等无形资产，采取租赁、拍卖等形式，搞好全方位的市场运营与管理，创造无形资产效益的最大化；加快城市重点项目建设，充分发挥投资集团、城投公司等筹融资平台的作用；采取发行企业长期债券、投资信托资金和PPP模式等方式，吸引社会资金对城市基础设施建设项目的投资，以实现投资的市场化、多元化。

（3）提升土地出让效益。各级地方政府应加大筹资力度，不断提升土地出让效益。其措施主要包括：根据城市发展、产业布局、基础建设和房产开发等需求，科学编制土地经营中长期规划和土地利用年度计划，讲求土地综合收益；对地方土地一级市场实行垄断供应，地方经营性土地实施"招拍挂"，使其征用、收储、开发、整理、招标、拍卖全过程统一平台运作；实施年度供地总量控制、不饱和供应，通过市场运作提升土地收益；规范成本性和非成本性支出，从严治理违法用地，防止土地出让收入流失；完善土地供应及收支信息公开制度，盘活土地出让收支存量资金，提高资金使用效益。

3. 规范地方政府债务管理

（1）完善地方债务管理制度。债务风险程度受制于债务管理制度及其实施质量，因而建立健全地方债务管理制度显得尤为重要。其措施主要包括：设立专项偿债资金，该项资金可按年度地方财政收入的一定比例提取；加强举债项目管理，规范举债的规模、结构和项目内容；加强债务预算管理，运用预算管理机制约束政府举债和偿债行为，并保证债务预算的真实性、稳定性和完整性；加强债务数据管理，健全债务项目数据库，完善其统计、核算、计量体系和数据资料采集报送体系；加强债务监控管理，在实施债务委员会内部监管的基础上来强化人大、审计和监察等部门的外部监管。

（2）逐步化解地方隐性债务。目前我国地方政府隐性债务较多、风险程度较高，因而需要优先解决地方政府的隐性债务风险。其措施主要包括：积极弥补社会保障资金缺口，建立财政补贴和长效扩面工作机制，加大"五险一金"征缴环节的检查稽核力度；控制国有企业风险向财政转移，继续加大金融债务回购力度，减轻国有企业债务负担，推动国企改革顺利推进；建立企业债务风险预警制度，设立专项偿债准备金，完善债管办网络报表体系；建立良性的金融生态环境，让地方金融企业真正成为独立的、自负盈亏的经济主体，强化企业资产及负债管理，实施金融风险动态控制，防范地方金融风险的财政化。

第五节 本章小结

本章是对黑龙江省新型城镇化发展财政激励政策的实证分析，主要包括黑龙江省新型城镇化与财政相关变量实证分析、黑龙江省新型城镇化率与GDP财政收入率分析、城镇化与财政补贴实证分析——以哈尔滨市为例和城镇化地方政府债务风险分析——以哈尔滨市为例。具体包括以下方面。

第一，黑龙江省新型城镇化与财政相关变量实证分析。选取黑龙江省城镇化率、地区生产总值、第三产业占比、黑龙江省公共财政收入和公共财政支出等变量，以1978~2019年数据为支撑，建立VAR（3）时间序列模型，通过变量的平稳性检验、协整检验、模型平稳性检验、脉冲响应分析、方差分解和格兰杰因果关系检验等，得出以下结论：与国外及我国发达地区相比黑龙江省城镇化水平依然较低；黑龙江省城镇化率与GDP、第三产业占比、公共财政收入和公共财政支出存在长期的协整关系；黑龙江省第三产业占比、公共财政支出、GDP对城镇化发展的效果较公共财政收入明显；黑龙江省新型城镇化发展与财政政策存在密切的关系等。

第二，黑龙江省新型城镇化率与GDP财政收入率分析。城镇化率与财政收入占GDP比重存在密切的联系，促进新型城镇化发展的核心要素是经济结构（产业结构），各级政府想要快速推进城镇化发展就一定要加大对第二、第三产业的投入，加快工业和服务业的发展和占比。从静态构成看，企业利润以及生产规模的增加和扩大，不会导致财政收入占GDP比重的较大变化；从动态形成看，价格、生产和结构对财政收入占GDP比重具有重大影响。产业结构是黑龙江省城镇化率与财政收入占GDP比重关系的纽带，产业结构的优化和经济运行质量的提高既是城镇化发展的助力，也是财政收入增长的关键因素。

第三,以哈尔滨市为例,实证分析城镇化与财政补贴的关系。建立城镇化公共交通财政补贴的计量模型,分析哈尔滨市城市公共交通的发展现状以及财政补贴现状,对哈尔滨市 2013~2019 年城市公共交通进行测算,发现财政补贴明显不足、缺口较大,远不能满足城市公交发展的需要。建立 Gm (1,1) 灰色系统预测模型,预测哈尔滨市 2021~2025 年城市公交财政补贴的缺口数额,得出在"十四五"规划期间,甚至是到 2035 年,要加大对哈尔滨市公交财政补贴的力度,保证城市公交发展的需要。提出拓展财政补贴资金的来源渠道、强化财政补贴资金的监管措施等对策建议。

第四,以哈尔滨市为例,阐述和分析城镇化地方政府债务风险。分析哈尔滨市地方政府债务的规模和结构等总体状况,构建哈尔滨市地方政府债务风险预警指标体系,运用 PCA 方法,对哈尔滨市地方政府债务风险预警分析,得出地方政府债务风险偏高、财政直接项目债务较多、担保债务因素的不确定等结论,并分析地方政府隐性债务增多、债务资金使用效率较低、举借债务融资成本提高、地方财政偿债能力较差、地方债务偿债渠道受阻等原因,提出降低债务风险、减轻偿债压力等基本防范措施和减少地方特定债务规模、提升地方财政收入能力、规范地方政府债务管理等具体对策。

第六章

黑龙江省新型城镇化发展税收激励政策的实证分析

第一节 税收政策促进新型城镇化发展的运行机理分析

一、新型城镇化发展的税收作用模式

新型城镇化是社会经济发展的必然结果,其发展实际上是各种资源不断聚集和优化的过程,该过程是动态发展和扩散的,主要表现在农村人口大量向城镇聚集和各生产要素在空间上得到优化配置,其中还伴随着税收、产业等政策的变化和影响。新型城镇化又可以看成是聚集力量和分散力量相互作用的结果,在城镇化发展过程中,所有企业和个人都将面临两难选择,一方面他们可以从城镇化中获得聚集利益而聚集在一起,另一方面又要支付城镇化所带来的聚集成本(例如税收)而使他们分散,只有获得的聚集利益大于聚集成本时才能使城镇化顺利发展,而税收政策在其中扮演着重要的作用(李斌等,2018)。

二、新型城镇化发展的人口流动机理

城镇化的最主要特征之一是城镇人口的大规模增长。城镇化发展的人

口流动数量受很多因素的影响，著名发展经济学家刘易斯（1954）提出的两部门理论认为：农民有向城镇地区流动的强烈动机，该动机形成的原因主要有：一是城镇实际工资水平比农村较高；二是农村存在落后的传统农业部门与城镇的发达现代工业部门的差距；三是农村由于土地面积有限，资本投入缺乏，人口持续增长，存在大量的剩余劳动力。美国经济学家托达罗（1970）提出的人口流动模型则认为：人口迁移过程是人们对城乡预期收入差异，而不是实际收入差异作出的反应；只有当一个劳动力估计他在城市部门预期的收益高于他在农村的收入时，迁移才会发生，否则劳动力将会继续留在农村。因此托达罗认为决定劳动力流动的不是实际收入水平，而是以实际收入乘以就业概率的预期收入水平。

立足黑龙江省省情，结合黑龙江省新型城镇化的实际发展情况，我们认为影响城镇化发展的人口流动数量的因素主要有：农村与城镇的实际收入差距、农村和城镇的预期收入水平、城镇地区的就业水平、农村与城镇的距离，此外，还应考虑诸如税收政策、对子女受教育的重视程度、医疗卫生条件等。我们用 Y_t 表示在 t 时间内农村向城镇流动的人口总数量，它是所有影响因素组合的函数，建立如下公式：

$$Y_t = F(aW_u - aW_r - kD - T - C\Delta) \qquad (6.1)$$

其中，a 代表未来收入相对于现在收入的预期报酬率，W_u 代表城镇居民实际收入，W_r 代表农村居民实际收入，aW_u 代表农民进城后预期收入，aW_r 代表农民仍在农村预期收入，k 代表运输成本系数，D 代表农村与城镇之间的距离，T 代表农民进城后可能承担的税收，$C\Delta$ 代表农民进城后其他因素所产生的费用差额。可以发现，当只有预期收入的增长大于一切迁移所带来的成本费用时，农村人口才可能流向城镇，即要求 $aW_u - aW_r - kD - T - C\Delta > 0$，否则人口流动将会停止或流向农村。

三、税收政策与城镇化率的关系机理

我们可以从另一个角度来分析城镇化的发展，这里主要分析税收对城镇化率的影响。影响城镇化率的因素主要包括：农村与城镇之间经济要素的转移流动水平（用 E 表示）、经济工业化水平（用 C 表示）、城镇产业结构转变水平（用 I 表示）和农村农业机械化水平（用 M 表示）。我们认为城镇化率（用 U 表示）是 E、C、I 和 M 的函数（贾婷月，2018），表示为：

$$U = F(E, C, I, M) \tag{6.2}$$

这 4 个因素都对城镇化的发展有着积极的作用，因此有 $\frac{\partial U}{\partial E} > 0$，$\frac{\partial U}{\partial C} > 0$，$\frac{\partial U}{\partial I} > 0$，$\frac{\partial U}{\partial M} > 0$，于是全微分有 $\mathrm{d}U = \frac{\partial U}{\partial E}\mathrm{d}E + \frac{\partial U}{\partial C}\mathrm{d}C + \frac{\partial U}{\partial I}\mathrm{d}I + \frac{\partial U}{\partial M}\mathrm{d}M > 0$，可以看出城镇化水平 U 是经济要素转移流动水平 E、经济工业化水平 C、城镇产业结构转变水平 I 和农村农业机械化水平 M 的单调增函数。

但是，税收政策的类型以及力度引导城镇内部居民和各经济主体的地域分布格局和产业结构调整，税收政策通过影响城镇的聚集效应进而影响城镇的工业化水平，税收政策还可以通过对农业机器和农产品加工等的影响进而影响农村农业机械化水平，因此，可以认为影响城镇化率的 4 个因素都受税收政策的影响和制约，要求我们必须考虑税收政策对城镇化率的影响。他们都是税收政策（用 T 表示）的函数，分别设为：$E = f_1(T)$，$C = f_2(T)$，$I = f_3(T)$，$M = f_4(T)$，且 T 对他们的作用既可以是促进，又可以是阻碍。因此，城镇化率 U 函数又可表示为：$U = F[f_1(T), f_2(T), f_3(T), f_4(T)]$，则 $\frac{\partial U}{\partial T} = \frac{\partial U}{\partial E} \cdot \frac{\partial E}{\partial T} + \frac{\partial U}{\partial C} \cdot \frac{\partial C}{\partial T} + \frac{\partial U}{\partial I} \cdot \frac{\partial I}{\partial T} + \frac{\partial U}{\partial M} \cdot \frac{\partial M}{\partial T}$，税收通过影响经济要素的转移流动水平 E、经济工业化水平 C、城镇产业结构转变水平 I 和农村农业机械化水平 M，从而影响城镇化率 U，其影响效果主要表现为以下不同的情形及发展模式：

第一，当 $\frac{\partial E}{\partial T} > 0$，$\frac{\partial C}{\partial T} > 0$，$\frac{\partial I}{\partial T} > 0$，$\frac{\partial M}{\partial T} > 0$ 时，即税收政策有利于经济要素的转移流动、经济工业化发展、城镇产业结构转变和农村农业机械化提高时，城镇化将快速发展，表现为"同步城镇化"。

第二，当 $\frac{\partial C}{\partial T} > 0$，$\frac{\partial I}{\partial T} > 0$，$\frac{\partial E}{\partial T} < 0$，$\frac{\partial M}{\partial T} < 0$ 时，即税收政策有利于经济工业化发展和城镇产业结构转变，但不利于经济要素的转移流动和农村农业机械化提高时，城镇化发展将在外部发展环境上受阻，表现为"滞后城镇化"。

第三，当 $\frac{\partial C}{\partial T}<0$，$\frac{\partial I}{\partial T}<0$，$\frac{\partial E}{\partial T}>0$，$\frac{\partial M}{\partial T}>0$ 时，即税收政策不利于经济工业化发展和城镇产业结构转变，但有利于经济要素的转移流动和农村农业机械化提高时，城镇化发展将在内部发展环境上受阻，表现为"虚假城镇化"。

第四，当 $\frac{\partial E}{\partial T}<0$，$\frac{\partial C}{\partial T}<0$，$\frac{\partial I}{\partial T}<0$，$\frac{\partial M}{\partial T}<0$ 时，即税收政策不利于经济要素的转移流动、经济工业化发展、城镇产业结构转变和农村农业机械化提高时，税收政策将完全阻碍城镇化的发展，表现为"空虚城镇化"。

第二节 黑龙江省城镇化率与税收收入总量的实证分析

一、数据选取及其序列

（一）数据选取及其方法

为研究税收政策对黑龙江省新型城镇化发展的影响，在税收政策量化上应选用重要、且易于量化的税收收入数据。本书主要选取黑龙江省 1995~2019 年税收收入数据，用 TR 来表示；在城镇化率上，主要参考宋元梁和肖卫东的做法，采用市镇人口占总人口比重指标来衡量城镇化水平，用 UR 来表示。对各项数据取对数，可以在一定程度上消除异方差问题，同时突出弹性的意义所在（刘昊，2013）。相关原始数据及取对数后（分别用 lnTR、lnUR 表示）的变量值如表 6-1 所示。

表 6-1　　1995~2019 年黑龙江省税收收入和城镇化率

年份	TR	UR	lnTR	lnUR
1995	74.46	53.7	4.3103	3.9834
1996	93.27	53.8	4.5355	3.9853
1997	110.69	53.9	4.7067	3.9871

续表

年份	TR	UR	lnTR	lnUR
1998	131.79	54.0	4.8812	3.9890
1999	125.02	54.2	4.8285	3.9927
2000	136.20	51.9	4.9141	3.9493
2001	157.00	52.4	5.0562	3.9589
2002	170.45	52.6	5.1384	3.9627
2003	182.94	52.6	5.2092	3.9627
2004	212.71	52.8	5.3599	3.9665
2005	233.88	53.1	5.4548	3.9722
2006	284.15	53.5	5.6495	3.9797
2007	323.55	53.9	5.7794	3.9871
2008	425.12	55.4	6.0524	4.0146
2009	471.58	55.5	6.1561	4.0164
2010	556.97	55.7	6.3225	4.0200
2011	741.85	56.5	6.6091	4.0342
2012	837.80	56.9	6.7308	4.0413
2013	912.82	57.4	6.8165	4.0500
2014	977.40	58.0	6.8849	4.0604
2015	880.34	58.8	6.7803	4.0741
2016	827.85	59.2	6.7188	4.0809
2017	901.91	59.4	6.8045	4.0694
2018	980.80	60.1	6.8884	4.0873
2019	924.40	60.9	6.8291	4.1043

资料来源：根据 2012~2020 年《黑龙江统计年鉴》计算整理。

VAR 模型是指系统内每个方程有相同的等号右侧变量，包括所有内生变量的滞后值。VAR 模型把系统中每一个内生变量作为系统中所有内生变量的滞后值的函数来构造模型，从而将单变量自回归模型推广到由多元时间序列变量组成的"向量"自回归模型。避开了结构建模方法中需要对系统中每个内生变量有关所有内生变量滞后值函数的建模问题，因此建立VAR 模型的一般表达式为：

$$Y_t = A_1 Y_{t-1} + A_2 Y_{t-2} + \cdots + A_n Y_{t-n} + BX_t + \varepsilon_t \quad (6.3)$$

其中，Y_t 是一个内生变量列向量，X_t 是外生变量向量，A_1，A_2，…，A_n 和 B 是待估的系数矩阵，而 ε_t 则是误差向量。

(二) 时间序列图分析

由于经济变量的非平稳性，使得基于普通回归方法所估计的方程可能存在伪回归问题。因此，根据表 6-1 数据绘出税收收入 ($\ln TR$) 与城镇化率 ($\ln UR$) 的序列图，可以看出，两变量具有上升的趋势，属于非平稳的时间序列，明显存在某种均衡关系。

二、模型检验及其方法

(一) 变量的平稳性检验

从表 6-2 中可以看出，在二阶差分下，$\ln TR$ 和 $\ln UR$ 在 1%、5% 和 10% 的显著水平下均达到稳定。

表 6-2 时间序列 $\ln TR$ 和 $\ln UR$ 的平稳性检验

变量	p 值	t 统计量	1% 显著水平	5% 显著水平	10% 显著水平	检验结果
$\ln TR$	0.7546	-0.936495	-3.808546	-3.020686	-2.650413	不稳定
$\Delta \ln TR$	0.0946	-2.680954	-3.808546	-3.020686	-2.650413	不稳定
$\Delta^2 \ln TR$	0.0000	-6.731715	-3.831511	-3.029970	-2.655194	平 稳
$\ln UR$	0.9892	0.705069	-3.788030	-3.012363	-2.646119	不稳定
$\Delta \ln UR$	0.0541	-2.223905	-3.808546	-3.020686	-2.650413	不稳定
$\Delta^2 \ln UR$	0.0003	-5.585256	-3.857386	-3.040391	-2.660551	平 稳

注：Δ 表示变量的一阶差分，Δ^2 表示变量的二阶差分。

(二) VAR 模型滞后期的选择及其构建

这里将滞后期选定为 3 阶，通过 EViews 软件得出 VAR 模型，对 VAR 模型进行滞后期选择，可得到 5 个评价统计量的值，如表 6-3 所示。

表6-3　　　　　　　　　VAR模型滞后期的选择

滞后阶数	LogL	LR	FPE	AIC	SC	HQ
0	29.49952	NA	0.00019	-2.89469	-2.79527	-2.87786
1	81.28961	87.22542*	1.25e-06*	-7.925222*	-7.626979*	-7.874748*
2	83.01258	2.539115	1.62E-06	-7.68554	-7.18846	-7.60141
3	85.068	2.596321	2.08E-06	-7.48084	-6.78494	-7.36307

注：LR、FPE、AIC、SC、HQ表示5个评价统计量，*表示5个评价统计量各自给出的最小滞后期。

从表6-3中可以看出：5个评价统计量都认为应当建立1阶滞后模型，则确定建立VAR（1）模型。运用EViews软件，得到VAR（1）模型回归结果（见表6-4）。

表6-4　　　　　　　　　VAR模型回归结果

变量	lnUR	lnTR
lnUR（-1）	0.797585 -0.12727 [6.26692]	-1.57152 -1.07355 [-1.46385]
lnTR（-1）	0.013324 -0.00549 [2.42705]	1.019612 -0.04631 [22.0189]
c	0.739205 -0.48352 [1.52880]	6.289449 -4.07863 [1.54205]

因此，可以将VAR模型写作以下表达式：

$$\ln UR_t = 0.797585\ln UR_{t-1} + 0.013324\ln TR_{t-2} + 0.739205 \quad (6.4)$$

（三）VAR模型平稳性检验

运用EViews软件中的AR Roots Table功能，可得到VAR模型的全部特征根。经计算，单位根为0.908598-0.092812i和0.908598+0.092812i，模数为0.913326和0.913326。运用AR Roots Graph功能，可得到单位圆曲线以及VAR模型全部特征根的位置图，如图6-1所示。图中显示此VAR模型全部特征根均小于1，是一个很平稳的系统。

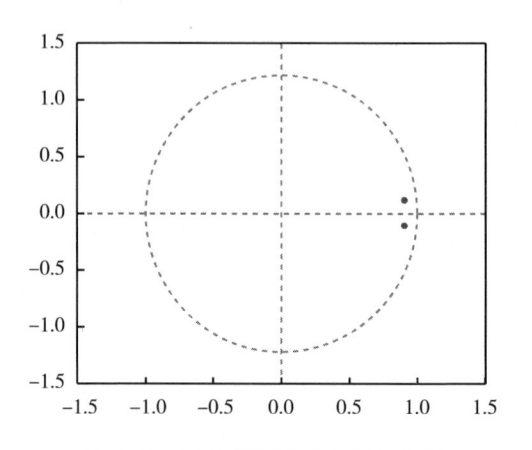

图 6-1　VAR 模型全部特征根位置

（四）VAR 模型协整性检验

运用 EViews 软件中的 Cointegration test 功能，可得出以下结论：

第一，协整检验结果。以检验水平 0.05 判断，因为迹（Trace）统计量检验有 16.44 > 15.49，0.03 < 3.84；最大特征值统计量检验有 14.42 > 14.26，0.03 < 3.84，所以 $\ln TR$ 和 $\ln UR$ 序列存在协整关系。

第二，非标准化的协整参数矩阵 $\beta = \begin{bmatrix} -36.59 & 7.61 \\ 9.96 & -0.89 \end{bmatrix}$；调整参数矩阵 $\partial = \begin{bmatrix} 0.0043 & -0.0003 \\ -0.0342 & -0.0013 \end{bmatrix}$。

第三，标准化协整参数向量 $b = (1 \ -0.16)'$；调整参数向量 $a = (-0.14 \ \ 1.15)'$。22 年间黑龙江省税收收入每增加 1 个单位，将阻碍城镇化发展 0.16 个百分点。

（五）脉冲响应函数分析

在 VAR 模型中，第 n 个变量的冲击不仅直接影响到第 n 个变量，而且会通过 VAR 模型的滞后结构传递到其他内生变量。脉冲响应函数描述了一个变量的随机误差项的冲击对每个内生变量当期以及以后各期的影响。由于 VAR 中不同方程的随机误差项之间存在同期相关，需要构造一个正交矩阵将同期相关的冲击转为同期不相关的冲击项。具体分解如图 6-2 所示，图中描述了 VEC 模型中黑龙江省税收收入和城镇化率对未来信息的反应。

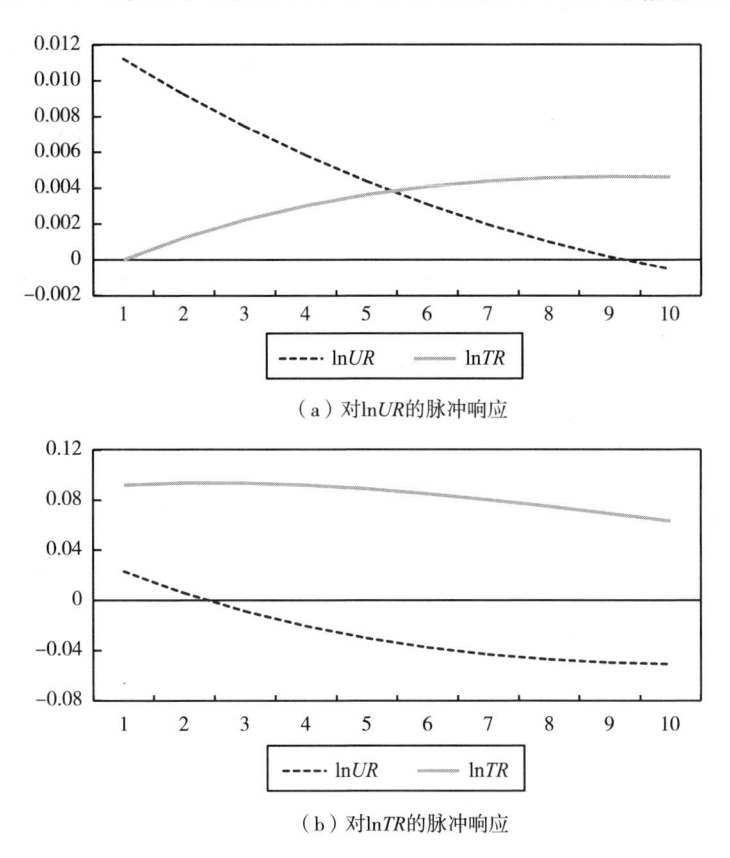

（a）对 lnUR 的脉冲响应

（b）对 lnTR 的脉冲响应

图 6-2　黑龙江省税收收入和城镇化率对未来信息的反应

注：横轴为滞后期数（年）。

（1）城镇化发展对税收收入的反应。城镇化对自身的一个标准差信息在开始就反应剧烈，之后持续下降，到第 9 期的时候达到零点，第 10 期为负数。来自税收收入的影响基本上是反向的，在第 1 期就已经反应，第 1~7 期表现为持续上升，之后 3 期反应相对缓和，趋于平稳。可以看出，黑龙江省城镇化的发展与税收收入之间存在着密切的关系。

（2）税收收入对城镇化发展的反应。税收收入对其自身的一个标准差信息在前 5 期反应相对缓和，从第 5 期开始稳步下降。来自城镇化的影响基本上是反向的，在前 6 期幅度变化较大，持续下降，之后比较平稳。

三、基本结论与启示

从上述分析中可得出以下结论：

第一，从基础数据来看，除 2015~2019 年受全国结构性减税、"营改增"和减税降费等一系列政策等因素的影响外，黑龙江省税收收入每年都快速增长，2018 年全省税收收入最高，为 980.8 亿元，是 1995 年税收收入的 13.17 倍，23 年间年均增长 36.95 亿元。但是黑龙江省城镇化水平依然较低，2019 年城镇化率仅为 60.9%，远低于发达国家和我国发达地区城镇化水平，也落后于世界平均水平。黑龙江省城镇化和城市的发展要进入平稳期还需要一段时间（城镇化水平达到 70% 以上才进入平稳期）。因此，黑龙江省城镇化的发展有很大的空间，税收政策应当在城镇化的发展上起到激励作用。

第二，税收收入与城镇化率之间存在着长期的协整关系。随着黑龙江省经济的发展和农村生产力的提高，税收收入将不断增加，税收政策与制度的转变以及税收规模与结构的不断优化将和城镇化的发展保持长期的内在一致性。

第三，城镇化的发展与税收政策与制度存在着密切的关系。一方面应当制定相应的税收政策，以激励黑龙江省城镇化的持续发展；另一方面通过大力推进城镇化的发展进程，促进黑龙江省经济变量中税收制度各个方面的优化，以及税收收入的合理有效增长和财政支出的科学配置。所以，应当提高黑龙江省税收支持的力度，发挥税收激励作用，适当调整对应措施，建立城镇化与税收政策"双向发展"的经济体制。

第四，城镇化的重要性要求具有激励型的税收政策。城镇化是建设黑龙江省社会主义新农村的目的和重要途径，是全面实现小康社会的重要手段，是实现农业现代化的必由之路，是建设和谐社会的重要保证，加速推进城镇化必将成为今后黑龙江省经济社会发展的重要推动力。但黑龙江省的城镇化进程中存在很多市场本身无法解决的问题，因此政府应当规范税收政策的支持手段，充分发挥税收政策的宏观调控作用，同时要与国际接轨，顺应国际发展趋势，提升城镇化水平，发挥政府经济职能的重要作用。

第三节 黑龙江省税收支持新型城镇化发展的实证分析

一、变量及数据的选取

(一) 变量选取及其解释

为实证分析黑龙江省税收支持新型城镇化的发展,本书变量的选取主要参考吴晔(2014)的做法,将变量分为被解释变量、解释变量和控制变量三类。被解释变量指黑龙江省新型城镇化发展水平,用常住人口城镇化率来衡量;解释变量即指与税收有关的变量,结合黑龙江省税收实际,具体选取宏观税负、人均增值税、人均企业所得税、人均城市维护建设税(以下简称人均城建税)、人均城镇土地使用税、人均土地增值税和人均契税七个解释变量;控制变量指对黑龙江省新型城镇化发展产生重大影响的经济变量,也可称之为影响变量,结合黑龙江省经济发展实际,具体选取人均地区生产总值、财政支出占比、城乡收入差距、所有制就业结构、进出口数额和农业贷款率六个控制变量。各变量的选取及其解释如表6–5所示。

表6–5　　　　　　　　各变量的选取及其解释

	变量	符号	解释	计算公式
被解释变量	新型城镇化水平	UR	目前城镇常住人口城镇化率是衡量城镇化水平最常用的方法,能够代表新型城镇化进程	城镇常住人口数量/人口总数
解释变量	宏观税负	MTax	衡量各区域宏观税负水平,充分考虑宏观税负对新型城镇化发展的约束,有效测定财政支出的经济效应	税收收入/GDP
	人均增值税	PATax	增值税是第一大税种,"营改增"后,涉及所有货物和劳务,而新型城镇化的发展离不开货物流通和劳务供给,人均增值税作为核心变量十分必要	增值税收入/人口总数

续表

变量		符号	解释	计算公式
解释变量	人均企业所得税	PETax	企业所得税是第二大税种，关系到企业的投资、生产、销售各个环节，也关系到人口的迁移和就业，对新型城镇化的发展产生重大影响	企业所得税收入/人口总数
	人均城建税	PCTax	城建税是一种专门为了搞城市建设而设置的目的税，新型城镇化的发展离不开对城镇的维护和建设，离不开城建税	城建税收入/人口总数
	人均城镇土地使用税	PLTax	城镇土地使用税是一种占有城镇上的土地而征收的一种资源类税，对新型城镇化的影响不容忽视	城镇土地使用税收入/人口总数
	人均土地增值税	PVTax	土地增值税是对有偿转让房地产而征收的一种资源类税，是国家调控房地产市场的重要宏观手段之一，直接关系到新型城镇化的发展	土地增值税收入/人口总数
	人均契税	PDTax	契税是对买卖不动产承受方征收的一种财产类税，是房地产类税的重要组成部分，能够有效调节城镇不动产买卖交易	契税收入/人口总数
控制变量	人均地区生产总值	PGdp	该指标与新型城镇化密切相关，由于可能存在内生性，本书利用黑龙江省各区域人口密度及其滞后一期衡量该变量	GDP/人口总数
	财政支出占比	FGdp	新型城镇化发展离不开地方财政的公共支出	财政支出/GDP
	城乡收入差距	IGap	城乡收入差距不断加大，这也是造成农村人口市民化转移的重要原因之一，该指标衡量收入差距对新型城镇化的影响	城镇居民人均可支配收入/农村居民人均纯收入
	所有制就业结构	GJob	该指标对新型城镇化的影响不确定，测度黑龙江省不同区域国有经济的比重	企事业单位员工/员工总人数
	进出口数额	Trade	用该变量测度黑龙江省进出口贸易对新型城镇化的影响，尤其是对俄贸易	进出口总额/GDP
	农业贷款率	ALoan	该指标反映农民进城务工的意愿，基本与城镇化率呈现反向关系	农业贷款数/总贷款数

（二）数据来源及其统计

本书实证分析主要基于 2005~2019 年黑龙江省 13 个地级市或地区相关变量数据，原始数据主要来源于《中国统计年鉴》《中国财政年鉴》《中国税务年鉴》《中国劳动统计年鉴》《黑龙江省统计年鉴》《黑龙江省财政年鉴》《黑龙江省税务年鉴》《黑龙江省各地级市统计年鉴》《黑龙江省金融年鉴》《黑龙江省劳动统计年鉴》，以及财政部、国家税务总局、黑龙江省财政厅、黑龙江省税务局、黑龙江省统计局、黑龙江省各地级市统计局、中国人民银行黑龙江省分行等官方网站。由于各变量中含有时间序列数据和截面数据，很有可能存在非线性和非平稳等计量问题，为消除这些问题，使得模型中回归系数表达的经济含义具有弹性，本书对所有变量取自然对数，使结果更加科学精准。

二、模型设定及其估计

（一）模型的设定

本书所有变量的原始数据均包括时间序列数据和截面数据，称之为面板数据。当一般的线性模型不适应时，需要采用面板数据模型对其进行研究和分析，不仅能够分析变量存在的共性，还能够分析个体存在的特殊效应。

假设 UR_{it} 为黑龙江省新型城镇化水平在横截面 i 和时间 t 上的具体城镇化率，设有 n 个横截面，则 $i=1, 2, \cdots, n$，有 T 个时间指标，则 $t=1, 2, \cdots, T$，下同；Tax_{it}^{j} 为第 j 个解释变量在横截面 i 和时间 t 上的具体数据，$j=1, 2, \cdots, 7$，分别代表宏观税负、人均增值税、人均企业所得税、人均城建税、人均城镇土地使用税、人均土地增值税和人均契税；C_{it}^{K} 为第 k 个控制变量在横截面 i 和时间 t 上的具体数据，$k=1, 2, \cdots, 6$，分别代表人均国内生产总值、财政支出占比、城乡收入差距、所有制就业结构、进出口数额和农业贷款率；μ_i 为横截面 i 和时间 t 时的随机误差项。因此第 i 个横截面的数据可以表示为：

$$UR_i = \begin{pmatrix} UR_{i1} \\ UR_{i2} \\ \vdots \\ UR_{iT} \end{pmatrix}, Tax_i = \begin{pmatrix} Tax_{11}^1 & Tax_{11}^2 & \cdots & Tax_{11}^7 \\ Tax_{12}^1 & Tax_{12}^2 & \cdots & Tax_{12}^7 \\ \vdots & \vdots & \vdots & \vdots \\ Tax_{1T}^1 & Tax_{1T}^2 & \cdots & Tax_{1T}^7 \end{pmatrix}, C_i = \begin{pmatrix} C_{11}^1 & C_{11}^2 & \cdots & C_{11}^6 \\ C_{12}^1 & C_{12}^2 & \cdots & C_{12}^6 \\ \vdots & \vdots & \vdots & \vdots \\ C_{1T}^1 & C_{1T}^2 & \cdots & C_{1T}^6 \end{pmatrix}, \mu_i = \begin{pmatrix} \mu_{i1} \\ \mu_{i2} \\ \vdots \\ \mu_{iT} \end{pmatrix}。$$

针对本书选取的变量，UR 定义为 $n \cdot T \times 1$ 的向量，Tax 定义为 $n \cdot T \times 7$ 的向量，C 定义为 $n \cdot T \times 6$。为评估黑龙江省税收支持新型城镇化的发展，考虑静态面板数据模型，使用时间与截面的不可观测的因素模型，将模型设定为：

$$UR_{it} = \beta_1 Tax_{it} + \beta_2 C_{it} + \mu \tag{6.5}$$

由于不同个体误差项可能存在不同的分布，为了分析每个变量的特殊效应，应采用 GLS 对其进行有效估计，因此对随机误差项 μ_{it} 设定为：

$$\mu_{it} = \alpha_i + \varepsilon_{it} \tag{6.6}$$

建立在 α_i 的不同假设基础上，面板数据模型分为固定效应模型和随机效应模型，前者假定 α_i 为固定常数，后者假定 α_i 为非固定常数。为了判定本书选取何种模型，运用 LSDV 法用聚类标准差进行估计，对数据进行检验，结果显示拒绝原假设；同时对模型进行了 LM 检验和 Hausman 检验，结果得出 p 值均接近于零。因此本书应选择面板固定效应模型。

（二）固定效应模型估计

在固定效应模型中，α_i 对于每个变量为固定常数，代表变量个体间的差异和特殊效应，将 μ_{it} 代入模型中，得出本书的固定效应模型如下：

$$UR_{it} = \alpha_i + \beta_1 Tax_{it} + \beta_2 C_{it} + \varepsilon_{it} \tag{6.7}$$

在本书的固定效应模型中，有 n 个虚拟变量系数、7 个解释变量系数和 6 个控制变量系数需要估计，共有 $n+7+6$ 个参数需要估计，由于 n 并不是非常大，因此可以采用普通最小二乘法直接估计。本书运用 EViews 8.0 建立面板数据文件，通过 Pool 估计工具，在截距项选择区选择固定效应（fixed effects，FE）。由于可能存在估计偏差和控制内生性问题，实证分析较为严格，首先进行固定效应面板数据模型估计，而后在此基础上使用 IV – GMM 矩估计工具变量法，把其应用于面板数据模型中以解决内生性问题。以黑龙江省13个地级市或地区的首字母大写代表各区域，以宏观税负这个解释变量为例，固定效应模型的估计结果如表6-6所示。

表6-6 宏观税负与城镇化的固定效应模型输出结果

变量	系数	标准差	t值	p值
α	234.5543	78.4432	5.9433	0.0000
$MTax$	0.4335	0.0129	39.5331	0.0000
$HEB-UR$	57.5436			
$QQHE-UR$	46.3429			
$JX-UR$	-34.4322			
$HG-UR$	3.4533			
$SYS-UR$	-3.2555			
$DQ-UR$	45.4422			
$YC-UR$	-24.3984			
$JMS-UR$	40.3492			
$QTH-UR$	-8.2345			
$MDJ-UR$	37.3222			
$HH-UR$	-5.5422			
$SH-UR$	9.8854			
$DXAL-UR$	2.4534			
R^2	0.9942	被解释变量均值		3821.3322
调整 R^2	0.9932	被解释变量方差		1533.9864
标准误	145.4432	AIC		10.9874
F统计量	654.7789	DW统计量		1.5422
p值	0.0000			

模型相应的表达式为：

$$UR_{it} = 234.5543 + 0.4335 MTax + 57.5436 D_1 + 46.3429 D_2 + \cdots + 2.4534 D_{13}$$
$$(5.9433) \quad (39.5331) \tag{6.8}$$

其中虚拟变量 D_1，D_2，…，D_{13} 的定义为：

$$D_i = \begin{cases} 1, & \text{如果属于第 } i \text{ 个个体，} i=1,2,\cdots,13 \\ 0, & \text{其他} \end{cases}$$

从以上结果可知，黑龙江省13个地区的宏观税负平均影响新型城镇化率为0.4335，其中哈尔滨市的宏观税负对城镇化的影响明显高于其他地区。

三、实证结果分析评价

(一) 一般性回归分析结果

利用以上模型得出各解释变量、控制变量与城镇化一般性回归结果如表6-7所示。

表6-7　各解释变量、控制变量与城镇化的一般性回归结果

变量		城镇化水平		
		基准模型	稳健标准误	去除不显著变量
解释变量	$MTax$	0.988*** (-5.032)	0.988*** (-2.943)	0.951*** (-2.941)
	$PATax$	-0.429*** (-5.001)	-0.429** (-1.211)	-0.521** (-2.432)
	$PETax$	-0.068 (-1.123)	-0.068* (-0.956)	-0.062 (-0.532)
	$PCTax$	0.026* (1.243)	0.026 (0.945)	0.145 (0.736)
	$PLTax$	0.136** (2.156)	0.136 (1.444)	0.136 (1.486)
	$PVTax$	0.072 (0.774)	0.073 (0.685)	0.064 (0.574)
	$PDTax$	-0.049 (-1.221)	-0.049 (-1.045)	-0.027 (-1.212)
控制变量	$PGdp$	1.224*** (5.943)	1.224*** (5.011)	1.211*** (5.436)
	$FGdp$	0.059 (-1.265)	0.059 (-1.365)	0.059 (-1.577)
	$IGap$	0.101*** (2.046)	0.101*** (3.123)	0.101*** (3.423)
	$GJob$	-0.027 (-0.213)	-0.027 (-0.123)	-0.023 (-0.093)
	$Trade$	0.096 (0.026)	0.096 (0.029)	0.088 (0.025)
	$ALoan$	-0.029* (-1.775)	-0.013* (-1.749)	-0.099* (-1.878)
c		7.123*** (4.022)	7.123*** (2.622)	7.243*** (2.765)
R^2		0.598	0.598	0.598

注：***、**和*分别表示在1%、5%和10%水平下显著；括号内的数值代表估计系数的t值。

1. 对解释变量的回归结果分析

从表中可知,黑龙江省的宏观税负、人均城建税、人均城镇土地使用税和人均土地增值税四个解释变量的符号为正,表明其与黑龙江省的新型城镇化发展具有正相关关系,能够不断促进新型城镇化的发展,尤其是宏观税负这一解释变量与城镇化的正相关性表现得尤为显著,宏观税负正是能够提供资金支持的最重要指标,这也反映出黑龙江省的新型城镇化建设离不开庞大的财政资金支持。而黑龙江省的人均增值税、人均企业所得税和人均契税三个解释变量的符号为负,表明其与黑龙江省的新型城镇化发展呈现负相关关系,能够阻碍新型城镇化的发展,尤其是人均增值税这一解释变量与城镇化的负相关性表现得尤为显著,而在稳健性标准误下人均企业所得税也表现较为显著。这三个解释变量表现为负的可能原因在于:一是增值税虽然为我国第一大税种,但是其收入还主要以分配给中央为主,而且"营改增"后涉及所有货物、劳务、服务、不动产和无形资产,这也为黑龙江省新型城镇化的发展提供了增值税广阔的调节空间;二是企业所得税是对企业年应纳税所得额征收的一种所得税,必然增加企业的生产运营成本,也在一定程度上拟制了市场上劳动力、资本和技术等要素的合理配置,不利于企业扩大再生产和投资,也不利于大众创业和创新;三是人均契税的增加必然不利于房地产的流通交易,影响农业人口转移到城镇。

2. 对控制变量的回归结果分析

黑龙江省的人均地区生产总值、财政支出占比、城乡收入差距和进出口数额四个控制变量的符号为正,表明其与黑龙江省的新型城镇化发展呈现正相关关系。人均地区生产总值代表黑龙江省的各区域经济发展水平,其水平越高越能推动新型城镇化发展;财政支出占地区生产总值的比重越大,表明政府越支持新型城镇化的建设;城乡收入差距对新型城镇化的发展表现为负向的冲击作用,即收入差距越大,越能刺激农村人口向城镇转移,从而加速城镇化;进出口数额代表对外开放程度,程度越大,越有利于发展当地经济,从而有利于城镇化。所有制就业结构和农业贷款率两个控制变量的符号为负,表明其与黑龙江省的新型城镇化发展呈现负相关关系。本书的所有制就业结构变量选取的是国有企事业单位员工占员工总人数的比例,与城镇化的关系并不显著,也说明国有企事业单位的就业并不能代表整体就业对城镇化的影响;农业贷款率越高,说明农业得到有效贷款越多,越有利于农业发展,农民不愿意离开农村,这与城乡收入差距变量正好相反。

(二) 去内生性回归分析结果

由于本书选取的各解释变量、控制变量可能与城镇化率这一被解释变量存在内生性问题,尤其是人均地区生产总值这一代表黑龙江省经济发展水平的变量,与城镇化发展水平相互促进。为了解决模型产生的内生性问题,本书将城镇化率滞后一期作为被解释变量,同时用黑龙江省13个地区的人口密度(用 $Pden$ 表示)代替人均地区生产总值,运用动态 IV-GMM 计量方法对修正后的模型进行重新回归。为了使得各个区域的解释变量对城镇化率具有显著性的弹性,在模型估计时逐步剔除已经使用过的变量,通过逐步简化的方式获得更强的回归结果,去内生性回归结果如表 6-8 所示。

表 6-8　　　各解释变量、控制变量与城镇化的去内生性回归结果

变量		模型 1	模型 2	模型 3	模型 4	模型 5	模型 6	模型 7
被解释变量	L. UR	0.165*** (1.988)	0.258** (3.489)	0.319** (2.932)	0.128*** (2.056)	0.176** (2.776)	0.157** (2.785)	0.194 (2.854)
解释变量	MTax	1.765*** (3.044)						
	L. MTax	1.654*** (1.746)						
	PATax		-0.347*** (-4.65)					
	L. PATax		0.164*** (3.432)					
	PETax			-0.276 (-0.41)				
	L. PETax			-0.163 (-0.22)				
	PCTax				0.049* (1.687)			

续表

	变量	模型1	模型2	模型3	模型4	模型5	模型6	模型7
解释变量	$L.PCTax$				0.094* (2.599)			
	$PLTax$					0.299 (1.143)		
	$L.PLTax$					0.068 (1.865)		
	$PVTax$						0.116 (0.342)	
	$L.PVTax$						0.476 (0.364)	
	$PDTax$							-0.048 (-1.15)
	$L.PDTax$							-0.166 (-0.26)
控制变量	$Pden$	1.855** (4.654)	1.211** (3.956)	1.433 (3.122)	1.376** (5.644)	1.548* (3.956)	1.022* (2.934)	1.578* (5.855)
	$FGdp$	-0.098* (-1.04)	-0.266* (-2.57)	-0.766* (-2.85)	-0.387* (-2.73)	-0.487* (-1.68)	-0.486* (-0.91)	-0.198* (-0.95)
	$IGap$	0.099*** (2.045)	0.189*** (3.396)	0.299*** (3.478)	0.014** (2.054)	0.138*** (3.343)	0.116*** (3.435)	0.053** (2.054)
	$GJob$	-0.129 (-0.54)	-0.543 (-0.14)	1.445 (2.476)	-0.082 (-0.32)	-0.448 (-0.17)	1.509 (3.643)	-0.143 (-0.11)
	$Trade$	0.015 (0.132)	0.043 (0.532)	-0.079* (-3.45)	0.112 (1.876)	0.214 (1.654)	0.096* (2.213)	0.088 (0.587)
	$ALoan$	-0.215* (-0.98)	-0.005* (-1.58)	-0.049* (-2.85)	-0.048 (-3.76)	-0.177* (-1.63)	-0.219* (-0.94)	-0.138* (-2.64)
c		3.621***	6.043***	5.265***	7.743***	6.674***	4.254***	2.843***
R^2		0.645	0.496	0.543	0.432	0.554	0.387	0.321

注：$L.$ 表示去内生性回归；***、** 和 * 分别表示在1%、5%和10%水平下显著；括号内的数值代表估计系数的 t 值。

从解释变量分析结果看，黑龙江省的宏观税负、人均城建税、人均城镇土地使用税和人均土地增值税四个解释变量的符号为正，表明其与城镇化发展具有显著的正相关关系，尤其是宏观税负和人均城镇土地使用税显著地促进城镇化发展，可充分利用这些手段正向调节黑龙江省的新型城镇化发展；而黑龙江省的人均增值税、人均企业所得税和人均契税三个解释变量的符号为负，表明其与城镇化发展呈现负相关关系，尤其是人均增值税的负相关关系较为显著。从控制变量分析结果看，得出以下三点结论：一是各地区的人口密度这一工具变量对城镇化的发展具有较强的正显著性关系，人口密度是衡量城镇化进程的重要标志；二是城乡收入差距显著影响城镇化进程，虽然该变量不能作为调节新型城镇化发展的手段，但是城乡差距越大越能加快城镇化进程；三是农业贷款率对城镇化发展具有逆向阻碍作用，但是不能减少对农业的贷款。总之，去内生性的回归结果与一般性回归结果基本一致，运用动态 IV – GMM 对固定效应模型进行估计结果更为稳健。

第四节　冰雪文化融合助力哈尔滨城镇化税收激励分析

2016 年 3 月习近平总书记指出冰天雪地也是金山银山；2016 年 11 月国务院深入推进新一轮东北振兴战略；2017 年 10 月，党的十九大报告指出，深化改革加快东北老工业基地振兴，加快建立现代财政制度，深化税收制度改革；2018 年 3 月我国组建文化和旅游部，更加凸显旅游的文化属性。文化是旅游的灵魂，旅游是文化的重要载体。哈尔滨作为东北地区最为重要的城市之一，是黑龙江省省会及全国副省级城市，凭借得天独厚的气候条件和经济发展条件，冰雪旅游产业发展迅速。如何让冰雪旅游与文化产业融合，培育哈尔滨市新的增长点，推动新型城镇化快速发展，让税收激励政策发挥应有的作用，是政府部门和专家学者研究的热点问题。

本书以新一轮东北振兴为契机，以培育哈尔滨市新增长点为目的，以冰雪旅游与文化产业融合发展为切入，以助力新型城镇化发展为目标，以税收激励政策为政策工具，利用文献分析法、调查分析法和实证分析法等方法，借鉴产业融合、耦合系统、区域政策、数理模型和税收激励等为理论依据，对哈尔滨冰雪旅游文化产业融合发展的税收激励政策进行深入研究。哈尔滨文旅产业基础良好、产业融合加速发展、基础设施日益完善，但是也面临产业资源开发深度与利用效率不足、冰雪旅游与文化产业链融合度偏低、高端音画休闲旅游的文化精品缺乏等现实问题，从2019年及以前、新冠疫情期间两阶段阐述哈尔滨冰雪旅游与文化产业融合现行税收政策，构建耦合协调度模型，对哈尔滨冰雪旅游与文化产业耦合协调度进行实证分析，得出耦合协调度较低和文化产业发展滞后等结论，最后提出培育哈尔滨冰雪旅游与文化产业融合新增长点的税收激励政策建议，包括加强国际合作的税收激励政策、挖掘文化亮点的税收激励政策、做好产品布局的税收激励政策和树立文明形象的税收激励政策等，并从学术思想、学术观点和研究方法等方面提出创新点。

一、哈尔滨冰雪旅游与文化产业融合发展的现状

（一）哈尔滨冰雪旅游与文化产业融合发展的基本状况

1. 文旅产业基础良好

（1）旅游和文化产业发展迅速。在"十二五"和"十三五"阶段，哈尔滨市迎来了发展旅游产业和文化产业的最好时期，旅游总收入和文化产业增加值也随之大幅增长，如表6-9所示。旅游总收入由2008年的246亿元增加到2019年的1575.7亿元，文化产业增加值由2008年的102亿元增加到2019年的470.39亿元，文化产业增加值占GDP的比重由3.62%增加到8.96%，每年均超过全国平均水平。"十三五"规划时期，哈尔滨市加快对大型冰雪旅游项目和文化项目的开发和建设，冰雪旅游产品和文化项目数量不断增加，这使得哈尔滨的冰雪旅游产业和文化产业在国内外的知名度越来越高。

表6-9　　2008~2019年哈尔滨市旅游与文化产业相关数据统计

年份	旅游总收入（亿元）	GDP（亿元）	一般公共预算支出（亿元）	一般公共预算收入（亿元）	文化产业增加值（亿元）	文化产业增加值占GDP比重（%）	
						哈尔滨	全国
2008	246	2814.8	301.3	164	102	3.62	2.39
2009	310	3175.5	348.4	193.4	119	3.75	2.52

续表

年份	旅游总收入（亿元）	GDP（亿元）	一般公共预算支出（亿元）	一般公共预算收入（亿元）	文化产业增加值（亿元）	文化产业增加值占GDP比重（%）	
						哈尔滨	全国
2010	382	3665.9	453	238.1	139	3.79	2.68
2011	459	4242.2	557.1	300.3	171.54	4.04	2.76
2012	554	4550.2	643.6	354.7	232.48	5.11	3.36
2013	668.5	5017	709.8	402.3	284.35	5.67	3.69
2014	786.9	5340.1	740.1	423.5	321.67	6.02	3.83
2015	908	5751.2	824.8	407.7	370.21	6.44	3.97
2016	1039.1	6101.6	876.9	376.2	393.69	6.45	4.16
2017	1177.5	6257.2	958.5	368.1	440	7.03	4.23
2018	1376.2	6300.5	962.2	384.4	465.66	7.39	4.30
2019	1575.7	5249.4	1101.1	370.9	470.39	8.96	4.92

资料来源：哈尔滨市统计年鉴、《中国文化及相关产业统计年鉴（2019）》、哈尔滨市统计局网站。

（2）文化产业发展迅速，提升城市文化品位。在2008~2019年期间，哈尔滨市文化产业提升较为明显，增长速度较快，在副省级城市中排名较靠前。文化产业对经济增长的拉动效果较为明显，产业集聚能力逐步提高，市场活力不断增强，文化产业升级正在稳步推进。

2. 产业融合加速发展

（1）"冰城夏都"显著提升国际影响力。哈尔滨市非常注重旅游文化产业发展，打造"冰城夏都"城市旅游名片，并借助"中国·哈尔滨国际冰雪节"来扩大影响力和知名度。"冰城"主要有冰雪大世界、雪雕博览会、雪乡及亚布力等冰雪旅游产品；"夏都"主要有"迷人的哈尔滨之夏"等一系列音乐活动。

（2）国际交流项目和活动日益频繁。哈尔滨市与俄罗斯接壤，非常注重睦邻友好，国际间的交流活动较多，之前就成功举办了中俄文化交流周、中俄青年文化交流和油画艺术展等活动。通过一系列的活动交流，哈尔滨市树立了良好的国际形象，这也能够有利于推动哈尔滨市旅游文化产业发展。

3. 基础设施日益完善

哈尔滨市近年来不断对旅游资源进行深度开发，有很多旅游产品享誉国内外，每年都能招揽无数的国内外游客到访旅游。与此同时，哈尔滨市政府认真落实中央及省政府下发的各项文件，专门成立了旅游文化产业工作组，提高了办事效率。最近几年，哈尔滨市加大城市建设资金投入，基础设施日益完善，对市区道路标识进行了统一规划和布置，给外地游客提供了方便，提升了旅游满意度。

（二）哈尔滨冰雪旅游与文化产业融合发展面临的问题

1. 产业资源开发深度与利用效率不足

哈尔滨市拥有较好的资源基础，尤其是在历史、艺术、文化、建筑等方面尤为显著，虽然基础较好但深度开发利用并不够好。据不完全统计，哈市内共有老建筑400多处，但是能够进行深度开发利用的比较少，没有发挥出老建筑的魅力。

哈尔滨市还有一些旅游文化资源掌握在企事业单位手中，这一部分旅游文化资源利用率是很低的，开发建设已经跟不上现代的需求，市场化程度也比较低，导致很多珍贵的旅游资源被闲置。

2. 冰雪旅游与文化产业链融合度偏低

哈尔滨市的文化旅游产品多数是以自然景观为主，比较单一，缺乏游客参与性，难以对游客产生巨大的吸引力，所以游客在哈尔滨市旅游停留的时间都比较短，不会游玩很多天，带动整条旅游产业链的能力较弱。从目前来看，哈尔滨市的旅游景点主要是靠门票收入，旅游衍生品挣钱能力较差。哈尔滨市政府应该转变思想，形成文化旅游产业链，做好产业链上的每一环，提升服务，打造哈尔滨旅游新常态，以此吸引更多的游客来哈尔滨旅游。

3. 高端音画休闲旅游的文化精品缺乏

哈尔滨文化旅游产业规模占全市经济整体比重较大，但与其他国内发达城市相比，哈尔滨市文化产业规模较小，排名也较靠后。哈尔滨市旅游行业缺乏龙头企业，普遍都是一些规模较小、实力较差的小企业，行业整体质量偏低，所以竞争力也比较弱。哈尔滨的旅游产品多以自然风光为主，使得游客参与度不高，很容易让游客产生审美疲劳。哈尔滨市应该学习其他省份，打造动态、体验式的旅游活动，例如《宋城千古情》《印象·刘三姐》等大型实景山水秀文化旅游精品。

二、哈尔滨冰雪旅游与文化产业融合现行财税政策

（一）2019年及以前的财税政策

哈尔滨旅游定位为五大名片形象，即"世界冰雪名城、中国音乐名城、北国山水名城、中西文化名城和中国避暑名城"。现行财税激励政策在重点发展哈尔滨市冰雪产业旅游、生态避暑旅游、时尚之都创意、文化产业制造等领域发挥重要作用，同时，在旅游全要素产品开发，旅游营销力度的提升等方面也给予财税政策支持①。

1. 冰雪产业旅游的财税政策

（1）创新冰雪观光产品。要不断升级冰雪大世界、雪博会等冰雪观光产品，为了支持这些项目的建设，市政府可以给予一系列的财政补贴及税收优惠政策，使得相关企事业单位能够投入更多的资金去提升冰雪观光产品，给游客带来更强劲的视觉冲击力，增加游客的满意度。

（2）打造哈尔滨独有的"雪国假期"旅游品牌。哈尔滨市政府要利用好冰雪资源，建造多维度、全方位的冰雪旅游体验项目，可以在哈尔滨—亚布力沿线打造具有地方特色的冰雪休闲小镇，并在小镇进行招商引资，政府可对在小镇投资的企业给予一定的税收优惠政策，以此来吸引更多的企业来龙江投资。

（3）结合体育产业开发冰雪运动旅游产品。哈尔滨有很多的冰雪体育项目和冰雪运动娱乐项目，相关部门可以对这些项目进行深度开发，开展安全、有趣的冰雪运动项目，增强游客的体验度，比如滑雪、冰壶、雪地摩托、滑冰等运动。开展冰雪体育运动前期需要大量的资金投入，如果由事业单位承建和运营，政府可给予一定的财政补贴；如果是企业进行投

---

① 《中共哈尔滨市委 哈尔滨市人民政府关于加快构建现代产业体系的意见》。

资，政府可对其给予一定的税收优惠政策。

2. 生态避暑旅游的财税政策

哈尔滨市可开发生态避暑旅游项目，比如森林氧吧避暑旅游。哈尔滨不仅是"冰城"还是"夏都"，是天然的避暑胜地，日平均温度较低，早晚非常凉爽，是夏季游玩、度假的不二选择，虽然先天条件较好，但开发的避暑旅游项目有限，市政府应该结合森林资源，开发森林氧吧避暑旅游。比如，森林观光、森林度假、森林娱乐，打造集"吃、住、行、游"为一体的避暑小镇，以此来吸引更多的游客。为了打造森林避暑小镇，哈尔滨市政府要做好招商引资工作，选取那些有实力、有资质、有担当的企业进行投资和建设，打造出现代化、科技化的森林避暑度假小镇，为了更好地完成招商引资工作，市政府可对中标企业进行一系列的税收优惠扶持，让企业有更多的资金去开发和建设避暑小镇。

3. 时尚之都创意的财税政策

打造数字文化使用先进的数字信息化手段，为龙江旅游注入科技活力，促使现代传媒与市场能够相结合，开设现代传媒产业基地，为数字化技术培养新生力量，使得龙江旅游得到更好的传播。同时政府还要注重创意设计，包括与旅游产业各方面都息息相关的创意设计，可以围绕软件设计、广告设计、建筑设计、动漫设计、体验设计、包装设计等产业，为旅游产业提供服务。政府应在技术和创意领域加大投入，鼓励企业和个人技术研发和创意设计，并对真正有价值的项目进行孵化，给予一定税收优惠政策，更好地从科技、创意领域带动文化旅游产业发展。

4. 文化产业制造的财税政策

哈尔滨旅游产业还比较保守，主要以景区门票为主要收入来源，这一观念需转变，要向其他旅游业较发达的省份学习，多多开发有特色、质量好的旅游工艺产品。组织工艺美术专业人才，依托轻工制造业，生产出受游客青睐的文化旅游工艺品。比如利用哈尔滨的冰雪文化、金源文化设计工艺品，可以突出美观性、文化性、实用性等特点。同时市政府还可以利用财税政策促进动漫产业联盟，将冰雪文化与动漫相融合，逐步形成上下游配套、中介营销支撑的发展格局，使得动漫产业与文化旅游产业相互促进，共同发展。

5. 旅游要素开发的财税政策

哈尔滨的黑土地独具特色，土特产闻名全国，政府应大力宣传绿色无公害食品，欢迎全球"吃货"来哈尔滨品尝美食。在食品方面，相关部门要加大检查力度，要保证食品安全，把美食做美、做精、做细，突出哈尔滨特色，如江鱼宴、山珍宴、杀猪菜、龙江菜等特色菜肴，让远道而来的游客能够品尝到哈尔滨的美味，玩得高兴，吃得舒心，坚决打击那些专宰游客的饭店，对于那些经营较好的餐饮企业可以给予一定的税收优惠政策，以此来鼓励哈尔滨旅游餐饮业的发展。

6. 旅游营销拓展的财税政策

哈尔滨市政府应该有"酒香也怕巷子深"的危机意识，要不断宣传哈尔滨的特色旅游业，做到精准宣传，加强营销，向国内外不同群体推销适合他们的旅游线路，继续利用旅游节、冰雪节、啤酒节等活动来扩大哈尔滨旅游业的知名度和美誉度。

（二）新冠肺炎疫情下的财税政策

1. 文旅重点企业财税扶持政策

（1）对符合条件的冰雪旅游景区和滑雪场给予一次性财政补贴。景区条件为受疫情影响严重具有代表性创新品牌或3A级及以上，滑雪场条件为3S级及以上，且同时满足2020年裁员低于5%。依据2019年11月至2020年1月的接待旅客规模，发放不同额度的补助。冰雪旅游景区：2万~5万人次的，补助10万元；5万~10万人次的，补助20万元；10万~30万人次的，补助30万元；30万~50万人次的，补助50万元；50万人次以上的，补助80万元。旅游滑雪场：1万~5万人次的，补助15万元；5万~10万人次的，补助50万元；10万~20万人次的，补助100万元；20万人次以上的，补助200万元。

（2）对受疫情影响严重的旅行社给予一次性财政补贴。如旅行社2019年11月以来未受到县级以上文旅部门行政处罚的，受新冠肺炎疫情影响，导致集体退团旅游，并与旅客达成协议和解，妥善处理团退费的，如自2020年1月24日以来，累计退团大于等于50人次的，一次性给予最高20万元的财政补助。

2. 文旅困难企业财税扶持政策

（1）中小企业疫情期间租金减免。一是引导和支持小微企业创业载体，加大财税支持，优先减免文化旅游小微企业房租租金；二是对中小企业承租国有资产类经营用房的，如租期为1个月可免租金，如为2个月可减半征收租金。

（2）阶段性困难文旅行业减免城镇土地使用税和房产税。一是对旅游业、娱乐业和文化业等企业自用的土地和房产，免征2020年3月至2020年5月所属期的城镇土地使用税和房产税；文化和旅游企业将土地和房产出租给个体工商户，并在新冠疫情期间给予承租方1个月及以上租金免收的，在免收租金期间，对其出租的土地和房产，免征城镇土地使用税和房产税，但免税期小于等于3个月。

（3）对生产经营困难企业缓缴或返还社保费。一是截至2020年年末，返还6个月社保费和企业职工2019年度应缴纳社保费的50%，企业需要满足虽有经营困难，但依然不裁员或少裁员恢复有望的条件。二是在2020年年内，对受新冠疫情严重影响，生产经营困难的企业，可延期缴纳3项社保费，并免收滞纳金，但最长缓缴期限为半年。

（4）针对参保企业执行以工代训的财政补贴。对参加社保费的所有企业，在新冠疫情期间新吸纳就业且实行以工代训的，黑龙江省财政给予财政补贴，标准为每月每人500元，但补贴期限最长为半年，小于1个月的，按实际天数计算财政补贴。

3. 文旅企业复工复产财税政策

（1）协助文化旅游企业融资。在新冠疫情影响下，中型小型文化旅游企业大多具有融资需求，黑龙江省会同金融机构、中国人民银行哈尔滨中心支行、黑龙江省地方金融监督管理局等，联合开展融资申报点对点辅导，协助落实推行信用贷款、延长还款期限、降低贷款利率等多项惠企财税金融政策。

（2）对疫情期间新增的贷款给予财政贴息。黑龙江省规定，对中型和小型微利文化和旅游企业在疫情期间用于生产经营的新增加的贷款，给予实际支付利息的一半贴息补助，但是单个中小微文化旅游企业小于等于200万元。同一企业如果获得省级或中央政府贴息，则不重复贴息补贴。

（3）给予文化和旅游企业融资担保财税支持。建立文化和旅游企业的投融资担保平台，积极拓展与省级政府性的金融融资担保机构合作，大力推行"文旅纾困贷"为特色的专项贷款担保品种。

4. 文旅行业恢复发展财税政策

（1）大力支持冰雪旅游文化产业项目建设。对提升旅游服务功能、升级景区提档、文艺产品生产、文创产品开发、数字文化应用、旅游文化融合等领域创新业态的冰雪旅游文化企业，对疫情期间生产接待能力或形成一定投资规模的重点项目，政府给予专项财政资金支持。

（2）促进冰雪旅游产品转型升级。对2020年新获评国家级旅游度假区、国家5A级旅游景区、国家级全域旅游示范区的县（区），给予100万元的一次性财政奖励；对新获评省级旅游度假区、国家4A级旅游景区，给予50万元的一次性财政奖励。

（3）对旅游新项目、旅行社、旅游景区的财税政策。一是对节庆营销活动，开展旅游节，开创新项目和新产品，组织创新效果良好的，经第三方评估后予以奖励；二是兑现旅行社组织入省旅游的奖金；三是奖补旅游景区数字化建设。

（4）开展旅游和文化行业免费培训。通过混合式教学等方式，免费开展旅游文化创意人员、重点景区管理人员、星级酒店管理人员、导游继续教育4大方面的培训。对疫情期间举办5000人次以上的旅游从业人员培训，一次性给予30万元的财政奖励。

三、哈尔滨冰雪旅游与文化产业耦合协调度实证分析

（一）哈尔滨冰雪旅游与文化产业耦合协调度测算

1. 指标选取及其权重

本书遵循指标选取代表性、系统性、科学性和可获性等原则，选取哈尔滨市冰雪旅游产业和文化产业各自8个指标，共计16个指标。用 U_1 代表冰雪旅游产业发展总指标，U_2 代表文化产业发展总指标，选取的具体指标、单位及权重如表6-10所示。

表6-10　　哈尔滨冰雪旅游与文化产业耦合协调度评价指标

指标系统	具体指标	定义	权重
U_1	国内冰雪旅游收入（亿元）	哈尔滨市冰雪旅游经济效益	0.0921
	国内冰雪旅游人次（万人）	哈尔滨市国内旅游客源市场规模	0.0609
	国际冰雪旅游收入（亿美元）	哈尔滨市冰雪旅游创汇能力	0.1379
	国际冰雪旅游人次（万人）	哈尔滨市国际客源市场规模	0.0491
	A级冰雪旅游景区（个）	哈尔滨市冰雪旅游资源的丰富性	0.0361
	4A级以上旅游景区（个）	哈尔滨市优质冰雪旅游资源数量	0.0674
	三星级以上饭店数量（个）	哈尔滨市住宿业的规模性	0.0761
	餐饮住宿占项目建设投资比重（%）	哈尔滨市餐饮住宿投资规模	0.0729
U_2	电视节目覆盖率（%）	哈尔滨市电信对文化的深刻影响	0.0809
	广播影视覆盖率（%）		0.0807
	文化场馆的数量（座）	哈尔滨市文化产业硬件设施水平	0.0302
	公共图书馆数量（座）		0.0329
	图书馆藏书数量（万册）		0.0709
	乡村城镇文化站（个）		0.0558
	服务消费及文化用品价格增长（%）	哈尔滨市文化市场的有效需求	0.0059
	文化投资占项目建设投资比重（%）		0.0502

2. 数据来源及其处理

（1）数据来源。本书选取哈尔滨市2011~2019年度相关数据，数据主要来源于《哈尔滨统计年鉴》《黑龙江统计年鉴》《中国统计年鉴》《中国旅游统计年鉴》《中国文化文物统计年鉴》等统计年鉴，以及哈尔滨市统计局、黑龙江省统计局等相关政府公开网站。

（2）数据处理。依据上述选取的各项指标，按照年度数据顺序，首先需要构建初始数据矩阵：

$$X = \begin{bmatrix} X_{11} & X_{12} & \cdots & X_{1j} \\ X_{21} & X_{22} & \cdots & X_{2j} \\ & & \vdots & \\ X_{i1} & X_{i2} & \cdots & X_{ij} \end{bmatrix} \quad (6.9)$$

其中，i代表年份，j代表指标项数，X_{ij}代表第i年中的第j个指标数值。本书需要建立冰雪旅游与文化产业耦合协调度模型，其选取的指标包含正向和负向双重指标,采用极值法对双重指标进行不同处理,并对指标数据均加上 0.01,保障计算的数据有意义。此时 X_{ij} 表述为 X'_{ij},即无量纲化后的标准值,介于 0~1 之间,取值范围与贡献度成正比,如等于 1 则达到最大值。

3. 耦合协调度模型构建

用 T 表示 U_1 和 U_2 发展水平的综合评价指数,用来判定 U_1 和 U_2 的发展水平;用 C 表示耦合度,用来判定 U_1 和 U_2 之间的相互作用程度;用 D 表示耦合协调,不仅能够判定发展水平,还可判定协调程度。由此构建耦合协调度模型,如下所示:

$$U_{i=1,2} = \sum_{j=1}^{n} \lambda_j \cdot x'_{ij} \left(\sum_{j=1}^{n} \lambda_j = 1 \right) \tag{6.10}$$

$$T = \alpha U_1 + \beta U_2 \tag{6.11}$$

$$C = 2\left[\frac{U_1 \cdot U_2}{(U_1 + U_2)^2}\right]^{1/2} \tag{6.12}$$

$$D = (T \cdot C)^{1/2} \tag{6.13}$$

其中,α 和 β 为待定系数,借鉴前人研究成果及论证,将 α 和 β 均赋值为 0.5。

(二) 哈尔滨冰雪旅游与文化产业耦合协调度分析

1. 评价标准与同步性

(1) 评价标准。要对哈尔滨冰雪旅游与文化产业耦合协调度计算,首先要明确耦合协调度的评价标准。本书利用均匀分布函数的方法,借鉴前人研究的成功经验,结合哈尔滨市冰雪旅游与文化产业发展特色和区域性,将耦合协调度区间划分为五个等级,具体等级及标准如表 6-11 所示。

表 6-11　　　　　耦合协调度的区间和等级的划分标准

等级	划分区间	协调度
1	(0, 0.2]	严重失调
2	(0.2, 0.4]	中度失调
3	(0.4, 0.5]	轻度失调

续表

等级	划分区间	协调度
4	(0.5, 0.6]	勉强协调
5	(0.6, 0.8]	一般协调
6	[0.8, 1]	优质协调

（2）耦合协调度同步性。本书不仅系统测算了耦合协调度对哈尔滨市冰雪旅游与文化产业融合协同程度以及紧密程度，而且进一步说明了两产业融合的同步性。用 P 代表两产业融合的同步性，计算公式如下：

$$P = \frac{U_1}{U_2} \tag{6.14}$$

即同步性 P 等于冰雪旅游产业综合发展指数 U_1 除以文化产业综合发展指数 U_2。当 $P<1$ 时，表示冰雪旅游产业发展滞后；当 $P=1$ 时，表示两者同步发展；当 $P>1$ 时，表示文化产业发展滞后。

2. 耦合协调度实证结果

利用耦合协调度模型，依据上述计算公式，计算出哈尔滨市冰雪旅游产业发展指数（U_1）、文化产业发展指数（U_2）、两产业的综合评价指数（T）、两产业的耦合度（C）、两产业的耦合协调度（D）、两产业的同步性（P）。对应的划分区间和协调度如表6-12所示。

表6-12　2011~2019年哈尔滨市冰雪旅游与文化产业耦合协调度实证结果

年份	U_1	U_2	C	D	P	协调度	同步性
2011	0.071	0.281	0.789	0.369	0.239	中度失调	冰雪旅游产业滞后
2012	0.098	0.271	0.891	0.411	0.369	轻度失调	冰雪旅游产业滞后
2013	0.221	0.239	0.998	0.481	0.895	轻度失调	冰雪旅游产业滞后
2014	0.353	0.341	0.999	0.591	1.035	勉强协调	文化产业滞后
2015	0.261	0.331	0.994	0.541	0.883	勉强协调	冰雪旅游产业滞后
2016	0.223	0.292	0.994	0.499	0.761	轻度失调	冰雪旅游产业滞后
2017	0.322	0.173	0.961	0.476	1.799	轻度失调	文化产业滞后
2018	0.296	0.091	0.843	0.466	3.511	轻度失调	文化产业滞后
2019	0.384	0.187	0.955	0.563	2.113	勉强协调	文化产业滞后

3. 耦合协调度实证分析

根据上述计算结果绘制出哈尔滨市冰雪旅游与文化产业耦合度（C）、耦合协调度（D）和同步性（P）的动态拟合图形，如图6-3所示。

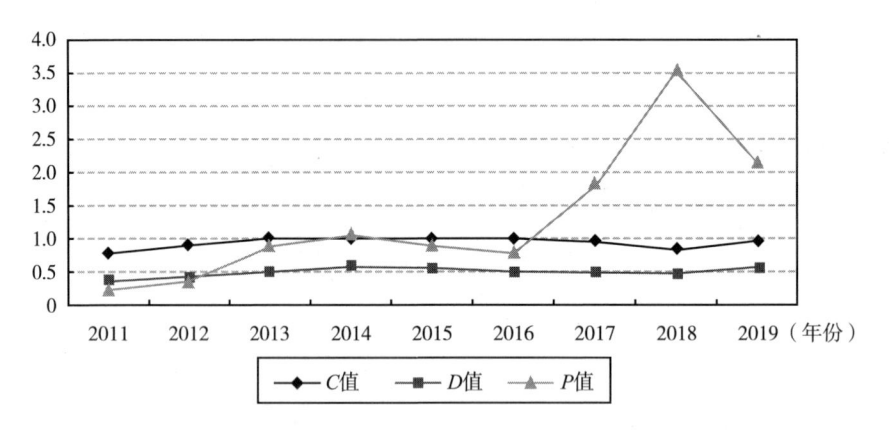

图6-3 哈尔滨市冰雪旅游与文化产业耦合协调度动态拟合结果

（1）协调度分析。从图6-3可知，哈尔滨市冰雪旅游与文化产业之间的耦合度始终处于较高水平。耦合度由2011年的0.789上升到2019年的0.955，除了2011年、2012年和2018年3年低于0.9外，其他年份的耦合度水平均大于0.9。从数据可以看出，哈尔滨市冰雪旅游与文化产业之间的耦合度呈现出三个较为明显的阶段：第一阶段，2011~2014年度，耦合协调度逐年上升，由2011年的0.789上升到2014年的0.999，协调度由中度失调发展到勉强协调；第二阶段，2014~2018年度，耦合协调度逐年下降，由2014年的0.999下降到2018年的0.843，协调度由勉强协调倒退到轻度失调；第三阶段，2018~2019年度，耦合协调度上升为0.955，协调度由轻度失调又回到勉强协调。

可得出结论，哈尔滨市冰雪旅游与文化产业融合的耦合发展是由失调到协调再由协调到失调最后又回到协调的融合过程。2011~2013年，哈尔滨市冰雪旅游与文化产业之间相互影响力较小，相互独立，属于融合发展的初期。2014年两产业增长迅速，耦合协调度大大改善，即使2015年有所下降，其耦合协调度依然为勉强协调。2016~2018年表现为失调，主要原因在于冰雪旅游产业发展迅速，但文化产业发展相对滞后，导致耦合协调度变为失调。2019年哈尔滨市两产业耦合协调度明显上升，冰雪旅游产业和文化产业均有显著增长。

（2）同步性分析。从图6-3可知，哈尔滨市冰雪旅游与文化产业之间的同步性变化幅度较大。从变化过程上看，也可将同步性划分为三个阶段：第一阶段，2011~2014年，哈尔滨市文化产业初始值水平较高，虽然冰雪旅游产业发展相对滞后，但发展较为强劲，2014年追上文化产业发展；第二阶段，2015~2016年，冰雪旅游产业相对滞后，两产业均有不同程度的下降，但冰雪旅游产业下降更为明显；第三阶段，2017~2019年，文化产生出现衰退，冰雪旅游产业发展强劲，2019年文化产业有所缓解，但发展势头不如冰雪旅游产业。

（三）哈尔滨冰雪旅游与文化产业耦合协调度结论

1. 耦合协调度较低

根据上述分析可知，2011~2019年，哈尔滨市冰雪旅游与文化产业融合发展的耦合协调度整体较低。除了2014年、2015年和2019年3年为勉强协调外，其他年份均表现为失调。具体表现为冰雪旅游与文化产业相互之间的协调带动作用较弱，如2011~2013年，哈尔滨市文化产业发展较快，但却没有带动冰雪旅游产业快速发展；2016~2018年，冰雪旅游产业增长稳定，但文化产业并未保持同步增长，两产业融合再次失调。因此，想要提高哈尔滨市冰雪旅游与文化产业融合发展的耦合协调度，首先必须增强两产业之间的协调带动作用。

2. 文化产业发展滞后

根据图6-3对哈尔滨市冰雪旅游与文化产业融合发展的耦合协调度的同步性分析可知，自2014年以来，哈尔滨市文化产业发展跟不上冰雪旅游产业的发展，尤其是在2016~2019年，文化产业发展缓慢，甚至下降，严重滞后于冰雪旅游产业的快速发展，其主要原因可能在于：一是财税激励政策较少，即使有激励措施，可能效果也并不明显；二是冰雪旅游对文化产业的带动作用效果不明显；三是文化产业自身发展的问题。因此，为了促进哈尔滨市文化产业的快速发展，使之与冰雪旅游产业相互融合，相互带动，共同发展，必须加大财税激励政策支持，积极发挥冰雪旅游产业的带动作用，同时，文化产业也应挖掘自身问题，完善自身产业健康快速发展。

四、促进哈尔滨冰雪文化产业融合助力城镇化的税收激励政策

自哈尔滨市政府提出将哈尔滨打造成"冰城夏都"旅游文化形象后,哈尔滨市的文化旅游产业就进入了新的发展阶段。税收政策作为重要的宏观调控手段之一,能够举全市之力支持文化旅游产业的发展,培育哈尔滨冰雪旅游与文化产业融合新的增长点,提高哈尔滨"冰城夏都"的知名度和美誉度,不断将哈尔滨冰雪旅游与文化产业做强做大,助力新型城镇化快速发展。

(一)加强国际合作的税收激励政策

哈尔滨市要不断加强国际合作,充分利用东北边境区域优势,塑造"大气"国际冰雪旅游与文化声誉名城形象。

1. 以对俄合作为主线,构建税收激励政策机制

构建税收激励机制,创建国际旅游文化合作示范城市。哈尔滨与俄罗斯接壤,具有得天独厚的地理优势,哈尔滨市可以以此为契机发展国际文化旅游项目,努力把哈尔滨打造成国际旅游文化合作示范城市,这样可以得到更多的税收激励政策支持,有利于更好地发展哈尔滨冰雪旅游与文化产业,加快促进两产业融合,培育哈尔滨市经济新的增长点。另外,哈尔滨市还可以开发中俄红色旅游线路,这样不仅能够开创旅游产品,更能增进哈尔滨与俄罗斯之间的友谊。

2. 拓展"一带一路"合作,优化国际税收协定

深入开展与"一带一路"沿线国家的国际税收合作,不断优化国际税收协定。一是哈尔滨市政府要成立研究组,探究"一带一路"国家人民的文化喜好和冰雪旅游偏好,了解当地的民族文化和习俗,针对不同国家设计出不同的冰雪旅游产品,以此来吸引更多的国外游客,研究沿线国家的财税政策,为达成共识提供基础。二是与俄罗斯等周边国家开展深度冰雪旅游与文化产业合作。哈尔滨市应该利用好地理优势,与俄罗斯、韩国、日本等国家加深冰雪旅游与文化产业合作,以财税政策为突破口,寻求共赢。例如,每年在旅游旺季选择一天作为"俄罗斯游客欢迎日""日本游

客欢迎日"等,并在当天开展一系列的欢迎活动,吸引更多邻国游客来哈尔滨旅游。三是哈尔滨市应与国际接轨,升级现有的旅游体系,打造出高端养生休闲度假旅游产品,比如避暑山庄、主题假日酒店等。

(二) 挖掘文化亮点的税收激励政策

哈尔滨市要不断挖掘冰雪旅游文化亮点,充分利用冰雪旅游文化区域优势,塑造"洋气"国际冰雪旅游与文化声誉名城形象。

1. 加大税收激励支持,打造欧陆风情旅游文化线路

加大税收激励支持,对哈尔滨市道里区、道外区、南岗区等欧式建筑较多的区域进行深度开发和利用,可以打造欧陆风情文化线路,开发旅游专车,供游客沿途下车观看和体验,方便游客观赏建筑、感受文化、品尝美食。

2. 加大税收激励支持,举办多形式的欧陆风情活动

加大税收激励支持,在旅游景区举办能够展现哈尔滨欧陆风情的活动。哈尔滨市政府可以让相关单位在建造冰雪大世界和雪博会景区时加入能够展现哈尔滨文化特色的景观,打造出哈尔滨特有的冰雪文化产品,使得游客不仅能够领略到冰雪景观,更能够感受到哈尔滨的文化底蕴。

(三) 做好产品布局的税收激励政策

做好文化旅游产品整体布局,打造国际旅游文化名城形象。哈尔滨要深度开发冰雪、避暑、湿地、森林等旅游项目,并且做到统一规划、统一部署,使文化与景色相融合,凸显出"冰城夏都"的旅游品牌形象。

1. 加大旅游项目税收激励支持,打造高端旅游产品

整体规划旅游项目,打造高端旅游产品。一是凭借冰雪旅游良好的基础,利用财税激励政策,打造哈尔滨冰雪文化中心,让游客能够更好地感受到哈尔滨的冰雪文化,对哈尔滨的冰雪有更深体验,让游客能够流连忘返。二是充分发挥伏尔加庄园的作用,打造适合游客休闲度假、领略俄罗斯文化风情的小镇,让国内游客不出国门就能感受到俄罗斯的文化和民俗,充分发挥黑龙江省与俄罗斯接壤的优势。三是对松花江和湿地水系进行治理,适当开发夜游项目,可以分为畅游松花江和湿地水系两个产品,提升哈尔滨夜间游玩文化，让游客感受到夏都的凉爽和风情。四是展现关东民俗，打造关东民俗风情园，多多设置真人体验项目，使得游客能够进行体验式游玩，增加游玩乐趣。五是依托金上京文化，开发阿城金源文化旅游产品，让游客更好地感受到哈尔滨的文化底蕴。

2. 加大旅游康养项目税收激励支持，优化养老环境

哈尔滨应加大税收激励政策，使文化旅游产业与康养项目相结合，打造黑土地独有的健康养老环境。目前，我国老龄化现象越来越严重，很多人都开始重视养老项目，哈尔滨政府应该利用好这一契机，打造"夏都"旅游养老项目，比如在风景区建立避暑城，里面包含衣、食、住、行、医、玩等项目，满足游客避暑、游玩、养老、养生等需求，不断提高服务水平。

（四）树立文明形象的税收激励政策

哈尔滨市要不断树立一流现代文明形象，加大财税激励政策引导，塑造"秀气"国际冰雪旅游与文化声誉名城形象。

首先，转变旅游文化发展理念，提高供给侧水平。不断提高旅游服务能力，提升旅游服务效率，加快财政投入，加快旅游配套设施建设，提升游客的体验满意度，打造"吃、住、行、游、购"等一站式服务，塑造哈尔滨旅游名城的形象。

其次，注重管理，打造良好的文化旅游市场环境。哈尔滨市政府应加强对文化旅游市场的监督和管理，不断规范市场秩序，严厉打击有损哈尔滨旅游形象的行为。尤其是要遏制恶意竞争、强制购买、随意加价等行为，对"黑车""黑导游"也要依法处罚和管理，建立规范有序的市场环境，让游客能够游得舒心、玩得放心。同时，政府还要完善旅游公共服务体系，为游客提供更准确、更便捷的服务。

第五节　本章小结

本章是对黑龙江省新型城镇化发展税收激励政策的实证研究，主要包括税收政策促进新型城镇化发展的运行机理分析、黑龙江省城镇化率与税收收入总量的实证分析、黑龙江省税收支持新型城镇化发展的实证分析和冰雪文化融合助力哈尔滨城镇化税收激励分析。具体包括以下几个方面。

第一,系统阐述和分析了税收政策促进新型城镇化发展的运行机理。分析新型城镇化发展的税收作用模式和人口流动机理,建立理论模型,得出税收政策与城镇化率的关系机理:当税收政策有利于经济要素的转移流动、经济工业化发展、城镇产业结构转变和农村农业机械化提高时,城镇化将快速发展,表现为"同步城镇化";当税收政策有利于经济工业化发展和城镇产业结构转变,但不利于经济要素的转移流动和农村农业机械化提高时,城镇化发展将在外部发展环境上受阻,表现为"滞后城镇化";当税收政策不利于经济工业化发展和城镇产业结构转变,但有利于经济要素的转移流动和农村农业机械化提高时,城镇化发展将在内部发展环境上受阻,表现为"虚假城镇化";当税收政策不利于经济要素的转移流动、经济工业化发展、城镇产业结构转变和农村农业机械化提高时,税收政策将完全阻碍城镇化的发展,表现为"空虚城镇化"。

第二,黑龙江省城镇化率与税收收入总量的实证分析。通过数据选取及其序列,建立向量自回归模型,分析时间序列图,变量的平稳性检验,VAR 模型滞后期的选择及其构建、VAR 模型平稳性检验、VAR 模型协整性检验、脉冲响应函数分析等,得出黑龙江省城镇化的发展有很大的空间,税收政策应当在城镇化的发展上起到激励作用;税收收入与城镇化率之间存在着长期的协整关系;城镇化的发展与税收政策与制度存在着密切的关系;城镇化的重要性要求具有激励型的税收政策等结论。

第三,黑龙江省税收支持新型城镇化发展的实证分析。通过选取变量及数据,模型设定及其估计等过程,建立固定效应模型,得出实证分析结果:一般性回归分析结果中,解释变量的回归结果显示,黑龙江省的宏观税负、人均城建税、人均城镇土地使用税和人均土地增值税四个解释变量的符号为正,表明其与黑龙江省的新型城镇化发展具有正相关关系,能够不断促进新型城镇化的发展,尤其是宏观税负这一解释变量与城镇化的正相关性表现得尤为显著,宏观税负正是能够提供资金支持的最重要指标,这也反映出黑龙江省的新型城镇化建设离不开庞大的财政资金支持;控制变量的回归结果显示，黑龙江省的人均地区生产总值、财政支出占比、城乡收入差距和进出口数额四个控制变量的符号为正，表明其与黑龙江省的新型城镇化发展呈现正相关关系。

第四，冰雪文化融合助力哈尔滨城镇化税收激励分析。分析哈尔滨冰雪旅游与文化产业融合发展的现状，挖掘产业资源开发深度与利用效率不足、冰雪旅游与文化产业链融合度偏低、高端音画休闲旅游的文化精品缺乏等问题，梳理2019年及以前哈尔滨冰雪旅游与文化产业融合现行财税政策和新冠疫情下的财税政策，构建哈尔滨冰雪旅游与文化产业耦合协调度实证分析模型，构建指标体系，测算哈尔滨冰雪旅游与文化产业耦合协调度，分析耦合协调度，得出耦合协调度较低、文化产业发展滞后等结论，提出加强国际合作、挖掘文化亮点、做好产品布局、树立文明形象等冰雪旅游与文化融合发展的税收激励政策。

第七章

国内外新型城镇化发展财税激励政策的经验与启示

第一节 国外城镇化快速发展财税激励政策的经验

在任何一个国家或地区中,城镇化的发展均离不开财税激励政策的支持,尤其是西方典型发达国家,城镇化水平已经超过80%,在过去的城镇化发展中得益于财税激励政策支持,其成功经验可能为黑龙江省新型城镇化发展带来启示。

一、法国城镇化发展财税激励政策的经验

法国的城镇化建设起步比较早,发展至今,城镇化水平已经很高,也取得了一些成绩,这主要是因为法国政府出台了一系列的积极财政政策,促使法国城镇化快速发展。法国在城镇化建立之初就对城市布局进行了充分的论证和科学的规划,并引进各方面的优秀人才来助力城镇化发展,具体的财政政策如下:

(一)财税政策支持完善交通网络

法国的交通四通八达,公共交通舒适、快捷并实惠,尤其是火车,早

已成为法国出行的首选交通方式。以法国巴黎为中心，铁路网极其发达，主要依靠地区快速列车（TER）和高速火车（TGV）连接了所有城市的交通。另外，法国几乎所有家庭都有汽车，所以规划好交通网络是促进城镇化的关键步骤，交通网络的铺设和城市布局息息相关，怎么才能为人们提供顺畅、快捷的交通网是需要专业人员论证的，而道路的建设和铺设则需要大量的资金，这时就需要政府在财政政策上给予支持，发放一定的财政拨款，再为修建铁路、公路的公司提供低息贷款。截至目前，法国的高速公路是全世界高速公路中交通网络最完善的，各个城镇之间交通往来十分便利，促进了法国区域经济间的协调发展。

（二）财税政策支持农村基础设施建设

法国农村基础设施配套比较完善，但因建设时间较早导致一些设施开始老化，法国政府为了加速城镇化建设，提高社会公共服务质量，开始改建农村基础设施。政府先进行财政拨款，对法国农村的供排水设施进行了修建，又完善了供电、供网设施，还对教育、医疗、社区等公共服务提供帮助。法国政府通过财政政策来推进农村基础设施建设，不仅改善了农民的生活环境和质量，还对城镇化建设起到了积极作用。

（三）财税政策支持缩小城乡差距

法国经济虽然发达，但城市和乡村的差异还比较大，为了缩小这种差异，改善农民的生活质量，法国通过财政拨款用于改善农村落后的生产、生活方式，早在2005年法国就开始为乡村提供免费的网络服务，让农民利用网络的科技力量来改变生活现状，除了网络外还有一系列的政策用于缩小城乡差距。

（四）财税政策支持人才培养

法国政府十分重视教育事业，不惜代价进行人才培养，从各个方面对学校进行投入，设立高额奖学金，鼓励学生努力学习。城镇化建设离不开人才的支撑，所以法国政府对教育进行的财政拨款是十分必要的。

二、英国城镇化发展财税激励政策的经验

英国作为老牌资本主义国家,城镇化的起步最早,从19世纪初期开始到如今已有200多年的发展历史。在这个阶段,英国城镇化率提升了3倍,截至2010年英国城镇化率已高达92%,能取得这样傲人的成绩,主要得益于英国政府城乡统筹的一体化建设,加快了城镇化的步伐。

(一)通过财税政策提高公共服务

在英国城镇化初期,城乡差异较大,无论是在物质方面还是精神层面农村都无法与城市相提并论,所以该时期有大批量的农村人口涌入城市,造成城市资源供给的紧张,出现了很多现实问题和矛盾。为了缓解当时的矛盾,英国政府不惜大力进行财政投入,开始实施国家福利制度,为农村人口提供社会保障,使他们也能享受与城市居民一样的待遇。英国政府为农村人口提供住房、就业、教育、养老、医疗等一系列的公共服务,真正改善了乡镇条件,促进了城镇化的发展,而不是虚假的繁荣。英国政府的做法不仅提升了城镇化的质量还缓解了大城市的压力,而且还减轻了因人口过多导致城市资源紧张、环境污染的问题,解决了大城市和小城镇的双重问题。通过加大财政支出,英国政府缓解了当时社会发展的问题和压力,这种方法值得其他国家借鉴。

(二)通过财税政策加强基础设施建设

英国政府通过财政手段对农村基础设施进行财政拨款,对农村的供排水、电力、网络、燃气进行改造,修建村镇道路,在有条件的地方铺设铁路和公路,打造便捷、顺畅的交通环境,提高农村人口生活质量的同时还为他们带来商机,方便运输。修建医院和学校,可让其免费使用土地,并对其进行补贴,鼓励其为农民提供更好的服务。缩小大城市和乡镇公共基础设施的差距,实现城乡协同发展,让农民也能享受政府的政策红利。对于那些在城镇化过程中因效率低下、污染严重、消耗资源而下马的企业,英国政府通过税收优惠鼓励他们进行升级和转型,既符合城镇化对产业的

要求，还能盘活经济，提供更多的就业机会。

三、德国城镇化发展财税激励政策的经验

德国城镇化改革没有英国、法国时间早，但德国城镇化的发展速度非常快，德国政府始终注重城乡发展的均衡化，利用财政政策和税收政策来促进城镇化的快速发展。

（一）财政分权使城镇化发展过程更加公平

因为历史遗留问题，德国政府的财政体制是分权管理的，这种模式很独特。财政体制分权使得德国各级政府可以独立进行财政预算以及公共投资，这不仅能最大限度地保证公平，还能调动人们的积极性，使其按照地方特色和需求来选择城镇化的道路。财政分权模式能保证不同地域、不同阶层的城镇居民在获得财政支持、资源获取时得到公正的待遇，避免因财政集权而造成分配不公的现象，阻碍城镇化的发展。

（二）利用财政平衡机制协调区域发展

德国在设计财政制度时充分考虑到了区域平衡发展的需要，将每个州政府的财政收入进行排序，然后把财政收入较高的州的收入向收入较低的州进行转移，确保每个州政府都有足够的财政资金，实现每个州之间的平衡发展。当然，州与州之间的横向支援毕竟是有限的，对于比较贫困的地区还需要德国政府直接进行财政支持，可通过财政拨款、特殊补助等形式来进行财政的转移，这种机制使得德国各地区发展都比较均衡，贫富差异较小。

（三）增加财政对公共基础设施的投入

德国政府对公共基础设施的财政投入比较大，并且政府工作作风非常严谨，很注重公共基础设施合理布局，这样不仅方便民众还能节省财政资源。德国采用公共基础设施的质量都是一样的，这样就能避免出现不同地区所提供的公共基础设施服务不一样的现象，同时还能防止腐败的滋生。

公共基础设施无差别也让德国各区域发展比较均衡,人们不用为了寻求更好的发展而都集中在几个大城市里,使德国城镇化能实现协同发展。

(四)统筹城乡发展鼓励求同存异

德国政府在城镇化发展过程中利用财政政策引导求同存异,保持城镇发展特性。政府为促进农业大规模、机械化生产就鼓励农民出让土地,除了高额收购款外还有财政补贴;政府对农村的公共设施建设和公共服务的提供与城市没有区别,虽然这需要大量的财政投入,但却保证了德国城乡差异较小。德国政府为了在城镇化发展时最大限度保留乡镇的历史风貌和风俗习惯,政府特别增加了城市建设补贴,希望通过财政政策的引导来保护历史风貌。

四、韩国城镇化发展财税激励政策的经验

韩国城镇化的特色是"新城开发"。韩国土地资源较为紧张,人口密度大,又与产业分布联系密切,形成了特大城市群。韩国政府增加公共服务财政投入使得城镇也开始吸引人口流入,推动城镇化发展。

(一)利用财税政策对城镇规划合理布局

韩国先天优势较弱,国土面积较小,资源匮乏,所以十分注重节约资源,对资源进行合理、高效的利用,所以政府在推行城镇化时十分注重城镇的合理布局,并采用财政政策加以引导。政府出台相关法律法规在公共基础设施建设、公共服务等方面制定了财政扶持任务,促使韩国城乡协同发展,避免差距过大,有利于城镇化的推进。

(二)利用财税政策引导城镇产业群同步发展

韩国因为地域情况和条件受限,在发展城镇化时与国家经济形势以及产业结构变化紧密联系。通过经济发展形态来调节产业结构拉动内需、提高就业,经济均衡发展也有利于人口向城镇流入。韩国虽然国土面积较小但城镇发达,如皇宫之城首尔、首尔水上门户仁川、新兴工业科学城大

田、最大纺织工业城大邱、最大港口釜山、文化之城庆州等，各城镇发展特色鲜明，且形成比较聚集的产业群，可以说韩国的城镇化离不开城镇产业群。韩国政府整合财政资源，加大对公共基础设施和公共服务的财政投入，扶持低耗能、高产出的企业，对其进行税收优惠政策，调整三大产业群的发展态势，做到优势互补，协同发展，能更好地利用空间资源和其他稀缺资源，加大产业群之间的凝聚力，以点带面，通过产业群的同步发展提高城镇化发展进程。

（三）利用财税政策加快公共交通发展

韩国土地面积有限，人口密度较大，交通压力很大，政府为了能缓解交通压力，利用财政政策大力扶植公共交通事业，也取得了一些成效。想要快速发展城镇化，公共交通也是其中很重要的一项，韩国政府对此加大了财政资金的投入，还对公共交通的承建和运营单位提供税收减免的优惠政策，其目的就是为了鼓励公共交通事业的发展。韩国公共交通覆盖广、交通工具快捷、换乘服务好、票价低廉，这些优势都离不开财政政策的支持。

第二节　国内新型城镇化发展财税激励政策的经验

我国北京、上海、广东、浙江等发达省份的城镇化水平也较高，其财税激励政策较为完善，可操作性较强，对推进新型城镇化建设的效应显著。本书选取广东省、浙江省和辽宁省新型城镇化发展财税激励政策展开分析，得出适合黑龙江省发展的经验启示。

一、广东省新型城镇化发展财税激励政策的经验

自改革开放以来，广东省一直积极稳步推进城镇化建设，尤其是重视城乡一体化、区域协调发展，城镇化发展质量稳步提升。广东省经济十分发达，在国内，除了上海、北京和天津外，其城镇化率最高，2019年高达

71.4%。目前广东省具有比较完善的城镇体系,世界级城市群建设初见成效、城乡一体化格局初步形成,这些成就均离不开财税激励政策的大力支持。①

(一) 完善省以下财政体制机制

广东省按照中央部署,合理调整省级以下政府间的财政关系和分税制财政体制,逐步实现省级以下事权与支出责任相匹配,不断加强省直管县的财政改革,具体体现在以下4点:一是将促进省内区域协调发展、统一市场建设等关乎全省的重大事务集中于省级;二是将基层管理更加方便有效、地域信息强、直接面向基层等关乎区域经济社会事务下放于市县;三是各级均有义务、难以明确区分受益范围等公共服务,且超越市县管理能力和管辖范围的跨区域事务,集中于省级;四是建立农村人口市民化与财政转移支付的挂钩机制,保障农民工落户地区的公共服务供给。

(二) 完善地方税收体系

地方税是地方财政收入的最主要来源,是新型城镇化建设的重要财力保障。广东省十分重视完善本省的地方税收体系:一是将与产业发展密切相关、收入来源稳定、具备相当规模的税种作为地方主体收入和主体税种,增强市县政府支出责任和履行事权的保障能力;二是加大消费税、环境税、资源税、房产税等税制的改革;三是加大对中小城市培育试点的财政投入扶持力度,尤其是加大对产业发展、基础设施建设等领域的财税、金融服务支持等。

二、浙江省新型城镇化发展财税激励政策的经验

"十二五"规划以来,浙江省深入实施新型城市化战略,稳步推进"人的城市化",深入推进城乡统筹改革,不断完善城乡建设和管理体系,城镇规模结构逐步优化合理,2019年浙江省城镇化率高达70%,户籍城市

---

① 《广东省新型城镇化规划(2016—2020)》。

化水平也近60%。浙江省制定出台一系列财税激励政策,有序推进新型城市化建设步伐。①

(一) 建立差别化财政激励政策体系

一是建立人口转移集聚的财税政策空间布局指引。引导农村人口向内陆丘陵盆地、舟山群岛新区和沿海平原地区等重点开发区域迁移集聚,制定差别化的落户财税政策手段,优化人口空间和结构布局。二是建立各类人群市民化的财税激励政策指引。按照农村转移人口的素质技能、就业状况、居住年限、居住状况、社保年限等诸多条件,制定差异化的财税激励政策。另外,浙江省也十分重视城镇化的产业发展,制定差别化的产业财税激励鼓励政策,如加强海洋捕捞渔民等重点人群的财税政策保障。三是建立不同领域市民化的财税梯度指引。根据财政的承受能力,优先投入教育公共服务,完善基本医疗卫生服务,健全公共就业创业服务等。

(二) 基本公共服务均等化的财税激励政策

一是建立积分评价制度和居住证制度。以该两项制度为基础,因地制宜,逐步完善社会保障、公共服务、务工就业、租住房屋等信息集成,建立农村转移人口享受基本公共服务的凭证功能。二是建立城市公共服务供给制度。利用财政多种投融资渠道,合理布局城市公共服务设施,推进城镇教育资源共享,保障随迁子女按时入校,建立社保医疗救助体系等。三是建立市民化的成本分担机制。浙江省各级财政承担对市民化公共成本的主体支出责任,积极争取国家财政转移支付的力度有所增加。

(三) 提高农村人口融入城市能力的财税政策

一是建立健全就业创业服务体系,利用财政资金,开展农民工就业技能培训,激发和提高其潜在动能与技能,实行就业准入制度、职业资格证书制度和劳动预备制度等。二是完善农村人口劳动权益保障制度,完善法律保障制度,各级政府适时建立劳动工资预警机制等。三是建立农民工社

---

① 根据《浙江省新型城市化发展"十三五"规划》整理。

会参与机制，丰富农民工的社会参与渠道，充分发挥财税激励政策作用，建设包容性城市，加强心理疏导和人文关怀，提高归属感和认同感。

三、辽宁省新型城镇化发展财税激励政策的经验

辽宁省以新一轮老工业基地振兴为契机，坚持以人为本、补短扬长、产城融合、生态文明、传承文化等基本原则，以产业结构调整为基础、以提高质量为重点，大力推进新型城镇化进程。2019年城镇化率高达68.11%，占据全国第七位（上海、北京、天津、广东、江苏、浙江）。辽宁省出台了一系列促进新型城镇化发展财税激励政策的重要举措。

（一）不断提升城镇综合承载力的财税激励政策

利用财政资金、转移支付、PPP等多种方式建设各类保障性住房，改造棚户区，加快建设市政公共服务和基础设施。制定财政、税收、金融、土地等优惠政策，鼓励到重点新城（新区）购房落户和投资经营。利用财政投融资实施"暖房子"、排水防涝体系建设和供水供热供气老旧管网改造工程，加快城市地下综合管廊建设，不断提升老城区环境和基础设施质量。

（二）推进农村人口市民化的财税激励政策

在辽宁省权限范围内，对财税体制进行适度改革，配套改革与农村人口市民化相关的就业、社保、住房、教育等各个领域。统筹城乡社保体系，构建城乡平等的就业服务和就业制度体系，不断完善住房保障制度和教育制度，建立差别化户籍管理制度等，有效引导农村人口向城镇转移。

（三）统筹城镇化协调发展的财税激励政策

编制《辽宁省空间规划》，统筹辽宁省各类资源、产业、交通等时空项目，充分发挥财税激励作用，在重大基础设施、产业发展等方面给予较大支持。制定财政转移支付等财政优惠政策，支持县城发展，不断完善基本公共服务均等化，建立多渠道的城镇化投融资机制，优先发展特色镇和

重点镇。①

第三节 国内外新型城镇化发展财税激励政策比较

一、国内外新型城镇化发展财政激励政策比较

英国、美国等发达国家的城镇化发展水平领先于我国,因此其发展城镇化的财税政策经验也值得我国在促进新型城镇化发展过程中借鉴。英国作为世界上最早开始城镇化的国家,在城镇化发展过程中合理规划了城乡发展的道路,解决了由于城市过度扩张出现的"大城市病"问题并积极发展小城镇引导工业发展;美国在城镇化过程中利用财税政策扶持农业,积极推进城市群的发展,走上了城镇化与工业化、农业现代化和谐统一的道路;日本在城镇化过程中利用财税政策鼓励并刺激农村经济的发展,并建立了完善的社保体系,解决了城镇化发展过程中城乡差距扩大的问题。这些发达国家发展城镇化的经验为我国新型城镇化建设提供了可供参考的依据,是使得我国新型城镇化发展既符合中国特色的道路,又能少走弯路地提升质量的重要手段,我们应该充分考虑并结合我国新型城镇化发展的现状和当前财税政策存在的不足,借鉴发达国家城镇化发展过程中的经验,探索出适用于我国发展特色的财税政策,走以人为本、优化布局、生态文明、文化传承的中国特色新型城镇化道路。

(一) 国内外城镇化发展进程的比较

我国的新型城镇化是中国特色的城镇化发展道路,中国的城镇化发展历程也与国家的历史与发展环境紧密相关。因此,了解我国的城镇化发展历程并把握现阶段下我国财税政策和新型城镇化的配套现状十分必要,能够帮助我们有针对性地提出适合我国国情的发展新型城镇化的财税政策建议。

---

① 根据《辽宁省新型城镇化规划(2015—2020年)》整理。

1. 城镇化发展落后于发达国家

从整体来看,我国城镇化的发展落后于大多数发达国家。英国由于工业革命的推动从 18 世纪后期就开始缓慢发展城镇化,到了 1851 年,英国的城市人口已经达到总人口的 51%;美国建立联邦政府后逐步发展工业,其城镇化水平随着工业的发展也得到了很大的发展,到了 1920 年,美国的城市人口占总人口的 50.9%;日本的城镇化起始于明治维新,虽然由于第二次世界大战战败的影响其城镇化水平经历了短暂的后退,但并没有从整体上改变日本逐步发展的城镇化水平,到了 19 世纪 70 年代日本城镇化率已经达到 50% 以上。而我国的城镇化发展的起点很晚,新中国成立以前乃至改革开放以前我国的城镇化发展基本上处于停滞阶段。从 1978 实施改革开放以来,我国的城镇化才随着工业和经济的发展逐步快速发展起来。

如图 7-1 所示,1978 年以前我国的城市人口占总人口比重一直在 20% 以下,而英国、美国、日本三国的城市人口占比稳定在 60% 以上;1978 年的城镇化率为 17.9%,而同一时间的美国、英国、日本城镇化率都在 70% 以上,世界平均城镇化水平也达到 38.5%,我国的城镇化水平远远落后于发达国家,也落后于世界城镇化的平均水平。在 1978 年以后我国实施改革开放以来,国家积极发展经济建设,可以看到 1978 年以后我国的城镇化速度随着国家经济和工业的发展明显提升。2012 年我国城镇化率为 51.8%,与世界城镇化的平均水平 52.5% 基本达到一致,此后我国的城镇

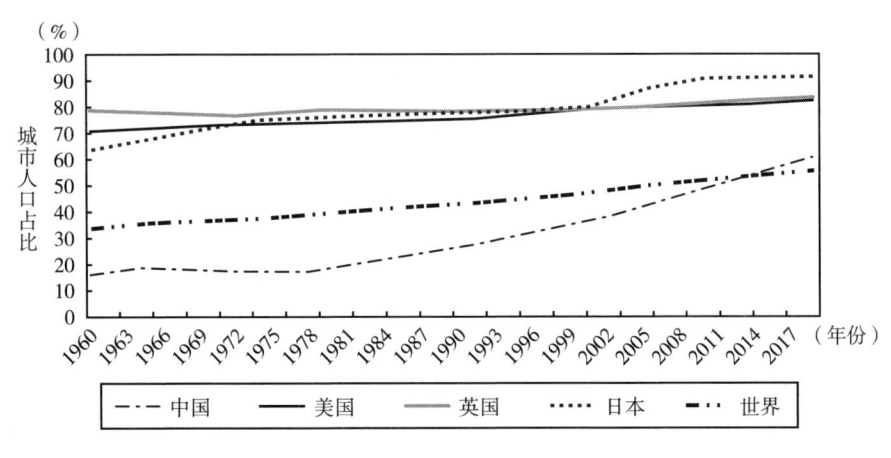

图 7-1 1960~2017 年中国与世界及典型国家城镇化发展水平比较

资料来源:世界银行数据库。

化水平虽然还是落后于发达国家,但是已经赶超了世界的平均水平,并逐步向英国、美国等发达国家靠近。

从以上分析可以看出,我国城镇化的发展虽然起点晚,且落后于发达国家,但是我国的城镇化建设由于经济的快速发展,其发展速度也较快。因此,我们应该充分向发达国家学习城镇化发展经验并吸取教训,保持我国城镇化发展进程的同时促进我国城镇化又好又快地适应新时期发展要求,从而提升民众的生活水平。

2. 我国已经进入新型城镇化发展阶段

从自给自足的农业经济到逐渐出现社会分工、人口开始流动,再到城市的形成与扩张以及城乡的统筹发展,城镇化的发展会经历不同的几个阶段。目前关于城镇化发展阶段更为广泛被认可的划分标准是:当城镇化率小于30%时,说明城镇化发展处于初步阶段;当城镇化率为30%~50%时,认为此时的城镇化发展正处于向基本实现迈进的阶段;当城镇化率处于50%~70%的水平时,认为城镇化发展处于从基本实现到完成城镇化过渡的阶段;而当城镇化率大于70%时,则认为该阶段城镇化已经处于自我完善和发展的阶段(马先标,2019)。按照这个划分标准可将中国、英国、美国、日本四个国家的城镇化发展阶段大致划分为如表7-1所示的几个阶段。

表7-1　　　　　　中国与典型国家城镇化发展阶段比较

阶段	中国	英国	美国	日本
发展起点	1978年改革开放	18世纪后期1775年工业革命的推动	1789年联邦政府建立	20世纪20年代明治维新
初始阶段 (城镇化率≤30%)	1978~1994年	18世纪末~19世纪初	1790~1890年	20世纪20~30年代
走向基本实现阶段 (30%≤城镇化率≤50%)	1994~2011年	19世纪初~19世纪中叶	1890~1920年	20世纪30~50年代
基本实现→完成过渡阶段 (50%≤城镇化率≤70%)	2011年至今	19世纪初~19世纪末	1920~1960年	20世纪50~70年代
自我完善和发展阶段 (城镇化率≥70%)		19世纪末至今	1960年至今	20世纪70年代至今

由表7-1可知，从城镇化率由30%发展到50%的过程中，我国只用了短短不到10年时间，我国在2011年城镇化率首次超过了50%，城镇常住人口超过农村常住人口，比英国、美国、日本三个国家用时都要短，平均每年城镇化率以将近3%的速度增加。而2019年我国的城镇化率已经达到60.9%，相比于2011年50%的城镇化率也用了不到10年时间就增长了10%，按照目前的发展速度也快于其他三个国家。

城镇化的快速增长不仅意味着我国经济实力和政府政策落实能力的提高，由于城市的过度扩张可能导致的资源环境问题以及人口福利水平等因素也不符合城镇化发展的初衷。考虑到传统城镇化发展带来的资源和环境问题以及我国对于经济发展质量的要求，我国开始重视城镇化发展的质量，不再单一地将常住人口所占比重代表的城镇化率作为衡量城镇化发展水平的指标。2012年党的十八大报告提出新型城镇化建设，在接下来的中央经济工作会议中也正式提出了走新型城镇化发展道路。我国的新型城镇化道路是在城镇化由基本实现向完成的过渡阶段过程中提出来的，也是在充分考虑到我国实际国情和其他国家发展城镇化所遇到的挑战的基础上提出来的，我们应该自觉按照新型城镇化建设的要求发展新型城镇化，走好我国城镇化从基本实现到完成的过渡阶段时期的道路。

(二) 发达国家城镇化发展的财政政策比较

1. 发达国家完善社保制度的财政政策经验

完善的社会保障体系是促进社会公平、保障国家经济发展的重要基础。发达国家在城市化发展过程中一直积极探索和建立国家的社会保障制度以提高人们在经济发展中的生活质量，从而更好地促进城市化发展。发达国家完善城市化进程中社保制度的经验比较如表7-2所示。

表7-2　　　　发达国家完善城市化进程中社保制度的经验比较

国家	主要政策	主要措施	主要成效
英国	1927年建立居民失业保险制度；1944年发布社会保险白皮书；1957年设立农场主养老保险制度	由国家出资，将原来的土地移交现金补贴制度转换成农场主部分养老保险制度；设立"农业社会互助金"	建立了包括基本生活保障、医疗保障等在内的"从摇篮到坟墓"的全面的社保体系

续表

国家	主要政策	主要措施	主要成效
美国	1879年颁布美国纽约住房法；1939年颁布纽约公共住房法	创建国家住房公司；建立政府房屋政策和计划顾问委员会；制定大规模正统公共住房计划并推出新型补贴住房计划	保障了城市化进程中的居民的住房问题，有效提高了公众尤其是中低收入群体的福利水平
日本	1959年颁布《国民健康保险法》《国民养老金法》；1985年修改《国民年金法》	将全国所有20~60周岁的农民、个体经营者都纳入社保体系；中央政府出资一半，县、町政府各出资25%，确保农民基本生存权利	扩大了国家社会保障的覆盖面，注重发展农村社保制度建立了完善的农村社保体系

英国作为"城市化故乡"，根据城市化发展过程中出现的福利问题积极探索改进的方法。在农村社会保障方面，英国设立农场主养老保险制度，并以"农业社会互助金"的模式实现了农村人口的社保。英国政府还根据贝弗里奇报告发布了社会保险白皮书，逐步建立起了"从摇篮到坟墓"式的社保体系。美国政府针对在城市化进程中由于人口数量在城市的集聚而产生的住房困难问题，提出了一系列的住房保障措施。政府颁布了多项法律法规和补贴政策以确保民众尤其是贫困人口的住房问题，让农村人口与城市人口的社会保障待遇相同，从而促进社会稳定与进一步发展。而第二次世界大战结束后的日本同样面临着由于"高发展、低福利"导致的人民生活水平低下和城乡两极分化严重的问题，为了提高人民的福利水平、保障农民基本生存权，日本提出"全民皆保险"的口号，由中央政府、县、町政府共同出资来健全社保体系，并在1985年的《国民年金法》提出让国民年金成为共同的基础养老保险，扩大了社会保障的主体，逐步实现了城乡一体化的社保体系。

2. 发达国家促进乡村发展的财税政策经验

乡村发展是城镇化过程中的一个重要环节，良好的乡村发展条件不仅有利于缩小城镇化发展中的城乡差距问题，也意味着城镇化发展实现了高质量的发展水平。发达国家在城市化进程中发展乡村的经验比较如表7-3所示。

表7-3　　　　　发达国家在城市化进程中发展乡村的经验比较

国家	主要政策	主要措施	政策效果
英国	1909年颁布《住宅、城镇规划法》;1932年颁布《城乡规划法》并多次修订;1938年通过《绿带法案》	政府提供资金以供乡村发展;建设乡村基础设施、提升乡村价值;通过建立绿化带保护乡村农业用地	以立法的形式规划城乡的发展,有针对性地发展和保护乡村,解决了由于城市扩张导致的乡村衰落
美国	1933年出台《农村电气化法》;1948年颁布《农业法》;1996年颁布《联邦农业改进与改革法案》	为农村合作社提供低息贷款,建设农村电气化设施;加大对农民的补贴、对农民种植的各种作物按一定比例进行补贴	发展工业的同时注重农业的发展,使得美国的工业与农业协调发展,避免了城市化进程中对农业发展对乡村的冲击
日本	1949年《土地改良法》;1971年《农村地区工业导入促进法》;2008年《工农商合作促进法》	保护乡村的自然资源环境;鼓励和引导工商产业在农村发展,建立补助金农政,增加对农村的投入;进行"一村一品"运动,鼓励农业发展	改善乡村的发展环境,提高乡村竞争优势,有效地减小了城乡差距,促进城乡统筹发展

英国早期由于工业革命带来的城镇化快速发展是建立在牺牲农业和乡村的基础之上的,随着城镇化的进一步推进,英国政府开始重视乡村的地位,英国政府自19世纪末开始积极实施财政政策以发展乡村,1909年颁布的《住宅、城镇规划条例》是世界上第一部关于城乡规划的法律。促进乡村发展的政策有效地解决了之前以城市扩张为主的城镇化发展给乡村带来的不利影响。美国高度发达的工业化是建立在大力发展农业生产的基础上的,美国政府在城镇化发展过程中一直坚持农业与工业发展并重的原则,使得乡村和城市在城镇化进程中协调发展。日本为了应对城镇化发展初期出现的城乡差距过大的问题,提出一系列保护乡村、促进乡村发展的措施,实现了乡村在城镇化进程中有特色的发展。

3. 发达国家发展小城镇的财税政策经验

在城镇化进程中,中小城市尤其是小城镇在人口、环境等资源方面介于大城市和乡村之间,因此小城镇可以引导乡村发展并调节大城市的扩张。发达国家在城镇化进程中发展小城镇的经验如表7-4所示。

表7-4　　发达国家在城镇化进程中发展小城镇的经验比较

国家	主要政策	主要措施	政策效果
英国	1943年成立城镇和乡村规划部；1946年《新城法案》；1952年《城镇发展法》	规定新城建设公司可在规划区以优惠价格得到土地并可从财政部获得贷款；迁移政府办公场所促进小城镇发展、注重小城镇的生态文化保护	形成了小城镇与大城市互相呼应，彼此促进发展的良好态势，小城镇也疏散了大城市过多的人口，有效解决了"城市病"等问题
美国	1944年出台《联邦资助道路法案》；1968年《住房和城市法案》	大力发展公路基础设施建设，减小通勤时间，促进郊区化发展；制定一系列优惠的郊区税收政策，由联邦政府、地方政府和开发商共同出资发展小城镇	依托大城市的辐射功能积极发展小城镇，以郊区化趋势减小了城镇、郊区和乡村之间的差距
日本	1953年《离岛振兴法》；1961年《落后地区工业开发优惠法》；2002年《整备计划》	用政策手段大力发展中小城市、开发落后地区，调整国家工业布局；将小城镇的发展纳入了发展规划，促使其稳步发展	用行政的手段引导了小城镇的发展，从而解决城市化进程中出现的人口和工业在城市的过度集聚现象

英国政府将城镇化发展的规划立法，重视小城镇对劳动力的牵引作用和对工业的促进作用，形成了中心城市、小城镇、乡村交相辉映的发展格局。美国依托大城市的辐射功能，从一开始就着力发展小城镇，由联邦政府、地方政府以及开发商共同承担小城镇的开发建设费用，逐步确立了大都市、小城镇、乡村互相促进的发展格局。日本自20世纪50年代以来由于大都市圈的过度扩张，大都市的发展与其他地区极度不平衡，为了提升城镇化发展质量，日本政府运用资金大力扶持落后地区、小城镇的发展，实现了均衡的城镇化发展。

二、国内外典型城市城镇化发展税收政策比较

城镇化的发展水平标志着一国社会经济和城市的发展程度，虽然我国新型城镇化已经经历了7年多的发展，但是还存在诸多问题。与其他国家相比，我国城镇化水平还比较低，国家统计局数据显示，2019年我国户籍

人口城镇化率仅为44.38%，而常住人口城镇化率也只有60.6%，不仅远低于发达国家82%的平均水平，也低于经济发展水平与我国相近的其他发展中国家65%的平均水平。另外，我国城镇化的区域发展不平衡，表现在东部沿海发达城市的城镇化率高，而中部、西部等内陆地区的城镇化水平低。据中国政府网资料显示，2019年我国东部地区常住人口城镇化率达到66.58%，而中部、西部地区分别只有52.88%和49.34%。税收政策作为我国政府宏观调控的重要手段之一，在促进新型城镇化发展上起到不可替代的重要作用，分析国外典型城市城镇化发展的税收政策，并与我国典型城市进行比较，得出具有可参考价值的经验启示，有着重要的理论意义和实践价值。需要说明的是，由于数据的较难获取性和国内外典型城市的可比性，该部分均采用2015年数据进行比较和研究。

（一）国外典型城市城镇化发展的税收政策

早在20世纪中叶，国外发达国家的城镇化就已经迅速发展，进入21世纪后，其发展水平不仅是量的提升，更是质的飞跃，而税收政策无疑在其中扮演着重要角色。为了与我国城镇化发展税收政策相比较，吸取有益经验，将城镇化的发展落实到具体城市的发展上，我们以美国、加拿大、日本等国家典型城市和新加坡的城镇化发展税收政策为例进行分析，其依据主要包括：美国作为全球经济最发达国家，在城镇化发展问题上必将制定先进的税收政策，选取美国前四大城市——纽约、洛杉矶、芝加哥和休斯敦（以下简称"纽洛芝休"）的税收收入结构为例，能够有效代表美国的城镇化税收政策；加拿大作为发达国家的中游水平，十分重视税收制度改革，制定了一系列促进城镇化发展的税收政策，选取加拿大前四大城市——渥太华、多伦多、蒙特利尔、温哥华（以下简称"渥多蒙温"）的税收收入结构为例，能够有效代表加拿大的城镇化税收政策；日本作为全球第三大经济体，与我国同处东亚地区，交流频繁，其城镇化发展水平较高，完善的税收政策值得黑龙江省借鉴，选取日本前四大城市——东京、大阪、名古屋和福冈（以下简称"东大名福"）的税收收入结构为例，能够有效代表日本的城镇化税收政策；新加坡作为新型发达国家的典型代表，与我国交往密切，城镇化发展水平始终保持100%，且税收法律体系与我国比较相似，研究其税收收入结构可为黑龙江省提供可靠经验。

1. 美国典型城市城镇化发展的税收政策

自20世纪中叶以来，美国城市经济一直发展迅速。美国统计局统计数据显示，2015年美国城镇率就高达81.62%，其主要原因在于美国联邦政府、州和地方政府实行分税制体制，特别重视发展财产税制（Park et al.，2017）。财产税在城市和镇的税收收入总额中占有较高比重，曾在20世纪60年代占美国税收收入总额的90%以上。在占城市税收收入总额比重上，之后出现了一定程度的下降，但是到20世纪90年代其比重始终保持在50%以上；在占镇税收收入总额比重上，始终维持在90%以上（Zipper et al.，2017）。财产税无疑是美国城镇税收收入中的主体税种，美国财产税主要包括房地产税和财产转移税，分别对房地产行业和财产转移环节征税。2015年美国纽洛芝休税收收入结构如表7-5所示。

表7-5　　　　2015年美国纽洛芝休税收收入结构

城市	税收收入（亿美元）	房地产行业税（亿美元）	财产转移环节税（亿美元）	个人所得税（亿美元）	销售活动税（亿美元）	一般公司所得税（亿美元）	金融业所得税（亿美元）	其他（亿美元）
纽约	390	169.8	12.7	90.6	66.5	28.6	4.5	17.3
洛杉矶	351	150.6	8.9	83.8	55.9	23.5	4.2	24.1
芝加哥	325	140.8	6.4	71.9	45.3	17.4	3.5	39.7
休斯敦	290	121.6	2	63.3	29.9	13.8	3.1	56.4
合计	1356	582.8	30.0	309.6	197.6	83.3	15.3	137.5
所占比重(%)	100.00	42.98	2.21	22.83	14.57	6.14	1.13	10.14

资料来源：《美国统计年鉴（2016）》。

从表7-5可以看出，2015年美国纽洛芝休四大城市税收收入合计为1356亿美元，其中财产税类收入总计612.8亿美元，占税收收入总额的45.19%；房地产行业税收入为582.8亿美元，占比42.98%，为第一大税种；财产转移环节税收入为30亿美元，占比2.21%；个人所得税收入其次，比重高达22.83%；销售活动税和一般公司所得税也是纽洛芝休的重要税种，比重分别为14.57%和6.14%，由于受2008年金融危机的影响，美国金融业所得税比重一直较低，2015年仅为1.13%。

2. 加拿大典型城市城镇化发展的税收政策

加拿大政府非常重视城市和小城镇的经济发展，特别是在税收政策支持方面表现尤为突出。加拿大统计局统计数据显示，2015年加拿大城镇率高达81.83%。与美国联邦政府相似，加拿大政府对财产税实行了一系列行之有效的改革：在财产税征收管理方面，以财产价值评估机制为基础，定期评估纳税人的财产价值，以评估后的价值为计税依据（温来成，2005）；在财产税税率设计方面，规定对不同类型的财产实行不同的税率，实行差别征收，这样既保证了财产税征收的普遍性，又体现了其公平性，便于纳税人依法纳税。加拿大政府这种税收制度的成效在其渥多蒙温等城市表现明显。2015年加拿大渥多蒙温税收收入结构如表7-6所示。

表7-6　　　　　　　2015年加拿大渥多蒙温税收收入结构

城市	经常性预算收入（亿加元）	财产税（亿加元）	省财政补助（亿加元）	场地税（亿加元）	水费（亿加元）	通行费（亿加元）	其他（亿加元）
渥太华	61.4	30.7	12.7	6.9	6.6	5.2	8.2
多伦多	54.3	27.8	10.9	5.8	5.2	4.8	7.1
蒙特利尔	48.7	23.5	7.8	4.3	4.1	3.4	5.4
温哥华	49.6	19.9	3.4	3.6	2.2	1.2	3.3
合计	214.0	101.9	34.8	20.6	18.1	14.6	24.0
所占比重（%）	100.00	47.62	16.26	9.63	8.46	6.82	11.21

资料来源：《加拿大统计年鉴（2016）》。

从表7-6可以看出，2015年加拿大渥多蒙温四大城市经常性预算收入合计为214亿加元，其中财产税收入高达101.9亿加元，占经常性预算收入总额的47.62%，为其主体税种；省财政补助34.8亿加元，占经常性预算收入总额的16.26%，为第二收入来源；其后场地税占9.63%，水费占8.46%，通行费占6.82%，其他收入占11.21%。

3. 日本典型城市城镇化发展的税收政策

日本由于国土面积小，自然资源匮乏，农村土地有限，因此政府大力发展城市和乡镇经济，根据日本国家统计局统计数据，2015年日本城镇率高达93.5%。日本政府对城市及镇的发展采取了很多税收激励政策，如与美国类似，很早就实行分税制体制改革，将全部税种划分为中央税和地方税，将所有税收收入按一定比率分为中央收入和地方收入。其中地方税又分为道府县税和市町村税，这种把税种征税权下放到县级乃至村级政府的做法为地方政府提供了广泛的财力（温来成，2005）。道府县政府的主体税种主要包括道府县居民税和事业税。财产税作为地方政府的征税税种，在其税收收入总额中占有很大比重。我们以日本城镇化水平最高的东大名福四个典型城市为例分析。2015年日本东大名福税收收入结构如表7-7所示。

表7-7　　　　　2015年日本东大名福税收收入结构

城市	税收收入 （亿日元）	固定 资产税 （亿日元）	法人 事业税 （亿日元）	法人 都民税 （亿日元）	个人 都民税 （亿日元）	地方 消费税 （亿日元）	都市 计划税 （亿日元）	车税 （亿日元）	其他 （亿日元）
东京	68716	19552	17805	9540	6267	5703	2760	1546	5543
大阪	59971	17664	15122	8654	5457	5043	2187	1322	4522
名古屋	56015	15684	14967	8125	5123	4965	1795	1234	4122
福冈	46773	12643	11785	7267	4688	4064	1574	1075	3677
合计	231475	65543	59679	33586	21535	19775	8316	5177	17864
所占比重 （%）	100.00	28.32	25.78	14.51	9.30	8.54	3.59	2.24	7.72

资料来源：《日本统计年鉴（2016）》。

从表7-7可以看出，2015年日本东大名福四大城市税收收入合计为231475亿日元，其中固定资产税收入高达65543亿日元，占税收收入总额的28.32%，为其第一大税种；法人事业税比重高达25.78%，仅次于固定资产税，而法人都民税以占比14.51%排名第三，可见东大名福的主体税种包括以上三种。另外个人都民税和地方消费税也占有较大比重，分别为9.3%和8.54%；都市计划税、车税和其他各种所占比重较小，分别只有3.59%、2.24%和7.72%。

4. 新加坡城镇化发展的税收政策

自1965年独立以来，新加坡政府非常重视经济和城市的发展，作为亚洲四小龙之一，其经济增长速度年均在 8% 以上，城镇化率始终保持 100% 不变。独立至今，新加坡的经济发展结构和形式发生了重大转变，即由独立初期的以劳动密集型工业经济为主转向 20 世纪 80 年代的以高科技产业、技术密集工业和高附加值资本为主，进而转向如今的以知识密集型产业和信息产业为主（刘国艳等，2015）。在这些重大转变的过程中，税收政策起到了关键性的作用。与美国、加拿大和日本政府重视地方财产税不同的是，新加坡政府更加重视所得税的改革，所得税为其主体税种，在整个税收收入总额中占有较大比重，除此以外也重视财产税的改革和完善。2015 年新加坡税收收入结构如表 7-8 所示。

表 7-8   2015 年新加坡税收收入结构

项目	税收收入（亿新元）	收入、利润和资本所得税（亿新元）	商品和服务税（亿新元）	财产税（亿新元）	博彩税（亿新元）	机动车税（亿新元）	其他（亿新元）
合计	380.43	173.74	93.88	33.4	29.79	20.73	28.89
所占比重（%）	100.00	45.67	24.68	8.78	7.83	5.45	7.59

资料来源：《新加坡统计年鉴（2016）》。

从表 7-8 可以看出，2015 年新加坡税收收入合计为 380.43 亿新元，其中收入、利润和资本所得税收入 173.74 亿新元，占税收收入总额的 45.67%，其次是商品和服务税，所占比重为 24.68%。新加坡的财产税类主要包括财产税、博彩税和机动车税，在税收收入总额中共占 22.06%，其中财产税占 8.78%、博彩税占 7.83%、机动车税占 5.45%。

（二）国内典型城市城镇化发展的税收政策

由于我国实行的是全国统一的税收政策，地方政府无权制定与税收相关的政策法规，因此要分析我国典型城市城镇化发展的税收政策，应从其税收收入结构入手，进而分析其主体税种和其他辅助税种所占的比重。为了与国外选取的典型发达城市进行比较，使研究更有比较价值，同时又能代表我国发达城市城镇化发展水平，我们以我国北京、上海、广州、深圳（以下简称"北上广深"）四大一线城市和天津、重庆、成都、杭州（以下简称"天重成杭")四大二线城市的税收收入结构为例进行分析。

1. 北上广深城镇化发展的税收结构

北上广深均为我国一线城市（国际级城市），其中北京和上海已经成为国际化大都市，而广州和深圳也是准国际化大都市，因此分析北上广深城镇化发展的税收结构具有典型的代表性，能够与发达国家典型城市相比较。2015 年我国北上广深合计的税收收入结构如表 7-9 所示。

表 7-9　　　　　　　2015 年我国北上广深税收收入结构

城市	税收收入（亿元）	增值税（亿元）	营业税（亿元）	企业所得税（亿元）	个人所得税（亿元）	房产税（亿元）	印花税（亿元）	土地增值税（亿元）	车船税（亿元）	契税（亿元）	其他（亿元）
北京	4263.9	716.1	1186	1024.7	478.1	152	68.7	174.86	25.27	210	228
上海	4858.2	1013	1215	1104.1	487.6	124	103	253.31	21.1	271	266
广州	1214.5	269.2	157.1	149.36	66.76	76.1	28.8	68.41	13.01	92	293
深圳	2272.2	336.2	684.7	464.96	224	89	40.7	90.34	16.45	121	205
合计	12608.8	2334.5	3242.8	2743.12	1256.46	441.1	241.2	586.92	75.83	694	992
所占比重（%）	100.00	18.51	25.72	21.76	9.96	3.50	1.91	4.65	0.60	5.50	7.89

资料来源：根据各市 2016 年统计年鉴计算整理。

从表 7-9 可以看出，2015 年我国北上广深四大一线城市税收收入合计为 12608.8 亿元人民币，其中营业税收入 3242.8 亿元，占税收收入总额的 25.72%，为第一大税种；企业所得税、国内增值税和个人所得税也占有相当大的比重，分别为 21.76%、18.51% 和 9.96%；而房产税、车船税、契税等财产税类仅占税收收入总额的 9.6%；资源类税和行为目的税所占的比重更低，有很多税种比重甚至远低于 1%。因此北上广深主体税种为流转税和所得税。

2. 天重成杭城镇化发展的税收结构

我国二线城市（区域中心，知名度很高的经济发达城市）有天津、重庆、南京、沈阳、武汉、成都、西安、杭州，选取天重成杭城镇化发展的税收结构能够代表我国二线城市水平，也能够与发达国家典型城市相比较。2015 年我国天重成杭合计的税收收入结构如表 7-10 所示。

表7-10　　　　　　　　2015年我国天重成杭税收收入结构

城市	税收收入（亿元）	增值税（亿元）	营业税（亿元）	企业所得税（亿元）	个人所得税（亿元）	房产税（亿元）	印花税（亿元）	土地增值税（亿元）	车船税（亿元）	契税（亿元）	其他（亿元）
天津	1578.07	252.04	501.41	260.00	81.76	71.81	34.19	139.99	10.53	92.59	226.34
重庆	1450.93	175.92	468.82	179.42	50.36	52.46	20.56	94.36	10.03	134.48	399.00
成都	800.08	102.44	181.63	103.95	35.99	27.96	16.65	50.45	7.31	112.64	273.70
杭州	1125.95	230.14	309.46	192.86	92.09	39.85	18.77	55.15	8.99	76.19	178.64
合计	4955.03	760.54	1461.32	736.23	260.20	192.08	90.17	339.95	36.86	415.90	1077.68
所占比重（%）	100.00	15.35	29.49	14.86	5.25	3.88	1.82	6.86	0.74	8.39	21.75

资料来源：根据各市2016年统计年鉴计算整理。

从表7-10可以看出，2015年我国天重成杭四大二线城市税收收入合计为4955.03亿元人民币，营业税在地方税收收入总额中所占比重最大，绝对额为1461.32亿元，占税收收入总额的29.49%，为第一大税种；国内增值税和企业所得税也占有较大比重，分别为15.35%和14.86%。与北上广深不同的是，天重成杭个人所得税所占比重相对较低，仅为5.25%；房产税、车船税、契税等财产税类所占比重略高，为13.01%；资源类税和行为目的税所占的比重也略高，但也有很多税种比重甚至远低于1%。可知天重成杭主体税种也为流转税和所得税。

（三）国内外典型城市城镇化发展税收政策差异

通过以上对国外典型城市和我国典型城市的税收政策及税收收入结构分析，不难发现我国在促进新型城镇化发展的税收政策方面与国外相比存在很多差别。主要表现在以下3点。

1. 主体税种的差异分析

通过对国外典型城市税收收入结构的分析，发现除了新加坡以外，美国纽洛芝休、日本东大名福和加拿大渥多蒙温等发达城市的第一大税种或主体税种都是财产税，财产税占其税收收入总额或占经常性收入总额的比重始终最大，尤其是加拿大渥多蒙温，2015年财产税收入占其经常性预算收入总额接近一半。新加坡的财产税虽然不是主体税种，但是在其税收收入总额中也占有相当大的比重，财产税在促进这些国外典型发达城市城镇化发展上起到极其重要的作用（张小锋，2018b）。而在我国，通过对北上广深四大一线城市和天重成杭四大二线城市税收收入结构分析，结果发现主体税种为营业税、企业所得税和国内增值税，尤其是营业税所占的比重最大，除了广州（12.94%）外其他城市所占比重均超过22%，尤其是重庆市，比重高达32.31%。2016年5月1日全面"营改增"后，增值税成为第一大税种，且占税收收入的比重超过40%。而财产税在城市税收收入总额中所占的比重很少，在促进新型城镇化发展上的作用并不明显。

2. 所得税制的差异分析

所得税制度包括企业所得税制和个人所得税制，企业所得税在组织财政收入、促进社会经济发展和实施宏观调控等方面发挥着重要的作用，而个人所得税在发挥上述作用的同时还发挥着调节收入分配差距的重要作用。在国外，通过对典型城市税收收入结构的分析发现，只要有权征收所得税或在分税制体制下有所得税收入的城市，个人所得税占税收收入的比重远高于企业所得税所占的比重，尤其在美国纽洛芝休等发达城市，2015年个人所得税为第二大税种，比重高达22.83%；一般公司所得税和金融业所得税总的比重仅7.27%。这种税制可以有效调节城市居民收入差距，以克服新型城镇化发展过程中出现的收入分配不断拉大的矛盾。而在我国新型城镇化发展过程中，在营业税成为第一大税种的同时，企业所得税仅次其后，在税收收入总额中占有较大比重，北上广深和天重成杭八大城市平均比重高达18.31%；个人所得税比重较低，平均比重仅为7.61%，很难发挥其城镇居民收入分配的有效调节作用。尤其是进城务工人员的收入与城市白领的工资差距日益扩大，不利于新型城镇化的健康发展。

3. 税收立法的差异分析

在国外典型城市中，城市管理实行地方自治制度，市级财政独立性大，城市具有相对独立的地方税收立法权，可以根据城市自身发展的需要制定相应的税种，并根据实际情况适当调整地方税率的高低及减免税等税收优惠政策，以利于城市经济的发展。而在我国，所有的税种的税收立法权都集中在中央，对地方税种的税率和减免等优惠政策的调节最多下放到省级政府，地方城市根本无权调节，这样不利于地方税种的发展与完善，更不利于地方城市聚集财力发展新型城镇化，税收政策的调整和制定也与地方城市的实际发展相脱节，进而阻碍了新型城镇化的发展。另外，在美国、加拿大、日本、新加坡等国家均有统一的税收基本法，各个税种也基本上已经立法，税收法定原则比较健全。但是在我国还没有统一的税收基本法，在实体法中，近 20 个税种目前真正立法的只有《企业所得税法》《个人所得税法》《车船税法》和 2018 年 1 月 1 日起施行的《环境保护税法》等 12 个税种，尤其是我国最为重要的主体税种增值税和消费税，截至目前还没有立法，和很多小税种一样，依然只有国务院制定的暂行条例，税收法定原则落实不到位；在程序法中，《税收征管法》还很不完善，新的《税收征管法》迟迟未能出台，这些均在一定程度上影响我国新型城镇化建设。

第四节　国内外新型城镇化发展财税激励政策启示

综上所述，我们不难发现，虽然每个国家或省份在推进城镇化发展过程中使用的公共政策不完全一致，但仍然有很多的共同点。通过各种行政手段确保政府在城镇化建设过程中提供财政和税收方面的支持，明确政府对财税政策出台和执行的权责，保证政策的准确性、适用性，提高政策的执行力和着力点，使财税政策能在实践中更好地达成既定目标。

一、新型城镇化财税激励政策具体实施的启示

（一）增加城镇公共基础设施投入

总结以上各国城镇发展的进程可知，不断增加城镇公共基础设施的投入是各国的共同特点，也是首选。以往的城镇化均建立在工业化的基础上，如果城镇基础公共设施跟不上，城镇化很难持久发展，后城市病将不断恶化。城市交通设施是基础设施最为重要的部分，货物的及时输送、人员的交流等都离不开交通。总结各国经验得知，黑龙江省相关政府可以通过财税激励措施支持城镇基础社会改善。随着黑龙江省新型城镇化的深入

快速发展，对公共基础设施的要求逐步增大，要通过创新相关产业，增强产业竞争力和活力，不断增加城镇公共基础设施投入。另外，大量进城的农民工也应当享受到城镇基本公共服务的供给，这也给城镇的公共基础设施带来了很大压力。因此，新型城镇化的发展更应当加强城市的公共基础设施建设，政府应当加大公共领域的财政投资力度，合理配置城市公共资源，使城镇具备良好的投资环境，吸引产业入驻，实现城镇人口转移，形成产业群，使城镇经济得以发展。

（二）提高城镇基本公共服务效率

黑龙江省政府不仅要增加对公共服务的投入，还要提高城镇基本公共服务效率。要致力于改善城镇居民的就业、住房、医疗、教育等民生问题，使公共服务资源均衡化，改变人们都向大城市聚集的现状，早日实现城乡统筹，协同发展。黑龙江省政府在城镇化建设初期一定要做好科学规划和布局，提高城镇空间利用效率，节省资源，打造智慧型城市，为居民提供便捷、宜居、环保的生活环境。对重点项目发展要进行有效的监控，提高财政资金利用效率，避免浪费财政资源。只有科学打造城镇化，做到生态宜居，城镇化才能可持续发展。另外，黑龙江省政府还应当建立并逐步完善社会保障体系，确保新型城镇化的建立具有充足财力。黑龙江省目前的城乡收入差距不断扩大，建立并完善社会保障体系加大公共服务投资意义重大，借助乡村振兴战略机遇，加快农业人口市民化，对于其医疗卫生、子女教育等问题应当加快出台相关法规政策。

（三）重视城镇化财政补贴的功能

黑龙江省政府要重视财政补贴的功能，通过财政政策来推动公共基础设施建设，从而加快城镇化进程。不能仅仅关注省会城市的建设，一定要做到各城市和乡镇协同发展，但每个地区的实际情况不同，政府应该因地制宜，利用财政政策推进各地区共同发展，这样才能使黑龙江的城镇化进程加快，实现全省共同富裕的目标。黑龙江省政府要对财政政策进行严格把关，确保政策的准确性，并且要保证政策的完全执行，不能造成财政资源的浪费。在黑龙江省新型城镇化建设中，在财政补贴投入中注重运作、环节和目标等政策方面的创新，充分发挥财政资金的指导作用。黑龙江省的新型城镇化发展有自身的特殊性，这就要求与其适应的财政政策和监管策略也应当具有特殊性。财政支出在新型城镇化发展过程中的作用也不容忽视，平衡财政支出，协调发展各大城镇及其乡村振兴尤为重要。但也应当根据黑龙江省城镇发展实际，产业支撑型、农垦森工型、都市辐射型、特色小镇型等财政支出的作用均不同。另外，还应当根据当地城镇实际发展状况及时评估财政政策效果，尤其是定期考评资金使用方向，保障财政政策执行力的有效性。

（四）完善城镇化的转移支付制度

从以上国家财税政策经验可知，地方财政收入很难满足当地新型城镇化发展的财政支出需求，西方发达资本主义国家均建立了比较完善的城镇化发展补助金制度或转移支付制度，有效解决了中央与地方的财权事权矛盾。黑龙江省新型城镇化发展需要大量资金支持，完善现行转移支付制度意义重大：一是要科学合理划分黑龙江省各级政府的职责范围，这是完善转移支付制度的前提；二是转移支付制度作为中央政府调控地方经济稳定增长的重要杠杆，通过补助和支付能够有效刺激地方经济发展；三是完善的转移支付制度是逐步实现基本公共服务均等化的重要手段，对解决地区间发展的不平衡具有重要意义；四是根据专项转移支付、分类转移支付和一般转移支付等国外主流做法，根据不同目标、不同对象，因地制宜制定转移支付制度，不断提高支付效率和促进社会公平；五是建立透明度高、规范性强的转移支付制度，各级政府要互相监督、立法约束转移支付制度，防止"暗箱操作"和"打架扯皮"。

（五）加快城镇化相关的税制改革

1. 发展并完善主体税种

我国新型城镇化的发展以增值税和所得税为主体税种，这些税种的管理权限主要集中在中央以及省级政府，地方城市分成很少，而财产类税又得不到重视，其在税收收入总额中的比重也很少，因此以这种税收制度结构的税收政策不利于我国新型城镇化的发展，应当把财产类税作为政府促进新型城镇化发展的重要政策工具。注重发展并完善财产类税制，逐步把以流转税和所得税为主体的税制结构转变为以财产类税为主体，以财产类税作为地方的主体税种，可以为地方城镇基础设施的建设和社会公共事业的发展提供主要资金来源，为新型城镇化的发展发挥其应有的重要作用。

其措施主要包括：制定城镇等级式财产税政策，将城镇的财产和土地分若干等级征收房地产税、契税等财产类税，同时降低新增加值财产类税税率，科学引导房地产有序开发，促进新型城镇化发展；制定财产评估征税制度，对城镇各类财产分类评估，以评估值征收财产类税，确保城镇税源随财产价值的增长和城镇经济发展而增长；完善车船税法、燃油税等城镇财产类税，加强其征收管理，提高城镇化税源，配合城镇综合管理；规范城镇财产类税税收优惠政策，取消不合理优惠条款，适度增加调节城镇产业结构、降低企业经营成本的税收优惠政策，如对城镇新投资的企业定期实行减免财产类税收制度（王双进等，2015）。

2. 发展并完善所得税制

企业所得税虽然为我国新型城镇化发展提供了重要财力保障和发挥了重要作用，但是无法解决新型城镇化发展中居民收入差距不断扩大的矛盾，为此需要大力发展个人所得税。我们应当借鉴国外典型城市个人所得税在促进城镇化发展上的成功经验，特别是美国纽洛芝休的经验，把个人所得税发展成为仅次于财产类税的主体税种。注重发展并完善个人所得税，逐步把以企业所得税为主的所得税制转变为以个人所得税为主。

其措施主要包括：改革现行分类所得税制模式，借鉴国外典型城市的经验，继续完善具有中国特色的分类综合所得税制；加强对个人隐性收入的税收征管，采取储蓄存款实名制公开纳税人的隐性收入，利用"金税三期"推行"金卡工程"和"五证合一"，有效加大对城镇高收入人群的税收征管，从根本上解决个税税收严重流失的问题；转变个税征管方式，将现行自行申报纳税和代扣代缴纳税相结合的征管方式转变为源泉扣缴，并建立扣缴义务人申报制度，即扣缴义务人向个人支付所得时立即向主管税务机关申报纳税，便于税务机关在纳税人与扣缴义务人之间进行有效的交叉稽核，对违反规定的扣缴义务人制定明确的法律责任和严厉的处罚措施，使扣缴义务人和纳税人树立"不敢逃不能逃不想逃"意识，充分发挥源泉扣缴的应有作用。

3. 发展并完善税收立法

确定地方税收立法权对地方新型城镇化的发展尤为重要，不仅可以适应我国新型城镇化发展的基本国情，而且可以为不断提高城市资源配置的效率提供一条很好的途径，是进一步完善分税制财政管理体制的内在要求。在坚持税收有限、不抵触、不重复等原则的基础上赋予地方政府一定的税收立法权，转变只有中央才有税收立法权的税收立法格局。同时应尽快制定我国税收基本法，落实税收法定原则，完善地方税体系，为新型城镇化发展提供强大的税收政策后盾。

其措施主要包括：对个人所得税、资源税、环境保护税、赠予税、遗产税等地方税种的立法权的规定，这些税种由于税基流动性较大，且在全国统一开征，对稳定经济发展、调节收入分配、节约自然资源、提高环境保护等方面发挥重要作用，因此中央对这些税种必须拥有绝对的控制权，以便于中央加强宏观调控和统一国家税法，但是在这些税种的税目、税率、起征点、税收优惠等税制要素上赋予地方城镇一定的调控权力，以增强这些税种的适应性和灵活性；对城市维护建设税、印花税、契税、车船税等地方税种的立法权的规定，这些税种虽在全国范围普遍开征，但其作用范围仅限于地方，很难影响到全国统一的市场，因此这些税种的立法权限可适当下放给地方城镇，在税法制定权由中央决定的前提下，地方城镇可充分享有其余的权力，如税收开征停征权、税收减免权、税收加征权、税法解释权、税收调整权等，这样便于地方利用税收调控手段发挥地域资源优势，发展地方新型城镇化；根据各地新型城镇化发展的需要，通过税收立法，在本行政区域内开征一些新的地方税种，在不损害国家及地方公共利益、不加重纳税人负担的前提下，地方拥有完全的税收立法权，如对管辖内的大宗产物制定城镇特产税、为适应地方经济发展制定城镇特别税、为应付临时性特殊需要制定城镇临时税等。

二、新型城镇化财税激励政策着力点的启示

2014 年国务院印发《国家新型城镇化规划（2014—2020 年）》，提出

我国要走以人为本、四化同步、优化布局、生态文明、文化传承的中国特色新型城镇化道路，勾画出了我国新型城镇化发展的蓝图，也为接下来的新型城镇化的发展提供指导思想。2021年政府工作报告中提出要加强新型城镇化建设，大力提升县城公共设施和服务能力，以适应农民日益增加的到县城就业安家的需求，可见我国对于建设新型城镇化、提升城镇化发展质量的重视和决心。在政府的积极推动下我国的新型城镇化建设确实取得了较好的进展，但是在对农业人口尤其是流动人口的福利待遇、中小城镇的支持力度以及资金对乡村发展的投入等方面仍然还面临未有效解决的问题，考虑到政府在新型城镇化建设的过程中需要发挥的引导作用，当前的财税政策仍然存在需要改进的空间以促进新型城镇化进一步发展。对比分析英国、美国、日本在完善和促进社保、乡村和小城镇发展过程中的政策手段，可以为我国发展新型城镇化提供值得借鉴的经验启示。

（一）新型城镇化下社保制度改革的政策着力点

社保是保障人们生活质量的"兜底线"，社保制度能在一定程度上反映人民的生活福利水平。在以人为本的新型城镇化建设过程中，更加强调人们的生活质量和福利水平。我国的社保制度虽然在不断改革与完善，但当前的社会保障机制仍然不能满足新型城镇化下公众对于福利水平的要求。一方面，当前户籍所附着的福利制度使得我国的城镇人口与农村人口享受的社会保障待遇不同，城镇人口拥有更多的医疗、教育等方面的保障，而作为需要更多扶持和保障的农民反而享受更少的社会福利，当前农村的社保制度不符合新型城镇化下对于人们生活福利水平的要求。另一方面，现阶段下，对于流动人口尤其是农民工，由于他们的就业地点、生活居所的不稳定性，以及这些人口自身对参与社保的积极性不够，使他们的生活得不到有效的保障。

对比发达国家在城镇化进程中完善社会保障制度的措施，我国的社保制度应该更多地关注农村社保问题。现阶段我国城镇年的社保制度比乡村社保制度更加完善，城镇人员享受更多的福利，而相反生活水平并不高的农民的社保覆盖面很小，这不利于城乡的融合发展，因此财政资金要促进城乡社保的均等化，扩大财政资金对农村的社会保障力度，给予农民更多的优惠和便利。我国的社保制度还应进一步扩大社保的覆盖面，让全民都享受到更好的社会福利。政府应该积极探寻改善社保机制的方法，通过鼓励商业保险在社会保障方面的参与，补充、完善现有的社保机制存在的不足；通过降低社保费率来降低企业的成本，从而激发企业吸纳更多就业的能力，增加社会就业。

(二) 新型城镇化下促进乡村发展的政策着力点

新型城镇化发展不仅意味着城市的发展，更是城市与乡村之间的统筹、协调发展。在小农经济时期，自给自足的经济特点使得乡村自身可以提供人们生存发展所需要的环境和条件，而随着社会分工的出现和经济的进一步发展，城市的规模化效益更适合现代经济发展的需要。因此很多地方走上了以农养工的道路，即牺牲农业和乡村的发展来促进工业和城市的发展。但是这样的发展道路并不符合新型城镇化对于乡村和城市融合发展的要求，新型城镇化是既要保证城市的高质量发展，又要有针对性地扶持乡村、振兴乡村的发展道路，是让乡村和城市都实现有特色、高质量发展的模式。

我国农村地区一直以来都属于欠发达地区，农村经济落后于城镇经济，虽然我国已经全面取消农业税来减轻农民负担以及农村经济的成本，但是要想发展乡村经济，财政政策不能止于减轻农民的成本问题上，更要大力扶持农村经济的发展。因地制宜地帮助农村发展加工业、建立厂房来增加乡村的就业，让人们有生活来源；通过财政支出的方式引入先进技术改善农业装备条件，发展现代化农业；帮助并鼓励创新型的农业经济发展模式，开展合作化、规范化的农业发展和经营模式，真正实现乡村振兴。同时，由于市场在自发条件下会选择短期内有较大回报的投资项目，因此社会资本很难选择投资力度大且回报周期长的农业方面进行投资。作为地方政府而言也更多会选择能够带来更多政绩的城市来发展，容易忽略乡村的重要性，因此中央政府和地方政府应该合力扶持和刺激乡村发展。

(三) 新型城镇化下促进小城镇发展的政策着力点

发展小城镇是调节大城市和乡村发展的重要措施。区别于大型城市，小城镇既可以避免大城市的过度扩张、合理控制大城市的规模、吸收人口从而减轻大城市的人口压力；由于小城镇地理上比大城市更接近乡村，所以小城镇也可以为乡村的发展提供条件，引导乡村发展并为乡村提供资源。

不同于大城市可以利用人口及一系列配套资源走规模化、集约化发展模式，也不同于乡村较为单一的发展模式，小城镇可以作为二者的中间体起到调节和过渡的作用。因此发展新型城镇化需要重视小城镇的作用，政府应该加大资金投入力度并以各种政策性优惠方式刺激小城镇的发展，让小城镇作为缓解大城市人口压力的手段，也成为带给乡村便利的方式。与此同时，我国小城镇也要实现有特色的发展，以当地的文化、地理条件等结合起来，发展有差异性、独特性的特色小镇，让小城镇成为新型城镇化建设的一抹亮丽的色彩。

第五节　本章小结

本章是对国内外新型城镇化发展财税激励政策的经验与启示研究。主要包括国外城镇化快速发展财税激励政策的经验、国内新型城镇化发展财税激励政策的经验、国内外新型城镇化发展财税激励政策比较和国内外新型城镇化发展财税激励政策启示。具体内容包括以下方面。

第一，分析与阐述国外城镇化快速发展财税激励政策的经验。法国城镇化发展财税激励政策的经验包括财税政策支持完善交通网络、财税政策支持农村基础设施建设、财税政策支持缩小城乡差距和财税政策支持人才培养等；英国城镇化发展财税激励政策的经验包括通过财税政策提高公共服务和通过财税政策加强基础设施建设等；德国城镇化发展财税激励政策的经验包括财政分权使城镇化发展过程更加公平、利用财政平衡机制协调区域发展、增加财政对公共基础设施的投入和统筹城乡发展鼓励求同存异等；韩国城镇化发展财税激励政策的经验包括利用财税政策对城镇规划合理布局、利用财税政策引导城镇产业群同步发展和利用财税政策加快公共交通发展等。

第二，分析与阐述国内新型城镇化发展财税激励政策的经验。广东省新型城镇化发展财税激励政策的经验包括完善省级以下财政体制机制、完善地方税收体系；浙江省新型城镇化发展财税激励政策的经验包括建立差别化财政激励政策体系、基本公共服务均等化的财税激励政策、提高农村人口融入城市能力的财税政策；辽宁省新型城镇化发展财税激励政策的经验包括不断提升城镇综合承载力的财税激励政策、推进农村人口市民化的财税激励政策、统筹城镇化协调发展的财税激励政策等。

第三，比较与借鉴国内外新型城镇化发展财税激励政策。英国、美国等发达国家的城镇化发展水平领先于我国，因此其发展城镇化的财税政策经验也值得我国在促进新型城镇化发展过程中借鉴。从整体来看，我国城镇化的发展落后于大多数发达国家，但我国已经进入新型城镇化发展阶段。发达国家完善社保制度、促进乡村发展、发展小城镇等财税政策对我国有较好的经验借鉴作用。分析比较国内外典型城市城镇化发展税收政策，国外典型城市包括美国纽洛芝休、加拿大渥多蒙温、日本东大名福和新加坡等；中国典型城市包括北上广深和天重成杭。通过比较得出国内外典型城市城镇化发展税收政策存在主体税种、所得税制和税收立法等多方面的差异。

第四，总结与归纳国内外新型城镇化发展财税激励政策启示。新型城镇化财税激励政策具体实施的启示包括增加城镇公共基础设施投入、提高城镇基本公共服务效率、重视城镇化财政补贴的功能、完善城镇化的转移支付制度和加快城镇化相关的税制改革，税制改革主要体现为发展并完善主体税种、所得税制和税收立法等。新型城镇化财税激励政策着力点的启示包括社保制度改革的政策着力点、乡村发展的政策着力点、小城镇发展的政策着力点等。

第八章

黑龙江省新型城镇化发展总体布局与财税激励政策

第一节 黑龙江省新型城镇化布局的基础条件

一、新型城镇化发展的基本状态

(一) 新型城镇规划不断清晰

黑龙江省地方政府始终高度重视新型城镇化工作,继中共中央、国务院印发《国家新型城镇化规划 (2014—2020 年)》后,黑龙江省委、省政府也印发了《黑龙江省新型城镇化规划 (2014—2020 年)》。随着 2020 年结束,2021 年为"十四五"规划的开局之年,国家发展改革委印发《〈国家新型城镇化规划 (2021—2035)〉编制工作方案》(以下简称《工作方案》),按《工作方案》要求,黑龙江省也全面启动了新一轮新型城镇化规划编制工作。

黑龙江省新型城镇化主要发展指标如表 8-1 所示。近年来黑龙江省不断加大城乡基础设施建设力度,大中城市城镇化辐射带动作用不断增强,小城镇发展建设步伐不断加快,探索并制定出了政府主导型、场县共建型等新型城镇化发展模式,为新型城镇化的布局积累实践基础。黑龙江省地方政府也在逐步解除农民离开农村后丧失集体收益分配权、宅基地使用权和土地承包经营权等顾虑和逐步解决进城后医疗、就业和社保等社会保障制度衔接问题，制定和实施完善社会保障政策、扩大就业岗位空间和完善城镇功能等政策措施，不断推进新型城镇化进程。

表8-1　　　　　黑龙江省新型城镇化主要发展指标　　　　　单位：%

一级指标	二级指标	2020年
一、城镇化水平	1. 常住人口城镇化率	63左右
	2. 户籍人口城镇化率	55
二、公共服务	3. 农民工随迁子女受义务教育率	≥99
	4. 新成长劳动力、农民工、城镇失业人员免费接受培训率	≥95
	5. 城镇常住人口基本养老保险覆盖率	≥90
	6. 城镇常住人口基本医疗保险覆盖率	≥98.5
	7. 城镇常住人口基本保障住房覆盖率	≥30
三、基础设施	8. 百万以上人口城市公共交通占机动化出行率	60
	9. 城市供水普及率	98
	10. 城市供热普及率	87
	11. 城市污水处理率	90
	12. 垃圾无害处理率	82
	13. 城市家庭宽带接入率（兆）	≥50
	14. 城市社区综合设施覆盖率	100
四、资源环境	15. 人均城市建设用地（平方米）	≤115
	16. 城建成区绿化率	38.8
	17. 地级以上城市空气达标率	62
	18. 城镇可再生能源消费比例	5.9

资料来源：根据《黑龙江省新型城镇化规划（2014—2020年）》《黑龙江统计年鉴（2020）》等资料计算整理。

（二）新型城镇功能不断齐全

城镇化是一个国家发展到一定程度后自然产生的历史阶段，国家需要施以正确的引导，对人口分布、产业分布以及社会经济发展进行有机的结合。黑龙江省是农业大省，农业现代化水平比较高，种植业和养殖业都比较发达，有利于推行新型城镇化发展。黑龙江省应利用省内资源优势，同步促进工业化、农业现代化、信息化发展，采取积极财税政策，逐步推进新型城镇化，促进黑龙江省经济全面发展。

2000~2019 年黑龙江省城镇人口年均增长率为 0.82%。2019 年黑龙江省进城打工的农村人口中，24% 进入哈尔滨市，30% 进入地级城市，46% 进入县城和小城镇。农村剩余劳动力不断向城镇进行转移，这不仅有利于提高农民的经济收入，还有利于城镇解决用工荒的难题，随着大量农民进城打工，对城镇公共服务和公务基础设施提出新的需求，为新型城镇化打下了坚实的基础。

截至 2019 年黑龙江省共有地级市 13 个、县级市 21 个、县（自治县）46 个、镇 546 个，其中在地级市中特大城市 1 座（哈尔滨），Ⅰ型大城市 1 座（齐齐哈尔），Ⅱ型大城市 3 座（大庆、牡丹江、佳木斯），中等城市 5 座（鹤岗、鸡西、伊春、双鸭山、黑河），小城市 3 座（七台河、绥化、大兴安岭），建制镇由 2000 年的 481 个增长至 546 个。

（三）基础服务设施不断完善

黑龙江省城市基础设施与城乡公共服务变化情况如表 8-2 所示。黑龙江省基本形成覆盖城乡的综合交通网络，城镇垃圾与污水处理、供热、供气和供水等基础设施条件不断改善。截至 2019 年黑龙江省累计建设棚改房、限价商品房、公租房、经济适用房和廉租房等合计 500 多万套，城市供热普及率、供水普及率、燃气普及率、城市绿化率、污水处理率等指标增长明显。城乡公共服务水平显著提高。

表 8-2　黑龙江省城市基础设施与城乡公共服务变化情况

服务设施	指标	2015 年	2019 年
城市建设	建成区面积（平方公里）	1772.2	1770.9
	城市人口密度（平方公里）	5504	5498
城市供水、燃气及集中供热	人均生活用水（升）	116.3	126.8
	城市人口用水普及率（%）	97.2	98.8
	城市燃气普及率（%）	86.6	91.1
	集中供热面积（万平方米）	62457	78100
城市市政设施	每万人拥有道路长度（公里）	5.6	5.9
	人均拥有道路面积（平方米）	13.1	15.2
	平均每万人拥有（公里）	4.6	5.5

续表

服务设施	指标	2015年	2019年
城市公共交通	年末公共交通车辆运营数（辆）	18631	20119
	每万人拥有公共交通车辆（标台）	14.4	16.5
	出租汽车数（万辆）	10.3	10
城市绿化和园林	园林绿地面积（公顷）	76501	68732
	人均公园绿地面积（平方米）	12	12.4
	公园个数（个）	345	373
城市环境卫生	生活垃圾清运量（万吨）	523	524
	每万人公共厕所（座）	5.0	4.7
城乡公共服务	城乡三项医疗保险参保率（%）	98.1	98.9
	城市九年义务教育巩固率（%）	99.5	99.8
	学前教育三年毛入园比率（%）	74.1	76.8
	基本养老保险参保人数（万人）	1422.5	1556.9

资料来源：根据《黑龙江省统计年鉴（2020）》计算整理。

二、农业转移人口市民化的趋势

科学预测黑龙江省农村人口的转移规模，有利于对城镇进行合理布局，加快产业结构升级，提升公共服务，加快基础设施建设，为转移人口提供良好的条件。

随着现代农业机械化程度不断提高，农业的生产率得到显著提升，农村剩余劳动力也越来越多，所以农业劳动力转移数量也连年增多。从近年数据来看，2019年黑龙江省农村转移劳动力达600万人，这一数字比2008年增加超过10%。黑龙江省农村转移人口数量多主要受两个因素影响：一是农业机械化程度比较高，再加上国家推行土地规模化经营，农村剩余劳动力越来越多；二是由于黑龙江开始施行保护林场的政策，禁止林区经济性砍伐导致大量农场人口失业，需向城镇进行转移，所以黑龙江省农村转移人口数量多。

随着黑龙江省农业经营政策的转变、农业机械化程度加深、土地流转加快、人口流动政策放松，农村剩余劳动力越来越多，农民向城镇转移的愿望也越来越迫切，所以，黑龙江省农村人口向城镇转移的趋势会在一定时期内持续加强，这种趋势近几年内不会改变。促进新型城镇化发展要以人为本，考虑人的需求，提升城镇公共服务能力，加快公共基础设施建设，在完善大城市发展的同时也要考虑中小城镇的发展情况，使大城市与中小城镇协同发展。

三、新型城镇化试点地区的态势

截至2020年末，黑龙江省新型城镇化综合试点地区如表8-3所示。2014~2016年国家发改委等11个部委联合公布了第一、第二、第三批国家新型城镇化综合试点地区，黑龙江省共有9个市县列入试点名单：第一批有哈尔滨市、齐齐哈尔市和牡丹江市；第二批有同江市和青冈县；第三批有伊春市、北安市、逊克县和绥棱县。智慧城市试点共有9个，分别为齐齐哈尔市、牡丹江市、肇东市、肇源县、桦南县、安达市、佳木斯市、尚志市和香坊区。国际信息惠民试点共有3个，分别为哈尔滨市、大庆市和七台河市。国家农村土地承包经营权确权登记试点共有5个地区，分别为阿城区、海伦市、北安市、方正县和克山县。国家新型城镇化示范项目1个，为安达市国际贸易城。宽带中国示范城市2个，分别为哈尔滨市和大庆市。

表8-3　　　　　黑龙江省新型城镇化综合试点地区

级别	试点项目	具体地区	实行时间
国家级	新型城镇化综合试点（第一批）	哈尔滨市、齐齐哈尔市、牡丹江市	2014年2月
	新型城镇化综合试点（第二批）	同江市、青冈县	2015年11月
	新型城镇化综合试点（第三批）	伊春市、北安市、逊克县、绥棱县	2016年11月
	智慧城市试点（第一批）	齐齐哈尔市、牡丹江市、肇东市、肇源县、桦南县、安达市	2013年1月
	智慧城市试点（第三批）	佳木斯市、尚志市、香坊区	2015年9月
	信息惠民试点	哈尔滨市、大庆市、七台河市	2014年6月
	农村土地承包经营权确权登记试点	阿城区、海伦市、北安市、方正县、克山县	2016年8月
	新型城镇化示范项目	安达市国际贸易城	2017年5月
	宽带中国示范城市	哈尔滨市、大庆市	2014年4月

续表

级别	试点项目	具体地区	实行时间
省级	集体经营性建设用地流转试点	香坊区、安达市	2014年7月
	农村土地承包经营权确权登记试点	五常市、讷河市、庆安县、桦川县、绥滨县	2016年4月
	农村土地承包经营权确权登记试点	13个地级市各选择1个乡镇	2017年3月

资料来源：根据国家发改委、黑龙江省政府文件等资料整理。

黑龙江省集体经营性建设用地流转试点有2个，分别为香坊区和安达市；黑龙江省农村土地承包经营权确权登记试点有5个，分别为五常市、讷河市、庆安县、桦川县和绥滨县。在抓好5个国家级和5个省级农村土地承包经营权确权登记试点的基础上，黑龙江省在13个地级市分别选取1个乡镇开展试点，进一步保障土地流转顺利进行。

这些试点市县在新型城镇化发展上具有先行先试、带头模范作用，截至目前均取得显著成效，为其他地区新型城镇化的发展提供有益经验借鉴。

第二节 黑龙江省新型城镇化发展的总体布局

推进黑龙江省新型城镇化进程，区分各地区城镇化基本条件和建设水准，统筹不同规模城镇的公共服务、基础设施、生态环境和人文环境建设，全面提升各城镇的综合承载能力。通过全面调研，笔者认为黑龙江省新型城镇化发展的总体布局为：特大城市（哈尔滨），大城市（齐齐哈尔、牡丹江、佳木斯、大庆，以下简称"齐牡佳大"），中等城市（鸡西、双鸭山、七台河、鹤岗、伊春、绥化、肇东、加格达奇，以下简称"鸡鹤伊等"），以及小城市、县、镇和农垦、森工系统五大部分。

一、特大城市哈尔滨新型城镇化布局

（一）布局总体方向

哈尔滨市新型城镇化布局将建成黑龙江省唯一一座人口规模达500万

人以上的特大城市，将哈尔滨打造成为东北地区的现代化城市。哈尔滨是黑龙江省的省会，是黑龙江省政治、经济、文化中心，以欧洲建筑形式、冰雪文化及哈夏音乐会闻名中外，因与俄罗斯接壤，对俄贸易十分发达，哈尔滨主要对俄出口农产品、轻工业制品，建立与俄贸易交易市场，方便俄罗斯百姓进行购买。在交通方面，哈尔滨近年来正在加快地铁建设，极力发展交通就是为了早日实现南北连接、上下贯穿的交通体系。加紧地下管廊和集中供热等基础设施建设，并大力建设其他公共基础设施，例如供水、电、煤、网，利用新技术进行节约能源、提高效能、保护环境的目的。全面提高教育、就业、养老、医疗等公共服务，为哈市人口提供完善的公共服务，接纳黑龙江省农村转移人口15%以上。

（二）布局发展重点

1. 空间结构调整

哈尔滨市在近十多年来开发了松北、群力、哈西等新城区，始终坚持一江居中、两岸繁荣的发展规划，为哈市引进优势项目，借此助力哈尔滨经济发展，把哈尔滨打造成现代化的都市。在松北区，以北站、科技创新城、利民开发区形成区核心发展地带，创建松北科技生态城，加快国家级新区发展。优化老城区、建设新城区，提升哈尔滨市综合实力，依托新城区加强现代服务业的功能，提升哈尔滨国际商务的形象和能力。加强城市景观、绿化建设，打造干净、整洁、宜居的城市环境，带动卫星城镇发展，形成哈尔滨大都市圈。

2. 产业发展方向

哈尔滨的产业发展要定位在科技、创新、新兴、现代这些方向上，结合哈尔滨的地理优势、城市特点、发展需求等，大力发展生物、新能源战略、节能环保、高端装备制造等新兴产业以及绿色农产品、现代物流、旅游业等现代服务业，利用产业优势提升哈尔滨经济发展。另外，以哈尔滨新区为发展契机，大力发展相关产业。

3. 重点产业项目

绿地东北亚国博城、深化产业园、万达文化旅游城、800千伏直流特高压输电工程、义乌小商品城、华南商贸城物流城、奥特莱斯广场、东轻公司铝镁合金产业园、蓝宝石产业基地配套、航天五院卫星应用产业、中航三院钛合金及3D打印、哈飞汽车重组生产基地、大飞机拆解基地、全国机器人产业发展示范基地、哈电集团30万千瓦等级重型燃气轮机、中船重工中小型燃气轮机产业园等。

二、大城市齐牡佳大新型城镇化布局

(一) 布局总体方向

齐牡佳大新型城镇化布局将建成黑龙江省人口规模达100万人以上的大城市，成为黑龙江省重要的中心城市，以此来带动周边其他城镇发展，起到带头示范的作用。提高城市公共服务能力，加快城市公共基础设施建设，尽快实现集中供热，节约能源，减少排放，提高天然气管道的覆盖率，优化供水、排水系统，优化污水处理系统，提供便利、快捷的公共交通服务，逐步完善城市功能。在民生方面，要注重教育工作，优化学龄前到高等教育各个阶段的资源，加强职业教育能力，培养实用型人才。不断提升医疗卫生水平，建立综合性的大医院，同时重视乡镇的医疗卫生条件。不断优化城市功能，接纳黑龙江省农村转移人口25%以上。

齐齐哈尔、牡丹江、佳木斯都是黑龙江省内规模较大、人口较多的综合型城市，为龙江经济发展贡献了自己的力量，所以，在城镇化过程中，这些城市还要发扬老工业基地的精神，发挥自身优势，丰富城市精神文化特征，保持生态系统发展，进一步增加城市承载力。大庆市是黑龙江省的能源城市，应深化发展，扩大非油产业，凭借温泉、草原旅游项目，发展绿色旅游业。

(二) 布局发展重点

1. 齐齐哈尔市

齐齐哈尔市曾为黑龙江省的省会城市，是黑龙江省西部地区的主要城市，在地理位置上与内蒙古很近，是我国重型装备制造基地，现在主要发展绿色农产品加工业和生态旅游业，是黑龙江省的历史名城。

（1）空间结构调整。依托新型城镇化发展契机，发展嫩江两岸经济，以点带面，组团式发展。龙沙区、建华区等主城区发展情况较好，应适当把资源向其他区县平衡，促进城乡一体化发展。以齐齐哈尔南站、高新技术开发区为核心发展地带，建设南苑新城；以建立全省西部物流枢纽为契机，开发建设北苑；富拉尔基区将打造装备制造园，把中小企业都聚集在园区中，尽快完成老工业区搬迁工作，优化老城区的布局；昂昂溪区、碾子山区等这些主城区周围的区县以农产品深加工和物流业为主要发展方向，并承接主城区转移的一部分功能。

（2）产业发展方向。齐齐哈尔市主要发展化工、装备制造、冶金等传统产业；生物医药、新材料等新兴产业；休闲旅游、现代物流等现代服务业。

（3）重点产业项目。包括中心城区绿色食品产业园、高新区IT产业园、中汇城市综合体、万达城市经济综合体、中恒集团生物制药、现代农机具和大型拖拉机、龙华新能源汽车、齐重数控、北满特钢产业升级、轨道交通重载快速铁路货车技术改造、一重铸锻钢基地流程再造等。

2. 牡丹江市

牡丹江市是黑龙江省东南部的中心城市，邻近俄罗斯，是"中俄蒙"经济带中的重要城市。牡丹江对俄贸易活跃，是黑龙江省大型对俄贸易进出口产品加工基地，同时也有较丰富的旅游资源，是闻名中外的旅游城市。牡丹江市是黑龙江省东南部物流枢纽，为省内物流运输的重要组成部分。

（1）空间结构调整。应该利用牡丹江修建机场及铺设牡丹江到海林、宁安高速公路的契机，推动牡丹江与海林、宁安的区域经济发展，三个城市以工业园区、经济技术开发区为主协同发展。牡丹江市近两年有火车站进行翻新升级改建项目、老工业区迁移项目、主城区主干道路贯通项目等，提升主城区的公共服务能力，增强城市功能，突出主城区对其他城区的引导性，起到带动的作用。牡丹江市要以国家经济开发区、黑龙江省东南部物流枢纽、阳明经济技术开发区为重点项目，促进整个东部城区的发展。借助中俄信息产业园的兴建来带动南岸城区发展。聚集高校校园，建造大学城，为西部城区发展带来活力。

（2）产业发展方向。包括纸制品加工、装备制造业、绿色食品等加工制造业；生物制药、新材料、环保业、新型能源等新兴产业；现代物流业、生态旅游、电子信息、养老等现代服务业。

（3）重点产业项目。包括胡商国际物流园、万达广场城市综合体、华晟国际物流中心、亿丰国际商贸综合体、五洲国际工业博览城、侨兴新媒体综合体、传化智能公路港、诚通生物质能源、旭阳石墨精深加工、华信集团俄粮加工、红星集团乳制品加工二期、生物科技产业园、百威啤酒100万千升建设项目、恒丰特种纸等。

3. 佳木斯市

佳木斯市位于黑龙江省东北部，是辐射三江平原的重要城市。主要有装备制造以及新材料基地，黑龙江省东北部物流枢纽中心，绿色农产品基地。

（1）空间结构调整。佳木斯市老工业区搬迁后，要科学进行城区布局规划，升级公共基础设施建设，提升公共服务，加强中心城区的服务功能。依托高校校园聚集、火车站、客运站、商业区等项目的启动，拓展佳木斯城市空间，增强城市承载力。凭借佳木斯机场迁建项目的建设，推荐佳木斯东部地区发展。

（2）产业发展方向。包括木制品加工业、绿色农产品加工业、以煤电为主的装备制造业，以能源高效利用的循环经济产业，新材料产业，以休闲旅游、贸易、文化、娱乐、餐饮等为主的现代服务业。

（3）重点产业项目。包括万达广场、佳电股份电机冲片及模具项目、骥驰拖拉机公司动力换挡变速箱产业升级技术改造项目、年产2000台复式少耕整地机项目、佳天国际农副产品物流交易中心、泉林公司佳木斯秸秆综合利用、郑龙煤矿机械、百威英博公司年产100万千升啤酒等。

4. 大庆市

黑龙江省新兴地带中心城市，是我国的主要石油产地，以石油生产、石化产品深加工为主要产业，同时也是我国重要的新材料、新能源基地。大庆市除能源和材料外，农产品深加工、旅游业也很发达。

（1）空间结构调整。整体对区域进行合理布局，凭借滨洲铁路以及城区主要路道打造综合交通体系，带动让胡路区、萨尔图区的联动发展，将石油深加工产业与新能源产业结合，增强城市公共服务能力，打造中心城区示范作用。加快现代服务业和旅游业发展，利用好湿地资源和温泉资源，建立城市商圈，促进庆南、庆北新城建设，形成新的工业城区以及服务业城区。

（2）产业发展方向。包括石油化工、石油产品深加工、绿色农业和绿色农产品深加工、汽车业、石化业、风电设施等为主要的装备制造业，新能源、新材料产业，物流业、生态旅游业为主的服务业。

（3）重点产业项目。包括新华08国际石油资讯中心、昌升兆成国际物流城、大庆油田物流中心、昆仑唐人综合商业、高端装备园、低碳光伏产业园、金融服务中心、联想科技城、伊利集团绿色食品、忠旺铝材、汽车零部件产业园、沃尔沃汽车SPA平台及L541、石化1000万吨炼油扩能改造等。

三、中城市鸡鹤伊等新型城镇化布局

（一）布局总体方向

鸡鹤伊等新型城镇化布局将建成黑龙江省人口规模达50万人以上的中等城市，包括鸡西、双鸭山、七台河、鹤岗（以下简称"鸡双七鹤"）等煤炭城市和伊春、绥化、肇东、加格达奇（以下简称"伊绥肇加"）等农林城市。鸡双七鹤等煤炭城市，以产业转型带动城市经济转型，加强煤矿安全生产，对还在生产的矿山环境进行治理，对已废弃矿要进行科学的复垦利用，治理污染，增加绿植，美化城市环境，打造生态城市，提高城市文化内涵，重塑煤城新形象。伊绥肇加等农林城市要按照国家规定，禁止天然林商业性砍伐，对天然林区进行保护，从伐木到护林，转变林区产业经营项目。黑河与绥芬河应利用与俄罗斯邻近的优势，大力发展口岸贸易，进行对俄贸易往来，将黑河与绥芬河打造成为宜居边境城市，接纳黑龙江省农村转移人口15%以上。

（二）布局发展重点

1. 鸡双七鹤

对于这些煤炭城市要加紧煤炭产业转型，寻找替代产业，尽快升级成现代化的煤化工基地。

（1）空间结构调整。尽快适应煤炭城市产业转型升级的要求，以鸡西市的城子河区、恒山区、鸡冠区、滴道区，鹤岗市的兴安区、东山区、向阳区、南山区、工农区，双鸭山市的尖山区、七台河市的茄子河区、桃山区、新兴区等主要城区为重点，凭借工业区从主城区迁移、矿山环境改造、生态城市创建等契机，对城区进行科学、合理布局，加快城市公共基础设施建设，提升城市公共服务，增强中心城区的服务功能，把原来的工况城区转变为现代化城市，寻找新的经济增长点。加强这些城市老城区改建和新城区的建设工作，提升产业聚集能力，实现多个煤炭转型城市同步发展。

（2）产业发展方向。包括煤炭开采业，煤电化转换，煤制轻烃、烯烃、芳烃等转型产业，绿色农产品、现代物流业、石墨、冶金、生物医药、木制品加工、建材业、商贸业、矿山机械等其他非煤产业。

（3）重点产业项目。鸡西：万达商贸中心、华美立家商业综合体、电池负极材料及石墨深加工、贝特瑞石墨深加工、珍宝岛药业鸡西二期工程、福娃食品稻米食品产业园等。双鸭山：建龙冶金循环产业园、松江国际购物大厦、欧倍莎中俄国际建材广场、七星河煤矿开发与煤化工一体化、60万吨煤制烯烃、龙煤天泰煤制芳烃等。七台河：万通内陆港城市综合配套、勃利生物质发电、奥瑞德公司蓝宝石产业基地、富鑫源糖业菊苣深加工基地建设、宝泰隆焦炭制30万吨稳定轻烃等。鹤岗：万源油脂米糠毛油精细加工、鹏程科技轨道吸音板、明珠科技碎米加工米糖浆米蛋白、益华城市综合体、中铁集团石墨深加工、中石化煤基多联产等。

2. 伊绥肇加

从伐木向护林转变，充分利用生态优势，把城市打造为树林繁茂的生态城市，以森林景观、森林特产发展旅游业的重心，建设生态旅游名城。

（1）空间结构调整。伊春要做好林区转型以及老城区改造工作，促进伊春区、友好区、乌马河区以及翠峦区协同发展，发展森林旅游业，合理规划城市布局。周围城区也要在主城区的带动下，积极进行产业转型，改善公共基础设施环境，提高城市承载力，接纳更多的林区转移人口。绥化市、肇东市、加格达奇市要建立新型产业园区，积极促进传统林业产业转型，建造新城区。

(2)产业发展方向。伊春要发展林下经济开发、钼矿开采加工、木业深加工、休闲旅游等主要产业。绥化要发展绿色农产品、现代物流业、生物制药、硅基新材料等优势产业。肇东、加格达奇要发展现代物流、建材业、绿色农产品等产业。

(3)重点产业项目。伊春：丽丰国际度假村、鹿鸣钼矿延长铜产业链、中盟天隆食品红松球果全产业链产业化、汇源集团绿色产业谷等。绥化：对俄服装产业园、欧亚国际光电产业园、昊天玉米深加工等。肇东：大庄园绿色食品加工、北大荒食品产业园、卓达集团新型建筑材料、中粮5万吨纤维素燃料乙醇等。

四、小城市、县、镇新型城镇化布局

（一）小城市新型城镇化布局

黑龙江省应该提升小城镇、林业局、小县城、农垦局等的综合承载力，将黑龙江省内的农村人口、林区和垦区的人口转移到这些地方。小城镇应加紧公共设施修建，强化公共服务，合理布局城市规划，完善供水、供电、供热等民生工程，推进保障性住房建设，满足农村人口转移到小城镇的需求。

重视重要节点城市的发展，依托对俄经贸口岸建设以及火车站、机场等交通枢纽的建设，加快对公共基础设施的修建，把相同的产业聚集在产业园区。黑河市、同江市、绥芬河市、东宁市、抚远市要借助公共基础设施建设，加快扩展城市空间，为边境城市带来新的经济增长点。绥芬河、加格达奇等这些以林业为主的城市要肩负起吸收林场转移人口的重担，缓解林场城镇化的压力。北安市、富锦市、穆棱市以及尚志市要注重提升城市规模并逐步完善城市功能。虎林市、建三江、漠河县、宝清县要借助建造机场的契机，增加城镇功能，成为新的支撑节点。

（二）县城及重点城镇新型城镇化布局

重点建设县城以及主要城镇，加速推进其新型城镇化建设，逐步完善这些地区的公共基础设施建设，根据不同地区的实际情况和优势发展特色产业，拉动经济发展的同时增加吸收转移人口的能力。黑龙江省新型城镇化重点建设城镇如表8-4所示。

表8-4　　　　　　　　　黑龙江省新型城镇化重点建设城镇

地区	重点建设城镇
哈尔滨市	新发镇、新农镇、王岗镇、团结镇、朝阳镇、成高子镇、平山镇、料甸镇、小岭镇、玉泉镇、周家镇、五家镇、会发镇、得莫利镇、达连河镇、宾西镇、居仁镇、兴隆镇、西集镇、洼兴镇、东兴镇、浓河镇、中和镇、一面坡镇、亚布力镇、帽儿山镇、拉林满族镇、山河镇、牛家满族镇
齐齐哈尔市	雅尔塞镇、景星镇、江桥镇、兴十四镇、北联镇、宝泉镇、三道镇、拉哈镇
牡丹江市	铁岭镇、磨刀石镇、桦林镇、温春镇、绥阳镇、刁翎镇、柳树镇、阜宁镇、长汀镇、横道镇、柴河镇、东京城镇、渤海镇、下城子镇、马桥河镇、兴源镇、阜宁镇
佳木斯市	建国镇、莲江口镇、敖其镇、锦山镇、二龙山镇、三村镇、街津口乡、龙山镇、孟家岗镇、新城镇、横头山镇、鹤立镇、香兰镇、寒葱沟镇、乌苏镇
大庆市	大同镇、兴城镇、三站镇、新站镇、泰康镇
鸡西市	向阳镇、虎头镇、连珠山镇
双鸭山市	升昌镇、七星泡镇、青原镇
伊春市	晨明镇、浩良河镇、朝阳镇、乌云镇、乌拉嘎镇、桃山镇、双丰镇、朗乡镇
七台河市	大四站镇
鹤岗市	红旗镇、新华镇、名山镇、绥东镇、忠仁镇
黑河市	宝山镇、西长发镇、四方台镇、张维镇、卫星镇、火箭镇、榆林镇、临江镇、祯祥镇、民政镇、民乐镇、平安镇、永兴镇、通达镇、四海店镇、双岔河镇、任民镇、升平镇、卧里屯、昌五镇、宋站镇、五站镇、海北镇、伦河镇、共合镇
绥化市	北林区
大兴安岭	小扬气镇、古驿镇、西林吉镇、北极镇、阿木尔镇、图强镇

资料来源：根据《黑龙江省新型城镇化规划（2014—2020年）》整理。

推进县城和重要城镇的新型城镇化发展需要注重公共服务的质量，在教育、就业、住房、医疗、养老等民生问题上都有相应的举措。提升学龄前教育、中小学教育、高等教育的教育质量，同时还要完善职业教育，对转移人口进行技术培训；加快对各级医院、卫生院等医疗环境的改善，提高医疗水平，降低医疗费用。黑龙江省旅游资源比较丰富，这些小城镇可以利用自身资源开发生态旅游业，提供就业岗位，美化城镇环境，打造宜居城镇。

五、农垦、森工系统新型城镇化布局

(一) 农垦系统新型城镇化布局

加快宝泉岭、九三、牡丹江、红兴隆、建三江等地区的新型城镇化建设，逐渐实现由管理局转变为城镇，目标是建成5座人口在8万人左右的大型城镇，50座拥有2万人口左右的重点城镇，50座拥有1万人左右的小型城镇，实现新型城镇化率87%以上。

(二) 森工系统新型城镇化布局

加快亚布力、山河屯、大海林、方正、东京城、柴河、东方红、沾河这八个地区的旅游业发展，开发它们的旅游资源，增加就业岗位；绥棱、兴隆、穆棱以及兴隆这四个地区要尽快建成以工业为主的城镇，带动区域经济增长；绥阳、鹤北具有贸易优势，适合发展商贸；鹤立、林口、通北、苇河、八面通、桦南、迎春这几个地市应根据自身的优势来发展特色产业。黑龙江省应逐渐把这些森工系统的城镇打造成以森林为主的生态型城镇，城镇化率达到100%。

第三节 加强新型城镇综合承载能力项目建设

以供给侧为导向，兼顾需求侧，按照新型城镇的人口流动趋势，以市场化公开招标为主要途径确定投资主体，加强新型城镇公共服务设施与市政基础设施建设，增强城镇服务功能和集聚能力。

一、加快新型城镇公共基础设施建设

(一) 加快新型城镇公共交通设施建设

加快完善黑龙江省新型城镇公共交通设施建设，主要包括城市轨道交

通、城市供水、排水防涝、供热、老旧小区改造等。黑龙江省城市建设重点项目如表8-5所示。

表8-5　　　　　　　　黑龙江省城市建设重点项目

领域	目标	建设内容
城市轨道交通	总规模达到203公里	建成运营：哈尔滨地铁2号线一期、3号线二期工程； 开工建设：4号线一期、5号线一期； 启动：大庆、恒大文旅城轻轨前期工作
供水	城镇供水普及率达到全国平均水平，供水管网漏损率均控制在10%以内	新扩建：城市净水厂40座； 新建改造：城市供水管网1500公里
排水防涝	基本消除城区内涝积水点，城市易涝点整治率达到100%	新建改造：排水管网（含污水）1500公里
供热	集中供热普及率达到90%	改造：供热老旧管网4000公里以上； 新增：集中供热面积5000万平方米
老旧小区改造	力争基本完成2000年底前建成的需改造的城镇老旧小区改造	改造：老旧小区140万户以上

资料来源：《黑龙江省国民经济和社会发展第十四个五年规划和二〇三五年远景目标纲要》。

（二）高标准和高质量建设黑龙江省自贸区和哈尔滨新区

一是加快实施《黑龙江省哈尔滨新区条例》，充分发挥引领辐射带动作用。二是发挥"三区融合"和"五区叠加"的区位优势，打造跨境合作、金融创新、投资贸易便利化、营商环境优化等排头兵。三是提升产业项目集聚能力，构建医药、光电、金融、信息技术、绿色食品和先进装备等百亿级产业链。四是加强新区基础设施配套建设，导入省级医疗和教育资源。

（三）注重县域经济的高质量发展

注重黑龙江省县域经济的高质量发展，一是做强做优立县特色主导产业；二是创新县域经济发展政策环境；三是促进地方与矿区、林区、垦区融合发展，形成优势产业集群。黑龙江省县域经济发展目标如表8-6所示。

表8-6　　　　　　　　　黑龙江省县域经济发展目标

目标	具体内容
经济实力稳步增强	县域地区生产总值占全省比重达到50%左右； 超过100亿元的县（市）达到一半以上，超过500亿元的县（市）达到2个； 1~2个县（市）向全国百强县迈进
产业结构不断优化	第二、第三产业增加值占县域地区生产总值比重达到70%以上
财政收入加快增长	地方税收占一般公共预算收入比重达60%以上； 一般公共预算收入3亿元以上县（市）达到全省的2/3以上； 除国家重点生态功能区内且人口较少县外，一般公共预算收入力争全部达到2亿元以上

资料来源：《黑龙江省国民经济和社会发展第十四个五年规划和二〇三五年远景目标纲要》。

二、构建新型城镇现代化综合交通运输体系

（一）构建现代化铁路运输体系

以哈尔滨、牡丹江、佳木斯、伊春、绥化和边境口岸等城市为基点，构建黑龙江省现代化的铁路运输体系。一是加强高速铁路网建设，打造以哈尔滨为中心的1~2小时快速交通圈，如牡丹江—佳木斯尽早运营，哈尔滨—铁力、铁力—伊春、佳木斯—鹤岗等高速铁路建设；二是优化普速铁路网体系，升级改造既有线路，加快支线铁路建设，如加格达奇—黑河的通达，边境口岸城市之间的连通等；三是加快铁路专用线建设，如工矿企业、物流园区等通铁运行。黑龙江省铁路重点项目如表8-7所示。

表8-7　　　　　　　　　黑龙江省铁路重点项目

类别	目标	重点项目
高速铁路	新建800公里	建成：牡丹江—佳木斯、铁力—伊春
		建设：牡丹江—敦化、哈尔滨—铁力
		谋划：齐齐哈尔—通辽、齐齐哈尔—满洲里
普速铁路	新建改造1250公里	建成改造：哈绥北（龙镇）、富加、佳鹤、北黑、宝清—朝阳等
		谋划改造：佳木斯—同江（抚远）、绥化—佳木斯
		新建：漠河—满归

续表

类别	目标	重点项目
铁路专用线	新建改造100公里	建设专线：讷河集中供热、益海嘉里（富裕）、绥化经开区等 推进专线：松岭区铅锌钼矿、益海嘉里（密山）、大庆高新区、哈尔滨钢铁产业园等

资料来源：《黑龙江省国民经济和社会发展第十四个五年规划和二〇三五年远景目标纲要》。

（二）构建现代化公路运输体系

一是完善高速公路网体系，以"强核心、优网络、畅通道"为重点，加大县城高速公路建设，提供其比例，加快地级市全贯通；二是完善普通国省道公路网体系，加强产业园区、旅游景区、重要口岸和交通枢纽等关键性节点连接，提升过境能力，畅通国道主通道等。黑龙江省公路重点项目如表8-8所示。

表8-8　　　　黑龙江省公路重点项目

类别	目标	重点项目
高速公路	建成591公里	扩容：京哈高速拉林河—哈尔滨段； 过境：鹤大高速佳木斯，绥满高速卧里屯—白家窑段； 其他：吉黑高速山河—哈尔滨段、哈肇高速、绥大高速等
	建设1000公里	哈尔滨都市圈环线、依兴高速七台河—密山、大广高速大庆过境段、铁科高速铁力—五常、鹤哈高速鹤岗—伊春、北漠高速五大连池—嫩江、吉黑高速哈尔滨—北安
	谋划1500公里	哈同高速哈尔滨—佳木斯江北通道、绥满高速哈尔滨—阿城和哈大等扩容改造，黑河—加格达奇，金林—铁力、绥芬河—东宁、鸡西—穆棱、双鸭山—宝清、齐齐哈尔—碾子山、嫩江—加格达奇等
普通国省道	建设改造普通国道3800公里、普通省道4000公里	建成：嘉荫—汤旺河、大齐界—杜尔伯特、滴道—鸡西兴凯湖机场等； 畅通：改造城市过境路段、国道主通道和沿边通道； 实施："瓶颈路段"升级

资料来源：《黑龙江省国民经济和社会发展第十四个五年规划和二〇三五年远景目标纲要》。

(三) 构建现代化民航运输体系

一是构建现代化机场体系；二是全面提升哈尔滨机场核心功能，完善航线网络布局，打造国际航空枢纽；三是推进运输机场和通用机场群建设，满足航空运输、生产应用、航空消费、公益服务等需求。黑龙江省民航重点项目如表8-9所示。

表8-9　　　　　　　　　黑龙江省民航重点项目

类别	重点项目
国际枢纽机场	建成：哈尔滨机场二期扩建工程（以东二跑道为主）； 推进：哈尔滨机场三期扩建工程
其他运输机场	建成：绥芬河机场； 改扩建：齐齐哈尔、佳木斯、鸡西、漠河、黑河、加格达奇机场； 新建：绥化、鹤岗机场； 谋划：双鸭山机场、牡丹江机场迁建
通用机场	建成：富裕、木兰、呼玛通用机场； 新建：七台河、嘉荫、塔河、同江、逊克、讷河、绥滨等通用机场

资料来源：《黑龙江省国民经济和社会发展第十四个五年规划和二〇三五年远景目标纲要》。

(四) 构建现代化水运运输体系

一是提高黑龙江、松花江、嫩江、抚远水道等重要航道干支衔接和通畅水平，统筹乌苏里江、松阿察河等界河航道建设，提高通航保障率；二是推进内河主要港口和界河港口装备改造和集疏运体系建设，提高港口服务能力；三是加快与铁路、公路融合衔接，发挥客货集散功能。黑龙江省水运重点项目如表8-10所示。

表8-10　　　　　　　　　黑龙江省水运重点项目

类别	重点项目
航道整治	乌苏里江松阿察河河口至虎头航道、松阿察河航标测量和重点河段航道、黑龙江上游乌苏里至欧浦航道、松花江下游重点浅滩航道、抚远水道航道等重要航道整治工程、嫩江三岔河至洮儿河口航道等
港口改造	哈尔滨港区阿什河作业区、哈尔滨港区呼兰河作业区新区码头、界河旅游客运码头、方正港区沙阿子作业区矿建码头、哈尔滨港区阿勒锦岛客运码头、抚远港区莽吉塔作业区金良码头、同江港区哈鱼岛作业区石油化工码头、黑河自贸试验区港等

资料来源：《黑龙江省国民经济和社会发展第十四个五年规划和二〇三五年远景目标纲要》。

（五）构建现代化综合交通枢纽体系

一是完善哈尔滨机场集疏运体系，实现多种交通方式无缝换乘，提升系统运行整体效率；二是结合机场、铁路建设，加快建设零距离换乘、一体化服务的综合客运枢纽和信息互联、运作协同的综合货运枢纽，促进各种运输方式深度融合和系统集成。黑龙江省综合交通枢纽重点项目如表8-11所示。

表8-11　　　　　　　　黑龙江省综合交通枢纽重点项目

类别	重点项目
客运枢纽	建设10个客运枢纽：双鸭山、佳木斯、七台河、牡丹江等； 谋划：哈尔滨机场综合客运枢纽
货运枢纽	建设12个多式联运型货运枢纽：齐齐哈尔国际物流园区等； 建设8个货运枢纽（物流园区）：哈东综合保税区物流园区等

资料来源：《黑龙江省国民经济和社会发展第十四个五年规划和二〇三五年远景目标纲要》。

第四节　优化新型城镇化布局的财税激励政策

一、深化户籍制度改革的财税激励政策

黑龙江省财税政策应该和户籍管理政策相结合。我国一直施行城乡分别管理的二元户籍制度，农村人口使用农村户口，城镇居民使用费用户口，户口的区别影响了人们的教育、就业、医疗、住房等民生问题，在一定程度上阻碍了人口的流动，所以想要加快新型城镇化建设就一定要改革户籍制度，让农村人口也有权利享受到同等的社会服务和社会保障。当然，这一转变会给黑龙江省财政带来一定的压力，但即使是这样，二元户籍制度也要进行改革。农村人口向城镇转移要确保不损害农民的利益，土地使用权是其中的重点，黑龙江省政府要出台积极的政策引导农村人口在城镇落户，目前黑龙江省已经对牡丹江等9个城市的落户政策放开，对在省会城市哈尔滨实行"双轨制"落户政策，不断完善居住证制度，保证农

民的权益，允许土地租赁，提高农民的财产性收入，对自愿放弃宅基地权益的农民进行一定的财政补贴，施行积极的财税政策措施。

二、加强社保制度衔接的财税政策

黑龙江省政府应逐渐把农村转移人口纳入城镇社会保障制度中，提高农民的社会保障权益，具体内容如下：一是增加就业岗位，促进转移人口创业、就业。大量的农村转移人口向城镇流入，给城市带来了不小就业压力，转移人口想在城镇落地生根就一定要有工作、有收入，黑龙江省各级政府应该出台积极的财税政策，对农村转移人口进行专业技术培训，并支持他们进行自主创业，可以对其提供财政补贴、小额贷款、减免税费等财税政策，提高就业率的同时也增加了就业机会。二是对农村转移人口子女提供平等的教育机会。城镇的教育资源要优于乡村，从这一点看对随迁子女是有利的，但城镇原有的教育资源也比较有限，所以黑龙江政府应对教育进行财政拨款，扩建学校，政府购买教育资源，保证给随迁子女好的教育环境。鼓励民办学校的建立，如果随迁子女在私立学校就读，可享受在公立学校同等优惠政策，尽快落实随迁子女在流入地平等参加中考、高考。三是完善保障性住房政策。为农村转移人口提供保障性住房，缓解住房压力，对农民买房提供贷款支持、减免部分费用，出台相关的财税优惠，帮助贫困家庭，加紧建设保障性住房和公租房，施行各级财政保障性住房稳定投入机制。

三、建立多元融资机制的财税政策

加快城镇公共基础设施建设，允许公共资源市场化改革，黑龙江政府可以通过购买公共服务、特许经营等办法来与社会资本进行合作，这样不仅能够加快公共基础设施建设还能减轻黑龙江省财政压力。政府可以对城镇公共基础设施建设进行市场化招标，例如在供排水、电力、供暖、天然气等公共领域进行，吸收社会优质资本来进行建设和运营维护。黑龙江省政府应该向中央争取更多的财政转移支付，并将其用于推进新型城镇化的工作中，完善城市公共设施建设。省级财政在进行转移支付时应考虑各地区转移人口的规模，对底子较弱、较为贫困的地区多进行财政补助，平衡各区域发展。黑龙江省可以创新政府融资方式，拓展融资渠道，发行地方债券、成立基金、信托等金融模式，尽可能地吸收社会资本，促进新型城镇化建设。

四、推动土地集约利用的财税政策

财税政策不仅要与户籍管理制度配套实施，还要与土地流转制度配套实施。因为受到土地流转制度的限制，使农村土地集中使用效果不佳，从而影响农业产业化的发展，同时也影响了农民身份转换。想要优化农村土地流转制度，必须要搞清楚集体土地所有权的主体代表，那就是村民委员会。国家应对村民委员会在土地使用和处置权上给予法律保护，使村民委员会有权做这些工作。黑龙江省政府可选取几个较具备条件的村子进行试点，将农民的宅基地使用权进行有偿转让。在新型城镇化过程中，各级政府应集约使用土地资源，不能盲目用地，一定要基于科学、严谨的规划进行用地批复，并控制土地的使用规模，省内人均城市建设用地应该严格控制在115平方米内。对于那些吸收农村转移人口较多的城市可以适当增加其用地规模，以免造成城市用地过于紧张，土地使用政策可向重点发展城镇进行倾斜。黑龙江省政府还应允许对自由存量工业用地，在不更改其土地用途的情况下，通过改建提高容积率后再进行工业生产。

第五节 本章小结

本章是对黑龙江省新型城镇化发展总体布局与财税激励政策的研究，主要包括黑龙江省新型城镇化布局的基础条件、黑龙江省新型城镇化发展的总体布局、加快新型城镇化综合承载能力项目建设和优化新型城镇化布局的财税激励政策。具体内容包括以下方面。

第一，阐述和分析黑龙江省新型城镇化布局的基础条件。目前黑龙江省新型城镇化发展呈现出新型城镇规划不断清晰、新型城镇功能不断齐全和基础服务设施不断完善等基本状态，农业转移人口市民化的趋势不断加强，目前试点的市县在新型城镇化发展上具有先行先试、带头模范作用，截至目前均取得显著成效，为其他地区新型城镇化的发展提供了有益经验借鉴。

第二，分析和论述黑龙江省新型城镇化发展的总体布局。黑龙江省新型城镇化发展的总体布局为：特大城市（哈尔滨），大城市（齐齐哈尔、牡丹江、佳木斯、大庆），中等城市（鸡西、双鸭山、七台河、鹤岗、伊春、绥化、肇东、加格达奇），以及小城市、县、镇和农垦、森工系统等五大部分。各级别城镇分别从布局总体方向和布局发展重点分析和论述，布局发展重点又分为空间结构调整、产业发展方向和重点产业项目等多个方面。

第三，归纳和分析加强新型城镇综合承载能力项目建设。以供给侧为导向，兼顾需求侧，按照新型城镇的人口流动趋势，以市场化公开招标为主要途径确定投资主体，加强新型城镇公共服务设施与市政基础设施建设，增强城镇服务功能和集聚能力。加快黑龙江省新型城镇公共基础设施建设，主要包括城市轨道交通、城市供水、排水防涝、供热、老旧小区改造等公共交通建设，高标准和高质量建设黑龙江省自贸区和哈尔滨新区，注重县域经济的高质量发展。构建新型城镇现代化综合交通运输体系，包括铁路、公路、民航、水运和综合交通枢纽等。

第四，论述和分析优化新型城镇化布局的财税激励政策。主要包括深化户籍制度改革的财税激励政策、加强社保制度衔接的财税政策、建立多元融资机制的财税政策和推动土地集约利用的财税政策等。

第九章

促进黑龙江省新型城镇化发展财税激励政策的建议

黑龙江省新型城镇化的发展不仅需要国家层面的财税激励政策支持,更需要黑龙江省地方政府对国家层面政策的贯彻执行和地方自身层面的财税激励政策支持。国家总体层面分为财政激励政策和税收激励政策,而由于税收政策制定权限基本在中央,因此地方总体层面多数从财政激励政策出发分析。

第一节 新型城镇化发展国家总体财税激励政策

一、国家总体财政激励政策

(一)完善全口径预决算体系

2011年我国取消财政"预算外收支科目",预算外资金已经成为历史,全口径财政预决算体系基本形成,将所有财政收入纳入全口径统一预算,不断提高财政资金绩效和综合绩效,优化财政收入资源配置与整个社会资源配置并将其紧密相连,能够有效推动新型城镇化发展。

1. 构建公共财政一元化框架

构建公共财政一元化框架,就是要将公共收支、社会保障、国有资本和国家基金四大预算统一于全口径预算体系之内,互相衔接而又相对独立。例如将黑龙江省的公共财政收入、公共财政支出、社会保障收支、国有资本收支等统一于一个预算统计口径，在保持彼此独立的同时而又互相关联，对于新型城镇化发展的资金安排起到后勤保障作用。

2. 建立全口径财政预决算审查机制

加强对全口径财政预决算的审查，完善审查机制，制定严格惩戒措施。尤其是黑龙江省更应当建立审查机制，严格审查财政的预决算，一旦发现违规操作，必须严厉惩处，绝不姑息，为新型城镇化建设提供良性环境。

3. 建立全口径财政预决算的监督机制

加强对全口径财政预决算的监督，不断满足广大群众的知情、建议、监督和质询等权利，逐步实现社会公众依法理财、民主理财的决策权。

4. 优化财政收入结构

加强税收收入征管，防止国有资产流失，防范地方债务风险，征集能源交通重点建设基金、国家预算调节基金收入等。2019年黑龙江省公共财政收入仅1262.76亿元，而公共财政支出高达5011.56亿元，缺口3748.8亿元，缺口部分除了中央政府转移补助外，基本靠举借债务，债务风险较大，另外国有资产也流失严重。再如哈尔滨市，2019年地方政府债务余额高达近2000亿元，且5年内到期的地方债务占30%以上（张小锋，2018c）。因此黑龙江省应当优化财政收支结构，防范地方债务风险，扫清新型城镇化发展的阻力因素。

（二）合理划分财政支出责任

合理界定和划分财政支出责任是建立政府间财权和财政转移支付制度的前提，在加快政府职能转变的基础上，对省以下地方政府财政支出责任进行科学划分，有利于明确其在新型城镇化发展上的财政职责。其措施主要包括：

1. 明确中央与地方财政支出各项职责

中央政府承担全国性公共产品或服务的财政支出责任，地方政府承担地方性公共产品或服务的财政支出责任，共同的上一级政府承担跨区域公共产品或服务的财政支出责任。因此，黑龙江省政府应当明确自身支出责任，承担起本省公共产品或服务的财政支出责任，如城镇化的公园建设、绿地建设、社区保障等基本生活和服务支出。

2. 建立城镇财政支出责任制度和可持续财政支出责任体系

建立城镇财政支出责任制度和可持续财政支出责任体系，可保障城镇常住人口的公共服务供给，由人口城镇化替代土地城镇化，有效解决土地财政问题。黑龙江省土地财政问题尤为明显，2019年土地使用权出让金收入占财政收入比重高达22.72%，在未来时间内，应当将该比重缩小为10%以内。

3. 明确划分各级政府的基本财政支出责任

将地方政府的部分财政支出责任交由中央银行代行，以流动人口市民化为核心，充分考虑迁移人口的年龄结构、劳动力素质、物质基础等的差异，明确划分各级政府的基本财政支出责任，属于中央的应增加转移支付比例等。黑龙江省在享受中央转移支付的同时，应当明确划分各市县的基本财政支出责任，鼓励非农业人口进城务工，并且保障其基本公共服务，加速市民化进程。

（三）深化转移支付制度改革

为缓解我国新型城镇化发展带来的地方政府财政压力，合理利用转移支付资金，必须深化转移支付制度改革，平衡各地新型城镇化发展所需财力。其措施主要包括以下几个方面：

第一，尽快出台《财政转移支付法》，使财政转移支付有法可依，有法必依。《财政转移支付法》的出台可以调整在财政转移支付的过程中所发生的各项社会关系，它是财政法当中的一项重要部门法律。《财政转移支付法》具有特殊性，其与社会经济政策、国家财税体制十分密切。正因为如此，虽然在规制政府财政支出方面，同我国《预算法》有相同的地方，但它仍可作为一个特殊的、独立的部门法存在，并且，它是连接财政法与社会法、经济法、社会保障法的纽带。

第二，提高一般性转移支付比重特别是均衡性转移支付，加快对专项转移支付的整合、规范和清理步伐，逐步取消地方资金配套和竞争性领域专项。为加快建立现代财政制度，建立权责清晰、财力协调、区域均衡的中央和地方财政关系，推进基本公共服务均等化，根据《中华人民共和国预算法》，2019年5月财政部出台《中央对地方均衡性转移支付办法》（以下简称《办法》）。该《办法》明确了中央财政建立均衡性转移支付规模稳定增长机制，确保均衡性转移支付增幅高于转移支付的总体增幅，对于中央出台增支政策需要纳入均衡性转移支付测算的，中央财政相应增加均衡性转移支付规模。《办法》分为总则、转移支付额度确定、标准财政收入测算、标准财政支出测算、转移支付系数的确定、增幅控制机制、奖惩机制、转移支付资金的管理与监督和附则共九大部分，其中标准财政收入测算包括地方本级标准财政收入主要根据相关税种的税基和税率计算、中央对地方转移支付按照决算数确定等内容；标准财政支出测算包括一般公共服务标准财政支出、公共安全标准财政支出、教育标准财政支出、文化体育与传媒标准财政支出、医疗卫生标准财政支出、节能环保标准财政支出、城乡社区事务标准财政支出、农业标准财政支出、林业标准财政支出、水利标准财政支出、交通运输标准财政支出、社会保障和就业标准财政支出、住房保障标准支出、人口较少少数民族标准支出、特殊支出和根据实际情况调整和据实测算的相关支出等。

第三，建立有利于农业转移人口市民化的财政转移支付机制，逐步缩小人口流出地与流入地之间基本公共服务差距。2021年政府工作报告中指出，中央本级支出继续安排负增长，进一步大幅压减非急需非刚性支出，对地方一般性转移支付增长7.8%、增幅明显高于去年，其中均衡性转移支付、县级基本财力保障机制奖补资金等增幅均超过10%。建立常态化财政资金直达机制并扩大范围，将2.8万亿元中央财政资金纳入直达机制、规模明显大于去年，为市县基层惠企利民提供更加及时有力的财力支持。各级政府都要节用为民、坚持过紧日子，确保基本民生支出只增不减，助力市场主体青山常在、生机盎然。

第四，改革税收返还制度，将人均GDP、主体功能区、市民化成本等因素纳入返还计算公式，平衡地区间财力。税收返还是指政府按照国家有关规定采取先征后退、先征后返、即征即退等办法向企业返还的税款，属于以税收优惠形式给予的一种政府补助。我国税收的本质为"取之于民、用之于民"，税收虽然不能直接归还给每个具体的纳税人，但具有整体的返还性。中央财政按核定的各地所得税基数，对地方净上划中央收入实行基数返还。

第五，建立发达地区向落后地区的横向转移支付机制，逐步缩小地区间财力差距。一是明确思路。立足国情、准确定位、清晰目标：准确定位就是将横向转移支付应作为纵向转移支付的有效补充；清晰目标就是通过资源互补，实现区域基本公共服务均等化。二是优化制度设计。实施"两条腿"走路的方针：一方面，通过市场规制，鼓励并支持省级及以下政府间的自愿性横向转移支付，尤其是建立发达地区向落后地区的横向转移支付机制，建立规范性的"共赢"机制；另一方面，通过中央统筹地位，建立"均等化基金"机制。由于自愿性横向转移支付往往具有内在的利益动机，因此，在实现基本公共服务均等化方面，还需"均等化基金"进行弥补。这种基金主要是较为富裕的地方向该基金贡献一定比例的财政收入，较为落后的地方从该基金中获得拨款，形成"削峰填谷"机制。只有通过灵活的市场机制和规范的行政模式相结合，才可以合理有效地构造符合我国实际的横向转移支付制度。三是相关配套制度改革。在法律上明确横向转移支付的方法、目标等内容，使其实施有法可依；设立横向转移支付管理的专门机构，包括拨付以及效果的评估、资金管理等职能；构建横向转移支付的标准体系，包括"填"多少、"削"多少；配合纵向转移支付资金，各有侧重，统筹安排，实现贫困地区的基本公共服务均等化。

第六，运用收支测算方法科学设计省以下的转移支付制度，明确转移支付资金的规模与结构，实现不同地区新型城镇化和谐均衡发展。黑龙江省应当尽快适应这一改革，不能过分依赖中央政府的转移支付，通过改革自身获取发展动力。

二、国家总体税收激励政策

（一）继续深化税收制度改革

当期以流转税和所得税为主体税种的税制体系不利于我国新型城镇化的发展，尤其是"营改增"后我国地方缺乏主体税种，地方税体系不完善，加之地方政府税收立法权限的限制和房地产税等税种亟待改革等问题，地方政府支持新型城镇化发展的财力不足。其措施主要包括：

（1）确定地方主体税种以构建地方税体系，介于我国东部与中部、西部和东北部经济发展水平和自然资源条件不同，东部适合以财产税类为主体税种，中部、西部和东北部适合以资源税类为主体税种。

（2）适当赋予地方税收立法权，对个人所得税、资源税等全国性重要税种赋予地方在税目、税率、税收优惠等税制要素上一定的调控权，对印花税、契税、城建税等作用于地方的税种赋予地方一定的立法权。

（3）继续改革个人所得税制，继续完善"分类+综合"所得税制，加强对个人隐性收入的税收征管，建立扣缴义务人申报制度等。黑龙江省地处东北最北部，地域偏远，属于落后地区，应当建立以资源税类为主体的税种，进一步扩大税源，将水资源税试点扩围至黑龙江省，从而可以增加税收收入，将目前小税种占税收收入的比重由2019年的48.51%提高到50%，另外务必加强个人所得税中对隐性收入的征管，这对于提高个人所得税比重十分关键。

（二）合理调整宏观税负结构

1. 统一城乡税制

随着新型城镇化的不断发展，应逐步实行城乡统一的税收制度。适时对城镇高收入农民，采取低税率征收个人所得税；为不断提高农业生产效率，可制定一定的增值税优惠政策。如在黑龙江省，可对农业生产用资料和农业基础设施（如水利、电力等）投资给予免征优惠等；为大力鼓励发展农村新经济组织，可在所得税方面可给予"免二减三"（自盈利之日起前两年免税，后三年减半征收）的优惠政策。

2. 平衡产业税负

建立促进农民增收的税收优惠机制；制定促进高新技术产业、新兴产业等第二产业发展的税收优惠政策；不断降低服务业，尤其是现代服务业的税负。如在黑龙江省，可对城镇化进程中的新生服务业和能够大量吸收城镇居民就业的服务业给予更多的税收优惠。平衡黑龙江省城镇化发展过程中的产业税负，可以推动产业结构升级，促进城镇化发展模式的实质性转变。

（三）不断优化税收制度结构

1. 优化现行城镇税制

修订与完善城镇的房产税、车船税、契税和城镇土地使用税等税种。在黑龙江省，使其逐步成为地方税收的主要税种，为新型城镇化发展提供财力的支持；优化个人所得税制，强化个人收入数据及税收信息建设，加大高收入者的监管力度，有效调控居民收入差距，维护社会公平与稳定；将城市维护建设税和人才培养费附加作为独立性税种，以保证筹集城镇化发展过程中所需的专项发展基金。

2. 适时开征新的税种

适时开征社会保障税，逐步建立城乡统一的社会保障制度。黑龙江省应解决好进城务工经商农民、城镇建设征用土地农民的社会保障问题，为新型城镇化发展开辟"道路"；适时开征城镇特定公共设施使用税，以配合城镇规划、交通、环卫等城镇管理，提高城镇管理效率，服务经济发展和市民生活；保障环境保护税新税种的征收（包括对排污、噪声和生活垃圾处理等征税），以保障黑龙江省城镇环境良好的氛围和城镇经济的可持续发展。

（四）加快构建地方税收体系

1. 合理配置中央与地方税种

完善地方税收体系是我国"十四五"规划提出的重要改革目标。虽然我国目前地方税收体系中税种数量较多，但缺乏税源稳定、收入充足的主体税种，这是导致地方财力薄弱、城镇基础设施落后、基本公共服务覆盖不全的重要原因。因此，黑龙江省必须在中央政府和地方政府之间合理配置税种，确保黑龙江省地方政府也拥有一些税源，将征管相对便利、收入充足、增收潜力较大的税种作为主体税种。

2. 合理配置中央与地方收入

根据国际税收惯例与经验，我国应建立一套以财产税和行为税为主体的地方税体系。此外，还可将某些货物和劳务税、所得税等划归地方，如将第三产业的增值税、地方企业所得税及地方资源税等收入归为地方收入；挖掘新税源，适时增设地方性的新税种，如开征燃油税和特定消费行为税等；赋予黑龙江省级地方立法机关，在本区域内开征新税种的权力等，使地方政府有充足的收入来源，保障黑龙江省新型城镇发展的资金需要。

第二节 新型城镇化发展地方总体财税激励政策

一、拓宽财政资金融资渠道

目前黑龙江省财政资金的融资渠道主要包括开发性贷款、商业银行贷款和地方政府债券等，为新型城镇化发展提供了一定的资金来源，但是这些贷款或债券也将成为省级财政的负担，寻找新型融资渠道可为新型城镇化发展提供强大的资金后盾，同时可以减少财政压力。其措施主要包括：

（1）支持民营企业发展，拓展民间资本的转化途径和领域，提升民间资本投入"量"，提高民间资本使用"质"，充分利用好民间资本是解决新型城镇化资金不足的首要途径。例如，在哈尔滨市，要不断创造条件，改善营商环境，为民营企业发展助力。

（2）激发各类市场主体活力，全面落实支持民营经济发展的财政政策，优化民营经济发展和民间资本投入的外部环境，加强民间资本转化的市场平台建设。

（3）以城聚资、以城兴城，建立城镇建设投资公司，发展地产信用，加大城镇公共基础设施、无形资产和延伸资产改革和经营力度，抓好城镇品牌形象与文化品位经营。例如，在大庆市，可以以石油石化为文化营商品牌，不断吸引外资，加快城镇建设，同时针对"小政府大企业"的现状，加强政企合作，共同建设现代化大庆之城。

二、优化公共财政支出结构

目前黑龙江省公共财政支出主要侧重于经济建设支出和行政管理支出，农业转移人口及乡村地区很难享受到公共财政支出带来的福利，不利于农业转移人口市民化。科学优化公共财政支出结构，逐步实现基本公共服务均等化，有利于推进新型城镇化发展。其措施主要包括：

（1）将公共财政支出侧重投向于环保、保障房、社保、卫生、医疗、义务教育等关系民生领域，以人为本优化支出结构。如将节能环保支出比重4.21%（2019年）提高到5%左右，社会保障和就业支出比重22.21%（2019年）提高到25%左右，卫生健康支出比重6.27%（2019年）提高到8%左右，教育支出比重11.08%（2019年）提高到15%左右等。

（2）加大对农业转移人口的财政支出力度，通过转移支付、财政补贴等手段提高农民工收入，逐步缩小城乡居民收入差距。

（3）加强迁移人口及其子女的社保、医疗、卫生、教育、培训等基本公共服务的供给，提升职业素养和技术能力，使其充分享受新型城镇化发展带来的红利。

（4）将公共财政支出更多投向于老少边穷、农村等黑龙江落后地区，扩大公共财政覆盖范围，促进城乡区域协调发展。如加大对拜泉县、甘南县、泰来县、林甸县、绥滨县、同江市、桦南县、桦川县、抚远市、汤原县、饶河县、兰西县、海伦市等地的财政扶持力度。

三、建立多元化投融资体制

黑龙江省新型城镇化发展较为滞后的原因就是缺少资金支持，如果全部依靠财政资金，财政资金也十分有限，所以黑龙江省政府可利用多种融资方式，从不同渠道筹集资金，支持提升公共服务和公共基础设施建设，创新融资方式可以缓解省级财政压力。目前黑龙江省的投融资方式或模式主要是PPP模式，这也是目前主流的政府融资方式，因此应当加强对其监管，完善各种规章制度，同时也要防范PPP可能带来的融资风险，做好事前监控，为新型城镇化的融资提供便捷服务。省级财政应该利用市场经济运作模式，向社会资本进行融资，尽可能多地吸收社会资本，让其参与公共服务和公共基础设施建设。省政府可以鼓励有能力的市政府成立城市建设投资公司，通过市场化运营吸收资金来支持城镇公共基础设施建设。建立多元化的融资体系，拓宽融资渠道，吸收社会优质资本，既能缓解黑龙江省财政的压力又能促进新型城镇化建设。政府应鼓励各级财政采取贷款贴息的模式,积极支持有利于城镇化发展的基础设施建设,加快新型城镇化建设步伐。政府吸引社会资本可以利用多种模式,可建立一个融资平台,在平台上发行债券、信托,利用金融工具来吸收更多社会资本。另外,还应当不断完善黑龙江省地方政府融资平台,不断化解地方政府债务,解决"土地财政"问题(张小锋,2018c)。

四、建立基础设施投入机制

新型城镇化建设需要政府对城镇基础设施建设加大力度,为城镇人口提供良好的物质基础,这需要大量的资金支持。而黑龙江省城镇化的基础设施建设资金主要靠财政支持,所以省级财政应建立长效的投入机制。尤其是针对公益性质的基础设施项目,政府更要加大支持力度,支持城镇公益基础设施建设,如交通设施、社会保障、医疗卫生等关乎社会民生的支出。为了能促进新型城镇化发展,黑龙江省政府应将城镇基础设施建设向农村推进,改善城乡接合部公共设施陈旧的现状,重新对水、电、煤、网管线进行铺设,修建道路,完善公共交通,提高城乡接合部的承载能力,实现城乡一体化。黑龙江省内各级政府要根据本地的实际情况、地理优势、风土人情、经济作物、发展需求等来建造基础设施建设,起到可持续发展的作用。例如,大庆、鹤岗、七台河、鸡西、双鸭山、伊春、大兴安岭等城市适宜资源发展的城镇,要合理开发保护资源,将资源开发与城镇化发展相融合;牡丹江、雪乡、北极村、黑河等适宜旅游发展的城镇,要加大对旅游景点、交通、住宿、娱乐和产品等市场的建设;哈尔滨、齐齐哈尔、佳木斯等适宜商贸发展的城镇,打造集商贸、物流、服务于一体的批发零售市场。

第三节　加快新型城镇化产业发展财税激励政策

从前述分析可知,黑龙江省产业发展相对落后,重工业萎靡不振,以产业为支撑的新型城镇化发展路径不强劲，而通过实证分析发现产业结构是黑龙江省城镇化率与财政收入占GDP比重关系的纽带，产业结构的优化和经济运行质量的提高既是城镇化发展的助力，也是财政收入增长的关键因素。因此制定加快城镇化产业发展的财税激励政策对于新型城镇化发展尤为关键。

一、促进农业优特产业发展的财税激励政策

黑龙江省是农业大省，农业是其新型城镇化的基础动力。大力发展农业优势特色产业和现代农业，转变农业生产方式，能够促进农业人口转向第二、第三产业，从而加速城镇化进程。

（一）加大农业优势特色产业的财政扶持

针对黑龙江省各地区粮食、水果、大豆、蔬菜、畜牧等农村优势产业，对优势经济作物的农户进行补贴，各级政府可以设立专项资金来促进优势产业的发展，加强对良种的引进和培育，鼓励农民多进行良种种植，对那些产量低、质量差的品种逐步进行淘汰，利用财政补贴政策引导农民种植优质粮食作物。政府还可以尝试以农户为单位建立联合生产经营模式，统一进行种植、养殖，例如种植项目、品种、销售等一切事宜，政府可以牵头帮助农户找销路，在种植前就和收购企业签订协议，解决农民的后顾之忧。政府应对农户提供一系列政策支持，例如财政补贴、贷款优惠等，以点带面，提升龙江农业产业优势。另外应当加大政校企合作工程，尤其是与黑龙江省政府、哈尔滨市政府、北大荒集团以及东北农业大学、东北林业大学、哈尔滨商业大学等特色高校的合作。

除了鼓励农民发展优势特色产业外，还可以鼓励农民建立农业合作社，可以是乡镇企业带头，也可以农户自愿组织，符合条件的农业合作社可享受黑龙江省财政各项扶持政策。财政部门可针对农业合作社的所在地区、规模、组建主体、种植项目进行不同程度的支持，让其享受到财政补贴。通过农业项目补助、财政贴息等财政政策来引导绿色农业的发展。提升龙江农业特色产业优势，需要龙头企业发挥带头模范作用，引进新的技

术、先进的设备及管理模式,提高龙头企业的加工生产能力,只有深加工才能提高农产品的附加值。农产品加工企业与农业合作社的联合,既有利于拓宽农业合作社的销路,也有利于农产品加工企业收购优质原料,实现经济效益双赢。

(二) 完善农业优势特色产业的税收优惠

一方面,落实涉农企业尤其是优势特色产业的各项增值税优惠政策。对农产品深加工行业给予增值税低税率优惠,不断扩大适用企业范围;按农业产业的不同行业确定最低的合理税负,对农业产业化企业实际税负超过行业合理税负的部分实行即征即退优惠,如即征即退100%或50%等,不断推动农业产业化企业做大做强。另一方面,加大农业优势特色产业的所得税优惠。鼓励城镇公民到农业企业投资与就业,对就职于农业企业的个人免征个人所得税;对投资农村公共基础设施项目给予直接减免、投资抵免等优惠;对从事农业特色优势产业的新品种选育、培育、种植以及产品的采集、初加工、深加工、农技推广等各项服务所得,免征企业所得税等。

二、推动工业"产城融合"的财税激励政策

黑龙江省是重工业发展基地,工业发展历史悠久。工业是新型城镇化的核心动力,黑龙江省的工业化呈现二元经济格局,城市工业以国有企业为主体,各项发展条件比较优越,而农村工业则以集体企业和私营企业为主体,以乡镇企业为代表,管理、技术、产品等水平和质量均比较低,加之城市的资金、技术、信息、物资等要素难以向农村扩散,致使农村工业远远落后于城市工业。因此,加大财税对黑龙江省工业的激励政策,推动"产城融合"发展对全面促进新型城镇化发展意义重大。

(一) 加大乡镇支柱产业和高新技术产业发展的财政扶持

黑龙江省内的大型乡镇企业都是地方经济的主要税收资源,是转移农村剩余劳动力的主要单位。对于这样的龙头企业、大型企业财政部门要进

行大力扶持，给予一系列的财政优惠政策，深化产业结构，与新型城镇化紧密结合。促进乡镇企业发展主要有以下几点措施：一是对乡镇企业给予更多的优惠政策，例如在财政补贴、税收减免等方面，让企业有更充裕资金来引进先进的技术及设备，提高生产效率；二是扶持乡镇企业做大做强，形成龙头企业优势，提高企业产品科技含量，增加龙头企业竞争力，以点带面，带动区域内其他企业共同发展，从而提高乡镇经济水平；三是多扶持小微企业，为他们提供一定的财政扶持政策，为其创造平等的竞争环境，使其能够为社会提供更多就业机会，促进农村剩余劳动力转移。

近年来，我国开始逐步淘汰生产效率低、污染排放量大的企业，实现优化产业结构的目的，黑龙江省应利用这一契机，响应国家号召，大力扶持、发展高新技术产业。同时，高新技术产业也是黑龙江省推行新型城镇化过程中的重要力量，政府应设立高新技术企业发展专项资金，鼓励地方政府和社会资本对其进行支持。政府可以对高新技术企业提供财政专项资金、财政补贴、税收减免、贷款免息等一些类财税优惠政策，引导高新技术企业优化产品开发、引进专利技术、提高科技含量等，提高企业核心竞争力，在产品研发、技术创新、成果转化、生产加工、销售等不同环节给予不同程度的支持。各地方政府还可以将高新技术企业的产品纳入政府采购目录中，重点扶持高新企业发展，增加企业的收益和利润。

（二）推动培育产业集聚的财税激励政策

发展黑龙江省新型城镇化过程中会有大量的农村剩余人口转移，如何安置这些剩余转移人口，解决就业问题是新型城镇化过程中的难题，而提高城镇产业聚集力是解决新型城镇化转移人口就业问题的有效办法。黑龙江省农业优势明显，提升农业产业聚集力更有利于安排农业转移人口就业，黑龙江省级财政制定财税激励政策，提供一系列财政、税收优惠政策，再与产业、金融、土地、人口、教育等其他政策相结合，大力促进黑龙江省产业聚集能力的提升。尤其是对于哈尔滨市的松北区新区，进一步完善科技创新城的功能，提高创新城的城市地位，鼓励科技创新产业向创新城区集聚，以充分发挥其规模效应和辐射效应。乡镇企业可以引进外部的先进技术和先进设备，再根据本地的实际情况进行管理，将企业自身发展和城镇化产业结构升级相结合。各地方政府应放长眼光,站在建立城镇产业群的角度来规划本地企业发展,进行科学、高效的产业布局,使城镇产业联系更紧密,层次格局更合理。

(三) 促进产城融合发展的税收激励政策

对工业领域的科技开发投入、科技成果转化运用、科技收入的取得、科技人员的培养与报酬等方面给予相应的优惠政策,以使更多资金投入科技研发,促使科学技术成果尽快运用于工业领域;对企业和个人因科学研究取得的收入,如科技成果转让、专利技术、商标权、著作权、非专利技术和其他特许权使用权取得的所得给予免征所得税优惠。进一步落实高新技术企业尤其是其自主创新的税收优惠政策,对创业风险投资企业主要投资于战略新兴产业的行为,给予税收优惠政策等。如企业所得税法中最新规定的研究开发支出加计扣除75%,虽然加计扣除已经比较高,但是对于研究开发费用较大的企业仍可以将该比率进一步提高,如80%~90%,这样更能激励企业进行研究开发,创新产品技术,提高企业效益。

三、加快第三产业持续发展的财税激励政策

第三产业是黑龙江省新型城镇化发展的后续动力。农业转移人口市民化的就业问题主要依靠第三产业发展,在促进区域协调发展、城乡互动发展方面起到重要作用。但是目前黑龙江省第三产业发展比较滞后,城镇化的进程依然主要依靠第二产业来推动。财税激励政策是加快第三产业健康持续发展的重要手段,综合运用财税激励政策,采取多种方式推进第三产业发展迫在眉睫。

(一) 加大新兴服务产业发展的财政激励扶持

通过财政政策的倾斜与引导,积极发展体验农业、休闲农业、旅游农业等新型的产业。可以开发农家乐、农业采摘园等模式吸引游客观光,并借此机会销售粮食、蔬菜、水果、肉蛋禽等绿色产品,既满足城市人口休闲旅游的需要,又能提高农户的经济收入,促进城乡经济发展;改善农村

的道路情况，铺设柏油马路，只有路好走了才能提高运输能力，将农村的产品售卖到更远的地方，提高城乡交通运输条件；加快环境治理产业发展，改善农村"脏乱差"的环境，对已破坏的环境进行治理，保证新型城镇化可持续发展。

规范金融等服务业发展的财政扶持，拓宽投资、融资渠道，增加资金的同时缓解财政压力。创新融资形式，对不同的融资方式进行创新，可利用基金、信托、理财等金融工具来扩充资本。黑龙江省政府应利用政府投资的带动作用，吸收社会资本，设立创业基金，优惠贷款利率，优化信贷结构。政府要治理服务业乱收费的问题，规范服务，整顿乱收费的机构并进行处罚，打破行业垄断壁垒，优化升级服务业发展环境。

（二）加大第三产业发展的税收优惠激励

对第三产业企业在创业阶段给予税收优惠，即在企业创办初期（如2~3年）免征或减征增值税、企业所得税、房产税、土地使用税、城市维护建设税和人才培养费附加等地方税，为该类企业的发展营造宽松环境；对就业容量大、安置成本低、制约因素少、准入门槛低的行业，如零售、餐饮、社区服务等，实行一定的减免税收优惠等。通过延期纳税、亏损抵补、费用扣除、加速折旧、减免税额等方式支持第三产业快速发展，特别增加对生产性服务业和现代服务业的税收优惠激励，提升高端服务业在整个第三产业中的地位，不断优化第三产业内部结构，把第三产业的资源优势转变为竞争优势。

第四节 提升农业人口市民化进程财税激励政策

通过调研及前述分析可知，黑龙江省的城镇化发展水平比较缓慢，而农业人口市民化进程迟缓是其中的一个重要原因，如何制定激励型的财税政策，鼓励和引导农业人口有序进城对加速黑龙江省新型城镇化进程意义重大。本书从教育服务、基本医疗与养老服务、社会救助与住房保障机制等多方面制定农业转移人口相关的财税激励政策。

一、推进对农业人口市民化的财税激励政策

（一）为农村转移人口子女提供良好的教育服务

黑龙江省政府应指导各县市做好农村转移人口子女教育问题，把所需的费用纳入财政预算内，保证他们能享受到国家义务教育，实现城乡统筹，并为贫困家庭的孩子提供助学金、奖学金等补贴政策。为了能保证教育质量，提高农村人口文化水平，各地还应落实高中减免学费的政策，对贫困农村转移人口的子女要减免其学费并提供助学金。除中小学教育外，学龄前教育也很重要，黑龙江省各级政府应按转移人口学龄前子女数量来配套扩建公立幼儿园，如果公立幼儿园的规模已经不能满足需求，政府可鼓励多成立私立幼儿园，政府可为转移人口购买公共服务，解决学龄前儿童入园难的问题。黑龙江省级财政要对各阶段教育工作给予支持，做好转移支付工作，确保所有农村转移人口的子女都能有学上，提高教育质量，提高农村人口的文化教育程度。例如，优质均衡发展城乡义务教育，加快补齐农村办学条件短板，加强高中基本办学条件保障，深化普通高中育人方式改革，启动高考综合改革，加强招生考试能力建设等。①

（二）为农村转移人口提供完善的基本医疗与养老服务

基本医疗服务是一项重要的民生政策，与百姓生活息息相关，所以在城镇化过程中黑龙江要做好把农村转移人口纳入城镇基本医疗的公共服务内，按国家要求为其提供基本医疗服务。省级财政要参照农村转移人口数量和城镇人口基本医疗标准来对省级各级政府进行财政转移支付，农村转移人口应当纳入转入地公共卫生体系管理和服务。各地还要简化医疗保障转入手续，方便转移农民进行办理，尽快实现医保异地结算服务，推进农村转移人口纳入城镇医保的工作。加快基本医疗保险城乡一体化，让农村人口和城镇人口享有同样的医疗服务待遇，减少城乡二元化的差距，早日

---

① 根据《2021年黑龙江省政府工作报告》整理。

实现全民医保，这样不仅能提高国民福利待遇，还有利于促进我国基本医疗工作的发展。

农村转移人口的养老问题也是非常重要的，黑龙江省应做好转移人口养老保险工作，省级财政拨款向各地市进行财政补贴，建立完善的转移人口养老保险保障体系，促进养老保险机制城乡一体化，以便于城镇人口流动，提高农业转移人口基本公共服务保障水平。例如，黑龙江省2018年提高了城乡居民基础养老金标准、特困供养标准和城乡低保标准，其中第一个标准每人每月由80元提高到108元。推进医保异地就医直接结算，对重大疾病救助、大病保险和城乡居民基本医疗三大制度完善统一。

（三）为农村转移人口提供健全的社会救助与住房保障机制

对于农村转移人口中的特殊人群，黑龙江省政府要对其进行特殊的关照。对于符合救助政策的转移人口实施社会救助，统一城乡社会救助政策。对那些在城镇化过程中遭遇突发情况的家庭和个人给予一定的补贴，保障他们基本生活条件。黑龙江省财政要向下做好转移支付工作，保证救助资金落实到位。

在新型城镇化过程中会有大量的农村人口进行转移，这些人口原本是从事农业活动（种植或养殖），但在转移后则需要在城镇就业，会遇到一定的困难：一是他们没有专业技术；二是城镇能提供的岗位有限，所以完善农村转移人口就业服务体系尤为重要。省级财政应拨款，以便对这些人提供专业技术培训和就业指导，让他们掌握生存的技能，并鼓励他们自主创业，同时利用政策为他们提供更多的就业岗位，使转移人口能顺利就业。

在农村人口转移后原有住房已经不能居住，人们需在新的城镇解决住房问题，黑龙江政府应鼓励其购买住房或者租赁住房，缓解转移人口的居住的难题。黑龙江省内各级政府应该为农业转移人口提供住房保障机制，提供财政补贴，让转移人口能够负担得起买房或租房。政府还要积极对城市周边棚户区进行改造，改善市民居住环境，同时也改善城镇的卫生环境，打造宜居城市。对于贫困人口，财政应多进行补贴，扩大公租房租赁群体，健全农村转移人口住房保障机制。

二、支持进城落户农民权益的财税激励政策

黑龙江省各级政府要保证农村转移人口的合法权益,不得强行要求转移农民转让宅基地使用权、集体收益分配权以及土地承包权,不能以各种条件逼迫农民放弃自己的合法权益。应该制定各项财税政策措施,以保障和维护进城落户农民的合法权益,如黑龙江省应建立农村产权交易平台,完善农村转移人口逐步转让农村相关权益的机制,并在出让时对其进行一定的经济补偿,维护农村转移人口的合法权益,保证其能享受到新型城镇化带来的好处,引导其在城镇开始新的生活。

三、提升城市功能和承载力的财政激励政策

新型城镇化建设过程中需要大量的资金支持,黑龙江省级财政能力也十分有限,为了更好地促进城镇化发展,政府可利用多种融资方式,从不同渠道筹集资金,支持提升公共服务和公共基础设施建设,创新融资方式可以缓解省级财政压力。省内各级政府都要做好农村人口转移工作,为其提供良好的社会待遇,让其享受到城镇的公共服务水平,尽快实现农村转移人口市民化。各地应推行政府与社会资本合作的机制,尽量吸引更多的社会投资参与城镇化建设,兴建公共基础设施,为居民提供良好的城市环境和服务。省级财政要进行合理拨款,对人口转移较多又较为贫困的地方多进行财政资金支持,对有需求、有贡献的地市进行财政政策倾斜,促进黑龙江省新型城镇化进程。

四、完善财政转移支付机制的财税激励政策

(一)建立健全均衡性转移支付调节机制与制度

黑龙江省要尽量准确预测转移人口后城镇人口的规模,然后根据人口的规模测算教育、医疗、就业、住房、社会保障等多方面的财政需求,如

果财政支付有缺口就要进行适当补助，实现财政均衡性转移支付，对于那些吸收农村转移人口数量较大的城镇，应多给予财政补贴。要完善省级财政对下级财政转移支付的调节机制，应该根据农村转移人口数量、人口流动后各地区人口实际情况等因素来调节转移支付规模，避免固化的转移支付机制，以免因财政资源支持不到位而影响城镇化进程。为了节省财政支付转移的成本，黑龙江省政府应鼓励城镇化改革就近原则。

（二）建立新型城镇化农村人口转移奖励机制

黑龙江省可以参照中央对城镇化农业人口转移的奖励办法，制定适合省政府对下级县市的奖励规则，奖励的金额应该以转移人口数量和对其进行公共服务所需的费用为主要依据。奖金还应该向引入农业人口较多但本身财力较弱的地区进行倾斜，鼓励各县市多吸收农业专业人口。获得奖励的地区应把资金投入建设公共基础设施或用于购买公共服务，进而提高基本公共服务能力。

第五节　本章小结

本章是对促进黑龙江省新型城镇化发展财税激励政策的建议，主要包括新型城镇化发展国家总体财税激励政策、新型城镇化发展地方总体财税激励政策、加快新型城镇化产业发展财税激励政策和提升农业人口市民化进程财税激励政策。具体内容包括以下方面。

第一，阐述和分析新型城镇化发展国家总体财税激励政策。国家总体财政激励政策主要包括完善全口径预决算体系、合理划分财政支出责任、深化转移支付制度改革。完善全口径预决算体系又包括构建公共财政一元化框架、建立全口径财政预决算审查机制、建立全口径财政预决算的监督机制、优化财政收入结构等；合理划分财政支出责任又包括明确中央与地方财政支出各项职责、建立城镇财政支出责任制度和可持续财政支出责任体系和明确划分各级政府的基本财政支出责任；深化转移支付制度改革又包括尽快出台《财政转移支付法》、提高一般性转移支付比重特别是均衡性转移支付、建立有利于农业转移人口市民化的财政转移支付机制、改革税收返还制度、建立发达地区向落后地区的横向转移支付机制、运用收支测算方法科学设计省以下的转移支付制度等。国家总体税收激励政策主要包括继续深化税收制度改革、合理调整宏观税负结构、不断优化税收制度结构和加快构建地方税收体系等。

第二，阐述和分析新型城镇化发展地方总体财税激励政策。主要包括拓宽财政资金融资渠道、优化公共财政支出结构、建立多元化投融资体制和建立基础设施投入机制等。拓宽财政资金融资渠道又包括支持民营企业发展、激发各类市场主体活力、建立城镇建设投资公司等；优化公共财政支出结构又包括将公共财政支出侧重投向于环保社保等关系民生领域、加大对农业转移人口的财政支出力度、加强迁移人口及其子女的社保等基本公共服务的供给、将公共财政支出更多投向老少边穷农村等省域落后地区等。

第三，研究和阐述加快新型城镇化产业发展的财税激励政策。促进农业优特产业发展的财税激励政策包括加大农业优势特色产业的财政扶持和完善农业优势特色产业的税收优惠；推动工业"产城融合"的财税激励政策包括加大乡镇支柱产业和高新技术产业发展的财政扶持、推动培育产业集聚的财税激励政策和促进产城融合发展的税收激励政策；加快第三产业持续发展的财税激励政策包括加大新兴服务产业发展的财政激励扶持和加大第三产业发展的税收优惠激励。

第四，研究和阐述提升农业人口市民化进程的财税激励政策。推进对农业人口市民化的财税激励政策，包括为农村转移人口子女提供良好的教育服务、为农村转移人口提供完善的基本医疗与养老服务、为农村转移人口提供健全的社会救助与住房保障机制等；支持进城落户农民权益的财税激励政策；提升城市功能和承载力的财政激励政策；完善财政转移支付机制的财税激励政策，包括建立健全均衡性转移支付调节机制与制度和建立新型城镇化农村人口转移奖励机制等。

第十章

结论与展望

第一节 主要结论

党的十八大报告和十九大报告均明确强调了推进新型城镇化发展。财税激励政策作为促进新型城镇化发展的重要工具，是合理配置城镇资源的重要方式，如果能够因地制宜地制定新型城镇化发展的财政激励政策，将会加快落后地区的经济发展，进而促进区域协调发展。基于本书的理论分析和实证研究，以黑龙江省为例，能够总结出一定的研究结论，这些研究结论是基于当下新型城镇化发展及其财税激励政策现状和诉求得出的，在一定程度上能够对现阶段新型城镇化发展的财税激励政策需求具备指导意义。

第一，新型城镇化对财税激励政策的需求源于其在发展中对各种资金的诉求，这种诉求对于黑龙江省来说更加表现为对财税激励政策的需求。随着市场经济的发展，以及交通、人口、土地等城镇问题的纵深化发展，新型城镇化出现了诸多的新问题和新情况，传统的财税政策供给很难符合当下的政策需求。政策供给不足或不均衡，需要及时提供新的政策供给。财税激励政策的创新，能够有效达到政策均衡，满足当下黑龙江省新型城镇化发展对财税激励政策的需求。

第二，黑龙江省政府在财税激励政策变迁和执行过程中需要发挥引领和主导作用。在城镇化发展和建设之初，财税政策的作用肯定是有效率的正向促进，黑龙江省政府也发挥了充分作用。中央和黑龙江省政府财税激励政策要做到以下三点：一是中央政府需要更加重视财税激励政策，为新型城镇化的发展助力，不断增加财税激励政策支持力度；二是黑龙江省政府应当做好财税激励政策的宣传力度，确保政策宣传到位；三是黑龙江省政府作为地方城镇化的管理者，应当结合地区特征，探究新型城镇化的发展新模式和财税激励政策的特定安排。

第三，自《新型城镇化规划（2014—2020年）》实施以来，黑龙江省新型城镇化得到了一定的发展，初步呈现智慧型、资源型、口岸型、旅游型等新型城镇化发展特征，并出现了一大批特色小镇发展态势，这些也对新形势下新型城镇化财税激励政策提出了新的要求。通过调研发现：黑龙江省新型城镇化发展的财税政策在区域之间处于不均衡状态，财税激励政策的供需也不均衡，基本属于激励政策供给不足、资金短缺的现状，需要中央政府和黑龙江省政府进一步加大财税激励政策供给力度。

第四，就现有的财税激励政策而言，中央和黑龙江省政府对新型城镇化的财税激励政策支持已经进入相对稳定推进状态，不管是重视程度还是支持力度都将会逐步加大。通过调研发现：财税激励政策对于推进新型城镇化的发展具有较好作用，主要体现在产业、交通、农业人口市民化、社会保障、就业、教育等诸多方面。通过分析发现，产业结构是黑龙江省城镇化率与财政收入占GDP比重关系的纽带，产业结构的优化和经济运行质量的提高既是城镇化发展的助力，也是财政收入增长的关键因素。

第五，新的财税激励政策需要各级政府和城镇化相关部门乃至城镇居民和农民工的共同尝试和支持。通过调研发现：黑龙江省城镇化发展非常缓慢，常住人口和户籍人口都有一定程度的下降，包括省会城市哈尔滨，人口流失在黑龙江省表现非常明显，佳木斯、鹤岗、鸡西、伊春等城市具有萎缩的迹象。另外，可能由于气候因素，黑龙江省的农业人口市民化进程速度十分缓慢，并且分布不均，这些城镇化问题都需要激励型的财税政策，而且应当让所有惠及的人熟知政策支持，这对加快新型城镇化进程意义重大。

第二节 研究展望

从本书的选题及研究目的与意义看，本书旨在提出较为科学、系统规范的黑龙江省新型城镇化发展的财政激励政策。全书的分析研究和阐述内容是建立在黑龙江省经济发展现状、区位特征和发展路径等的基础上的，又是当前政府重视、学者研究和民众关注的热点问题，所提出的一些财税激励政策建议是必要的、可行的，在实践中突出了针对性、科学性和可操作性，具有一定的应用前景和价值。

但介于笔者时间及水平、资料收集有限，研究过程中还存在一些缺陷和不足，主要表现在：一是本书仅对黑龙江省新型城镇化发展财税激励政策进行研究，研究范围仅限黑龙江省域，缺乏对全国乃至各个区域、省份新型城镇化发展及其财税政策的充分比较；二是本书仅从黑龙江省整体新型城镇化发展提出财税激励政策建议，缺乏对各个市、县（区）、镇、乡、村（屯）等地区以及农垦、矿区、森工系统新型城镇化发展的区域差别性财税激励政策；三是本书提出的财税激励政策还需要经过黑龙江省新型城镇化发展的实践检验。

由于新型城镇化发展是党和国家的一项伟大的系统工程，财税政策是各级政府宏观调控的最重要手段之一，两者结合所需要研究的问题很多，结合笔者的工作和研究方向，不断学习、探索和实践，今后可能从以下三个方面继续加以研究。

第一，新型城镇化发展与乡村振兴战略协调。2012年党的十八大报告明确提出走中国特色新型城镇化发展道路。时隔五年，党的十九大报告提出实施乡村振兴战略。但两者并不矛盾，而是新型城镇化与乡村振兴两翼齐飞。2018年3月习近平总书记提出农村发展和城市化应该相得益彰、相辅相成。2021年《关于全面推进乡村振兴加快农业农村现代化的意见》明确指出"加快县域内城乡融合发展，推进以人为核心的新型城镇化，促进大中小城市和小城镇协调发展"。作为学者，理应将新型城镇化与乡村振兴战略协调研究，为实现城乡融合发展的新目标出谋划策。

第二，新型城镇化发展与土地财政结合研究。土地财政作为地方政府最重要的资金来源之一，在新型城镇化的过程中，发挥了重要的作用，同时作为地方政府基础设施建设实施融资功能的地方政府融资平台，应该说过去功不可没且将来也大有作为。而为了地方政府新型城镇化，各级地方政府也积累了很大债务问题，因此，地方政府融资平台和地方政府债务或者说"土地财政"问题是研究推动新型城镇化发展的财税政策重要内容，具有重大的理论指导意义和实践研究价值。

第三，继续研究其他省份或某一区域新型城镇化发展的财税激励政策。研究黑龙江省的新型城镇化发展财税激励政策并不是笔者终极目标。笔者试图研究更多省份或区域的相关内容，并进行比较分析，找出所有地区的财税激励政策的共性部分，同时相互比较，得出政策的差别，为国家制定不同地区的财税激励政策提供有益的参考。

参 考 文 献

[1] 安体富,任强. 促进产业结构优化升级的税收政策 [J]. 中央财经大学学报, 2011 (12): 1-6.

[2] 蔡德发,杨忠婷,朱旭. 推进城镇化的税收激励政策与规制设计 [J]. 哈尔滨商业大学学报 (社会科学版), 2013 (3): 82-89.

[3] 陈会玲,魏世勇. 城镇化水平与地方政府债务规模关系的理论与实证研究 [J]. 金融经济学研究, 2018, 33 (3): 104-115.

[4] 陈隆近,张铭. 新型城镇化与支持跨地域劳动力配置税收政策 [J]. 地方财政研究, 2016 (3): 85-89, 96.

[5] 陈莹,杨芳玲. 中国城镇化与土地财政耦合协调关系研究——基于省级面板数据的分析 [J]. 南京农业大学学报 (社会科学版), 2018, 18 (1): 106-114, 163.

[6] 陈育俭,唐剑英,林国建. 新型城镇化背景下的房产税改革探讨 [J]. 中国财政, 2016 (2): 62-63.

[7] 程岚,文雨辰. 不同城镇化视角下基本公共服务均等化的测度和影响因素研究 [J]. 经济与管理评论, 2018, 34 (6): 106-115.

[8] 储德银,纪凡,杨珊. 财政补贴、税收优惠与战略性新兴产业专利产出 [J]. 税务研究, 2017 (4): 99-104.

[9] 储德银,建克成. 财政政策与产业结构调整——基于总量与结构效应双重视角的实证分析 [J]. 经济学家, 2014 (2): 80-91.

[10] 丛树海,李生祥. 我国财政风险指数预警方法的研究 [J]. 财贸经济, 2004 (6): 29-35, 96-97.

[11] 崔惠玉,郭曼曼,周伟. 中国城市房地产税的定位及改革研究 [J]. 财经问题研究, 2017 (1): 77-83.

[12] 丁菊红. 财政分权与新型城镇化——基于公共服务供给视角的

经验研究 [J]. 上海行政学院学报, 2020, 21 (4): 86 - 96.

[13] 杜书云, 田申, 刘晓英. 财政支出对实体经济影响的空间计量——基于省级面板数据分析 [J]. 财政研究, 2018 (7): 28 - 39.

[14] 冯发贵, 李隋. 产业政策实施过程中财政补贴与税收优惠的作用与效果 [J]. 税务研究, 2017 (5): 51 - 58.

[15] 付焕, 张萌, 王静. 新型城镇化公共服务支出的经济增长效应研究 [J]. 现代经济探讨, 2017 (8): 111 - 118.

[16] 高培勇. 关于财政收入紧缩条件下的地方债问题 [J]. 金融论坛, 2015, 20 (4): 6.

[17] 辜胜阻. 非农化和农村工业化探讨 [J]. 人口与经济, 1991 (4): 6 - 12.

[18] 郭长林. 财政政策扩张、纵向产业结构与中国产能利用率 [J]. 管理世界, 2016 (10): 13 - 33.

[19] 郭稷桁, 朱道林, 张立新, 等. 土地财政与土地城镇化互动关系研究——基于 VAR 模型的实证分析 [J]. 中国农业大学学报, 2018, 23 (10): 206 - 214.

[20] 郭芹, 高兴民. 农民工半城镇化问题的多维审视 [J]. 西北农林科技大学学报 (社会科学版), 2018, 18 (3): 22 - 30.

[21] 郭世芹, 邹杰. 城镇化和转移支付对民生性公共服务的影响 [J]. 统计与决策, 2018, 34 (6): 106 - 108.

[22] 郭田勇, 陈澄. 规范地方政府债务的政策建议 [J]. 前线, 2014 (6): 25 - 27.

[23] 郝记秀, 周伟, 黄浩丰. 城市公共交通财政补贴测算模型研究 [J]. 交通运输系统工程与信息, 2009, 9 (2): 11 - 16.

[24] 侯祥鹏. 地方政府行为与人地城镇化失衡 [J]. 现代经济探讨, 2020 (8): 101 - 108.

[25] 黄璟莉. 推进新型城镇化的财政政策研究 [J]. 财政研究, 2013 (7): 26 - 28.

[26] 黄瑞玲, 谈镇. 构建三位一体的新型城镇化融资机制 [J]. 中共中央党校学报, 2014, 18 (3): 81 - 85.

［27］贾康．关于中国新型城镇化的解读与财政支持［J］．国家行政学院学报，2014（3）：22-24．

［28］贾康．深入研讨国债风险与成本管理［J］．财政研究，2010（12）：72-73．

［29］贾婷月．基本公共服务支出与城镇化地区差距——基于劳动力流动的视角［J］．上海经济，2018（1）：42-55．

［30］江飞涛，李晓萍，贺俊．财政、金融与产业政策的协调配合研究——基于推进供给侧结构性改革的视角［J］．学习与探索，2016（8）：107-114，160．

［31］蒋长流，韩春虹．农民工市民化的税收支持效应：理论阐释与现实对策［J］．宁夏社会科学，2015（3）：65-70．

［32］金荣学，毛琼枝．基于主成分与数据包络组合法的地方政府债务绩效评价［J］．华中师范大学学报（人文社会科学版），2017，56（3）：55-61．

［33］考燕鸣，王淑梅，马静婷．地方政府债务绩效考核指标体系构建及评价模型研究［J］．当代财经，2009（7）：34-38．

［34］匡远配，周凌．财政分权、农地流转与农民工市民化［J］．财政研究，2017（2）：64-72．

［35］黎家远．财政转移支付与农民市民化挂钩机制研究——以四川省试点区（县）的探索为例［J］．农村经济，2018（6）：87-92．

［36］李斌，金秋宇，卢娟．土地财政、新型城镇化对公共服务的影响［J］．首都经济贸易大学学报，2018，20（4）：69-78．

［37］李斌，卢娟．土地财政对公共服务供给的影响——基于中国273个地级市数据的空间Tobit与分位数检验［J］．云南财经大学学报，2018，34（3）：25-40．

［38］李成刚，潘康．土地财政、城镇化与房地产发展——基于面板数据联立方程模型的实证［J］．经济问题探索，2018（6）：43-53．

［39］李腊生，耿晓媛，郑杰．我国地方政府债务风险评价［J］．统计研究，2013（10）：30-39．

［40］李玲蔚，王志锴，曾繁荣．新型城镇化进程中投融资与城镇化

质量关系研究——基于广西、重庆、四川调查数据的实证分析 [J]. 生态经济, 2020, 36 (6): 89-94.

[41] 李青, 魏义方, 何彦仪. 农业转移人口市民化对迁入地财政的影响——基于江苏省"十三五"新型城镇化背景的评估 [J]. 宏观经济研究, 2020 (1): 152-163.

[42] 李新光, 胡日东, 张彧泽. 我国土地财政、金融发展对城镇化支持效应的实证研究——基于面板平滑转换模型 [J]. 宏观经济研究, 2015 (4): 132-141.

[43] 李英东, 刘涛. 地方政府激励机制的重构与农民工市民化 [J]. 财经理论与实践, 2017, 38 (5): 110-115.

[44] 李勇刚, 王猛. 土地财政与产业结构服务化——一个解释产业结构服务化"中国悖论"的新视角 [J]. 财经研究, 2015, 41 (9): 29-41.

[45] 李子联, 崔苧心, 谈镇. 新型城镇化与区域协调发展：机理、问题与路径 [J]. 中共中央党校学报, 2018, 22 (1): 122-128.

[46] 刘国艳, 李清彬, 黄卫挺. 从国际比较看我国直接税与间接税比例关系 [J]. 财政研究, 2015 (4): 88-92.

[47] 刘昊. 城镇化发展与财政政策相关性的实证分析 [J]. 地方财政研究, 2013 (4): 52-54, 60.

[48] 刘金科. 城镇化中加快农业转移人口市民化的财政政策研究 [J]. 经济研究参考, 2015 (39): 32-37.

[49] 刘阳, 张萌. 中国系统性风险综合指数构建与评估研究——基于主成分分析方法 [J]. 技术经济与管理研究, 2015 (6): 13-17.

[50] 柳光强, 杨芷晴, 曹普桥. 产业发展视角下税收优惠与财政补贴激励效果比较研究——基于信息技术、新能源产业上市公司经营业绩的面板数据分析 [J]. 财贸经济, 2015 (8): 38.

[51] 罗林, 石培基. 河西地区土地财政与城镇化的耦合协调关系演变 [J]. 资源开发与市场, 2018, 34 (6): 794-800, 837.

[52] 罗知, 万广华, 张勋, 等. 兼顾效率与公平的城镇化：理论模型与中国实证 [J]. 经济研究, 2018, 53 (7): 89-105.

[53] 马海涛, 王凯, 徐晓芳. 新型城镇化进程中交通拥堵治理的税

收政策研究 [J]. 税务研究, 2014 (11): 21-24.

[54] 马万里, 刘胡皓. 为什么中国的城镇化是人地非协调的?——土地财政与土地金融耦合下地方政府行为的视角 [J]. 中央财经大学学报, 2018 (8): 113-120.

[55] 马先标. 美国城市化历程回顾及经验启示 [J]. 贵州大学学报 (社会科学版), 2019, 37 (4): 40-46.

[56] 毛军, 刘建民. 财税政策下的产业结构升级非线性效应研究 [J]. 产业经济研究, 2014 (6): 21-30.

[57] 牛霖琳, 洪智武, 陈国进. 地方政府债务隐忧及其风险传导——基于国债收益率与城投债利差的分析 [J]. 经济研究, 2016 (11): 83-95.

[58] 庞娟. 融合视角下包容性财政治理的架构及实现路径 [J]. 贵州社会科学, 2018 (8): 106-113.

[59] 裴育, 欧阳华生. 地方债务风险预警程序与指标体系的构建 [J]. 当代财经, 2006 (3): 36-39.

[60] 彭旭辉, 彭代彦. 中国城镇化发展的变结构协整分析: 财政分权视角 [J]. 武汉大学学报 (哲学社会科学版), 2017 (1): 50-61.

[61] 沈亮. 地方政府投融资平台风险预警机制构建——基于上海投融资平台的分析 [J]. 东北财经大学学报, 2014 (1): 20-27.

[62] 史胜安, 夏珑, 张春明. 中国三大经济区域财政支出效率及其影响因素实证研究 [J]. 经济体制改革, 2018 (1): 45-52.

[63] 宋凌云, 王贤彬. 产业政策如何推动产业增长——财政手段效应及信息和竞争的调节作用 [J]. 财贸研究, 2017, 28 (3): 11-27.

[64] 宋生瑛, 梁新潮. 新型城镇化建设中的财政契合性问题研究——以福建省九地市为例 [J]. 东南学术, 2018 (4): 141-149.

[65] 苏明. 我国城乡发展一体化与财政政策思路 [J]. 当代经济管理, 2014, 36 (1): 1-12.

[66] 孙焱林, 覃飞, 陈亚会, 等. 基于空间计量的地级市政府间城镇化竞争分析 [J]. 中国人口·资源与环境, 2018, 28 (5): 115-122.

[67] 孙志毅, 杨文静, 倪甜甜. 新型城镇化背景下的差异性城乡税收制度改革路径研究 [J]. 农业经济, 2020 (12): 87-88.

[68] 童光辉，赵海利. 新型城镇化进程中的基本公共服务均等化：财政支出责任及其分担机制——以城市非户籍人口为中心 [J]. 经济学家，2014（11）：32-36.

[69] "推进农业转移人口市民化问题研究"课题组，吕炜. 农业转移人口市民化研究——财政约束与体制约束视角 [J]. 财经问题研究，2014（5）：3-9.

[70] 汪剑. 推进贵州农业转移人口市民化财政政策的思考 [J]. 中国财政，2017（19）：43-44.

[71] 王朝才，邹治平. 关于我国地方政府发行公债问题的几点思考 [J]. 财政研究，2005（7）：32-35.

[72] 王春光. 财政政策如何助力农业转移人口市民化 [J]. 人民论坛，2016（28）：63-65.

[73] 王国刚. 城镇化：中国经济发展方式转变的重心所在 [J]. 经济研究，2010（12）：70-81，148.

[74] 王吉鹏. 我国农民专业合作社财政扶持政策效应研究 [D]. 北京：中国农业科学院，2018.

[75] 王丽辉. 推进新型城镇化的税制改革顶层设计研究 [J]. 当代经济管理，2015，37（3）：87-93.

[76] 王曙光，金向鑫，尹媛媛. 黑龙江省冰雪旅游经济发展的困境与政策研究 [J]. 经济研究参考，2018（19）：70-75.

[77] 王曙光，李金耀. 小微企业税源培育的政策研究——以哈尔滨市为例 [J]. 学习与探索，2016（10）：119-122.

[78] 王曙光，梁伟杰. 区域经济协调发展的ISSP测度指标体系研究 [J]. 商业研究，2017（9）：103-109.

[79] 王曙光，王靖宇. 新型城镇化与旅游业发展的相关性分析——以黑龙江省为例 [J]. 商业研究，2015（12）：164-170.

[80] 王曙光，张小锋. 城市公共交通财政补贴的计量方法研究 [J]. 财政研究，2014（4）：33-36.

[81] 王曙光，张小锋. 促进城镇化发展的税收政策分析与建议 [J]. 中国行政管理，2015（9）：87-92.

［82］王曙光．财政税收理论与政策研究［M］．北京：经济科学出版社，2015．

［83］王曙光．地方经济区发展激励政策研究——以黑龙江省八大经济区发展为例［M］．北京：中国财富出版社，2015．

［84］王双进．加快推进新型城镇化建设财政支持的困境与对策［J］．财政研究，2015（2）：50－54．

［85］王正明，吕艾芳．推进新型城镇化的税收政策选择［J］．税务研究，2013（9）：40－42．

［86］魏志甫．支持新型城镇化发展的财政政策研究［J］．中国财政，2012（16）：65－67．

［87］温来成．城市税收制度的国际比较及对我国城镇化税收政策的启示［J］．涉外税务，2005（4）：49－52．

［88］吴晔．促进中国城镇化的财政政策研究［D］．武汉：武汉大学，2014．

［89］夏华，梁强．新型城镇化进程的农民工收入解构：2008～2016年［J］．改革，2017（6）：77－85．

［90］谢志强，王红艳，陈云．领导干部对2003年中国社会形势的八点看法［J］．中国党政干部论坛，2003（12）：18－20．

［91］谢志强．新型城镇化：中国城市化道路的新选择［N］．社会科学报，2003－07－03（4）．

［92］徐成龙，庄贵阳．新型城镇化下城镇可持续发展的内涵解析与差异化特征探讨［J］．生态经济，2021，37（1）：77－82．

［93］徐盈之，赵永平．新型城镇化、地方财政能力与公共服务供给［J］．吉林大学社会科学学报，2015（5）：24－35，171－172．

［94］薛翠翠，冯广京，张冰松．城镇化建设资金规模及土地财政改革——新型城镇化背景下土地财政代偿机制研究评述［J］．中国土地科学，2013（11）：90－96．

［95］严成樑，吴应军，杨龙见．财政支出与产业结构变迁［J］．经济科学，2016（1）：5－16．

［96］阎波，武龙，韩东伶，等．土地财政对区域创新的影响研究——

来自中国省际面板数据的证据 [J]. 科研管理, 2018, 39 (5): 38-45.

[97] 杨得前, 蔡芳宏. 欠发达地区新型城镇化进程中的财政政策研究 [J]. 中国行政管理, 2015 (9): 93-98.

[98] 杨晶, 邓大松, 申云. 产业结构升级、财政支农与城乡居民收入差距 [J]. 经济问题探索, 2018 (7): 130-137.

[99] 杨林, 薛琪琪. 财政分权、社会保障资源配置与城乡收入差距——基于岭回归分析与调节效应方程 [J]. 贵州社会科学, 2018 (2): 110-118.

[100] 杨志安, 邱国庆. 地方财政分权与新型城镇化: 线性抑或倒"U" [J]. 云南财经大学学报, 2019, 35 (2): 3-11.

[101] 杨志勇. 税收经济学 [M]. 大连: 东北财经大学出版社, 2011.

[102] 袁尘因. 关于公交价格补贴核算办法的研究 [J]. 城市公共交通, 2009 (2): 36-38.

[103] 袁方成, 陈泽华. 迈向均衡发展的新型城镇化——一个"人口—土地—财政"要素耦合协调模型的分析 [J]. 华中师范大学学报 (人文社会科学版), 2018, 57 (3): 1-16.

[104] 张景华. 新型城镇化进程中的税收政策研究 [J]. 经济学家, 2013 (10): 55-61.

[105] 张军涛, 马宁宁. 城镇化进程中财政政策工具影响效应分析 [J]. 西南民族大学学报 (人文社科版), 2018, 39 (3): 101-107.

[106] 张凌华, 王卓. 户籍制度改革的财政压力研究——基于流动人口市民化的空间分布视角 [J]. 农村经济, 2017 (7): 7-12.

[107] 张梅, 李丽琴. 传统城镇化融资模式下的地方债务问题研究——基于31个省市的实证分析 [J]. 福建论坛 (人文社会科学版), 2018 (6): 37-43.

[108] 张宁. 公共财政支出对新型城镇化与居民收入差距的影响——基于VAR模型的实证分析 [J]. 金融与经济, 2016 (2): 33-37.

[109] 张培刚, 毛钢, 胡俊杰. 社会主义的人口规律与中国人口问题 [J]. 经济研究, 1957 (4): 30-63.

[110] 张硕. 财政转移支付同农业转移人口市民化挂钩机制研究 [J]. 经济研究参考, 2016 (64): 4-9.

[111] 张小锋. 差异性财政政策在促进区域经济协调发展中的作用 [N]. 光明日报（理论版），2018a-01-11.

[112] 张小锋. 基于PCA方法的哈尔滨市地方政府债务风险预警分析 [J]. 商业研究，2018c（3）：76-82.

[113] 张小锋. 基于国际比较的新型城镇化进程中税收政策研究 [J]. 云南师范大学学报（哲学社会科学版），2018b，50（2）：139-147.

[114] 张艺，何宜庆，陈林心. 华东地区财政金融支持新型城镇化的SD仿真预测 [J]. 江西社会科学，2019，39（6）：63-71.

[115] 张彰，郑艳茜，庄勇杰. 农业转移人口市民化财政成本的分类评估及核算 [J]. 西北人口，2018，39（1）：15-22，31.

[116] 张致宁，桂爱勤. 财政转移支付支持农业转移人口市民化问题研究 [J]. 湖北社会科学，2018（1）：117-120.

[117] 张宗军. 地方财政支持新型城镇化的资金需求预测与融资渠道转换 [J]. 西北人口，2018，39（5）：82-89.

[118] 赵楠，白福臣. 地方政府投资对城镇化发展的影响——基于中国省际面板数据的实证研究 [J]. 资源开发与市场，2018，34（2）：261-267.

[119] 赵彤. 供需视角下的政府社会保障支出及其影响因素分析 [J]. 经济问题探索，2018（5）：17-24.

[120] 郑良海. 促进我国城镇化发展的财税政策建议 [J]. 税务研究，2020（2）：111-117.

[121] 郑强，杨果，苏燕. 民生财政支出与新型城镇化：理论与实证 [J]. 生态经济，2020，36（8）：88-94.

[122] 朱柏铭，曹丹. 农业转移人口市民化的财政负担研究 [J]. 浙江大学学报（人文社会科学版），2016（6）：116-130.

[123] Almeida J, Condessa B, Pinto P, et al. Municipal Urbanization Tax and Land-use Management: The Case of Tomar, Portugal [J]. Land Use Policy, 2013 (31): 336-346.

[124] Anonymous. U. S. Equity News: Pricester's Copia World Expands to Include Real Estate and Cintas Corporation Reports Third Quarter Fiscal 2008

[J]. M2 Presswire, 2008 (8).

[125] Brown L M, Graham C H. Demography, Traits and Vulnerability to Urbanization: Can We Make Generalizations?[J]. Journal of Applied Ecology, 2015, 52 (6): 1455 – 1464.

[126] Canaz S, Aliefendioğlu Y, Tanrıvermiş H. Change Detection using Landsat Images and an Analysis of the Linkages between the Change and Property Tax Values in the Istanbul Province of Turkey [J]. Journal of Environmental Management, 2017 (200): 446 – 455.

[127] Charlot S, Paty S, Piguet V. Does Fiscal Cooperation Increase Local Tax Rates in Urban Areas?[J]. Regional Studies, 2014, 49 (10): 1 – 37.

[128] Cho S. Measuring Interactions among Urbanization, Land Use Regulations, and Public Finance [J]. American Journal of Agricultural Economics, 2003, 85 (4): 988 – 999.

[129] Ebeke C H, Etoundi S M N. The Effects of Natural Resources on Urbanization, Concentration, and Living Standards in Africa [J]. World Development, 2017 (96): 408 – 417.

[130] Hensel N. The Defense Industry: Tradeoffs Between Fiscal Constraints and National Security Challenges [J]. Business Economics, 2016, 51 (2): 111 – 122.

[131] Jedwab R, Vollrath D. Urbanization without Growth in Historical Perspective [J]. Explorations in Economic History, 2015 (58): 1 – 21.

[132] Jiang L, Neill B. Global Urbanization Projections for the Shared Socioeconomic Pathways [J]. Global Environmental Change, 2017 (42): 193 – 199.

[133] Karlaftis M G, McCarthy P. Operating Subsidies and Performance in Public Transit: An Empirical Study [J]. Transportation Research, 1998, 32 (5): 359 – 375.

[134] Lewis J S, Logan K A, Alldredge M W, et al. The Effects of Urbanization on Population Density, Occupancy, and Detection Probability of Wild Felids [J]. Ecological Applications, 2015, 25 (7): 1880 – 1895.

[135] Liddle B, Lung S. Might Electricity Consumption Cause Urbanization Instead? Evidence from Heterogeneous Panel Long-run Causality Tests [J]. Global Environmental Change, 2014 (24): 42 – 51.

[136] Lin G C S, Yi F. Urbanization of Capital or Capitalization on Urban Land? Land Development and Local Public Finance in Urbanizing China [J]. Urban Geography, 2011, 32 (1): 50 – 79.

[137] Lin G C, Yang F F, Hu F Z. Strategizing Urbanism in the Era of Neoliberalization: State Power Reshuffling, Land Development and Municipal Finance in Urbanizing China [J]. Urban Studies, 2015, 52 (11): 1962 – 1982.

[138] Luo J, Qiu H, Goh C, et al. An Analysis of Tourism Development in China From Urbanization Perspective [J]. Journal of Quality Assurance in Hospitality & Tourism, 2016, 17 (1): 24 – 44.

[139] Martins R T, Couceiro S R M, Melo A S, et al. Effects of Urbanization on Stream Benthic Invertebrate Communities in Central Amazon [J]. Ecological Indicators, 2017 (73): 480 – 491.

[140] Millington G. The Cosmopolitan Contradictions of Planetary Urbanization [J]. The British Journal of Sociology, 2016, 67 (3): 476 – 496.

[141] Moule H, Michelangeli M, Thompson M B, et al. The Influence of Urbanization on the Behaviour of an Australian Lizard and the Presence of an Activity-exploratory Behavioural Syndrome [J]. Journal of Zoology, 2016, 298 (2): 103 – 111.

[142] Park H, Fan P, John R, et al. Urbanization on the Mongolian Plateau after Economic Reform: Changes and Causes [J]. Applied Geography, 2017 (86): 118 – 127.

[143] Shastri H, Paul S, Ghosh S, et al. Impacts of Urbanization on Indian Summer Monsoon Rainfall Extremes [J]. Journal of Geophysical Research: Atmospheres, 2015, 120 (2): 496 – 516.

[144] Skidmore M, Scorsone E. Causes and Consequences of Fiscal Stress in Michigan Cities [J]. Regional Science and Urban Economics, 2011, 41 (4): 360 – 371.

[145] Song S, Xu Y P, Zhang J X, et al. The Long-term Water Level Dynamics during Urbanization in Plain Catchment in Yangtze River Delta [J]. Agricultural Water Management, 2016 (174): 93 – 102.

[146] United Nations. World Urbanization Prospects: The 1994 Revision [M]. New York: United Nations, 1995.

[147] Wasilewski A, Krukowski K. Land Conversion for Suburban Housing: A Study of Urbanization Around Warsaw and Olsztyn, Poland [J]. Environmental Management, 2004, 34 (2): 291 – 303.

[148] Zeuthen J W. Whose Urban Development? Changing Credibilities, Forms and Functions of Urbanization in Chengdu, China [J]. Land Use Policy, 2018 (79): 942 – 951.

[149] Zipper S C, Soylu M E, Kucharik C J, et al. Quantifying Indirect Groundwater-mediated Effects of Urbanization on Agroecosystem Productivity using MODFLOW-AgroIBIS (MAGI), a Complete Critical Zone Model [J]. Ecological Modelling, 2017 (359): 201 – 219.

后 记

又是一年冬去春来、时移物换；又是一年奋发蹈厉、砥志研思。在有关领导、专家的大力支持与指导，以及同事、研究生们的关爱与帮助下，本书反复修改终成定稿。这部精心编撰、图文并茂的专著，从财税激励政策视角，运用多种研究方法，研究如何促进新型城镇化发展问题，为同仁提供了一份良好的学术食粮。

特别感谢哈尔滨商业大学财政与公共管理学院院长、博士生导师王曙光教授在百忙中为本书作序。此外，特别感谢黑龙江省财税研究基地主任蔡德发教授，东北林业大学田国双教授，哈尔滨工业大学齐中英教授，黑龙江省财政厅赵谦教授，哈尔滨商业大学王曙光教授、王巍教授、赵德海教授和李兰教授，对写作提纲和研究内容所提出的宝贵意见。哈尔滨商业大学孙慧玲副教授参加了部分章节的撰写工作，研究生王菁彤、张馨月、杨淑敏、鲁诗语和李琪等在资料收集和数据整理等方面给予了帮助。此外，感谢我的家人，是他们的理解、支持和爱心，给予我积极写作的精神、克服困难的勇气和追求学问的信心，感谢所有帮助过我的人！

限于作者水平和相关资料有限，本书或有不足之处，敬请读者批评惠正。本人更冀望与同仁志士共同研讨，丰富财税激励理论的学术研究，为有关部门决策提供有益的参考。

张小锋
2021 年 5 月

图书在版编目（CIP）数据

黑龙江省新型城镇化发展的财税激励政策研究 / 张小锋著. —北京：经济科学出版社，2021.11
ISBN 978-7-5218-2964-8

Ⅰ.①黑… Ⅱ.①张… Ⅲ.①财税－财政政策－研究－黑龙江省 Ⅳ.①F812.735

中国版本图书馆 CIP 数据核字（2021）第 208447 号

责任编辑：初少磊　尹雪晶
责任校对：王肖楠
责任印制：范　艳

黑龙江省新型城镇化发展的财税激励政策研究
张小锋　著
经济科学出版社出版、发行　新华书店经销
社址：北京市海淀区阜成路甲 28 号　邮编：100142
总编部电话：010-88191217　发行部电话：010-88191540
网址：www.esp.com.cn
电子邮箱：esp@esp.com.cn
天猫网店：经济科学出版社旗舰店
网址：http://jjkxcbs.tmall.com
北京季蜂印刷有限公司印装
710×1000　16 开　18.75 印张　290000 字
2021 年 11 月第 1 版　2021 年 11 月第 1 次印刷
ISBN 978-7-5218-2964-8　定价：78.00 元
（图书出现印装问题，本社负责调换。电话：010-88191510）
（版权所有　侵权必究　打击盗版　举报热线：010-88191661
QQ：2242791300　营销中心电话：010-88191537
电子邮箱：dbts@esp.com.cn）